作者简介

田明华 北京林业大学经济管理学院教授、博士生导师，兼任中国林业经济学会理事、技术经济专业委员会副主任委员兼秘书长、林产品贸易专业委员会副主任委员，中国技术经济学会常务理事、林业技术经济专业委员会副主任委员兼秘书长，中国林牧渔业经济学会林业经济专业委员会常务理事。主要研究领域为林业经济管理与政策、林产品贸易。主持教育部人文社会科学项目、北京社会科学基金等科研课题20余项，出版教材、专著20余部，发表学术论文200余篇。获宝钢教育基金优秀教师奖、北京市教育教学成果奖一等奖/二等奖、北京市哲学社会科学优秀成果奖二等奖、北京市科学技术奖二等奖等。

于豪谅 北京林业大学经济管理学院博士，现任烟台枫林食品有限公司总经理，兼任山东省烟台市牟平区工商联合会副会长，当选烟台市牟平区十七届、十八届人大代表。日本樱美林大学硕士毕业归国后长年从事农产品国际贸易工作，在攻读农林经济管理博士期间，主要研究领域为林产品贸易的环境影响，参与教育部人文社会科学项目、国家林业局重大问题调研项目等多项课题研究，发表论文10篇，多篇论文被EI、CSCD或CSSCI收录。

程宝栋 北京林业大学经济管理学院教授、博士生导师、副院长，兼任国家林业和草原局一带一路林草经贸国际合作中心秘书长、木材安全国家创新联盟理事长、林产品国际贸易研究中心副主任，中国林业经济学会秘书处副秘书长兼学术部主任、林产品贸易专业委员会秘书长，北京林学会副秘书长等。主要研究领域为林业经济理论与政策、林产品市场与贸易。主持国家自然科学基金、教育部人文社会科学项目、北京社会科学基金等科研课题30余项，出版学术专著10余部，发表学术论文200余篇。获首届全国林业教学名师、中国林业青年科技奖、梁希林业科学技术奖一等奖/二等奖等。

　　本书出版得到教育部人文社会科学研究一般项目（13YJA790106）、北京林业大学青年教师中长期项目（2015ZCQ-JG-02）、北京林业大学学术专著出版资助计划的支持和资助。

中国木质林产品贸易对外依存及其对世界森林资源的影响

田明华　于豪谅　程宝栋◎著

人民日报学术文库

人民日报出版社·北京

图书在版编目(CIP)数据

中国木质林产品贸易对外依存及其对世界森林资源的
影响／田明华,于豪谅,程宝栋著. —北京:人民日报出版社,
2020.5

　　ISBN 978－7－5115－6303－3

　　Ⅰ.①中… Ⅱ.①田… ②于… ③程… Ⅲ.①林产品—国际贸易
—研究—中国②森林资源—研究—世界 Ⅳ.①F752.652.4②S757.2

　　中国版本图书馆 CIP 数据核字(2020)第 008588 号

书　　　名:中国木质林产品贸易对外依存及其对世界森林资源的影响
　　　　　　ZHONGGUO MUZHI LINCHANPIN MAOYI DUIWAI YICUN
　　　　　　JIQI DUI SHIJIE SENLIN ZIYUAN DE YINGXIANG
著　　　者:田明华　于豪谅　程宝栋

出 版 人:刘华新
责任编辑:万方正
封面设计:中联学林

出版发行: 人民日报出版社

社　　　址:北京金台西路2号
邮政编码:100733
发行热线:(010)65369509　65369846　65363528　65369512
邮购热线:(010)65369530　65363527
编辑热线:(010)65369533
网　　　址:www.peopledailypress.com
经　　　销:新华书店
印　　　刷:三河市华东印刷有限公司

开　　　本:710mm×1000mm　1/16
字　　　数:300 千字
印　　　张:16.5
版次印次:2020 年 5 月第 1 版　　2020 年 5 月第 1 次印刷

书　　　号:ISBN 978－7－5115－6303－3
定　　　价:95.00 元

前　言

森林是地球上陆地生态系统的主体,随着全球生态危机加剧,森林的生态环境功能日益突出,全球森林数量持续减少、质量不断下降,使森林问题早已成为国际政治、外交、经济、社会发展等领域的重要议题,近年来非法采伐及相关贸易更成为国际社会共同关注的热点、焦点。中国木质林产品贸易特别是木材进口贸易的迅猛增长,使中国常为世界森林资源毁坏受到指责,面临关于非法采伐及相关贸易的国际舆论压力。那么,中国木质林产品贸易对外依存程度究竟如何呢?中国木质林产品贸易与国际非法采伐及相关贸易、世界森林资源破坏之间是否存在着必然联系?中国木质林产品贸易对世界森林资源究竟有何影响?这些都是亟待回答的问题。

掌握世界和中国森林资源的状况及其特点和演变趋势,掌握世界和中国木质林产品贸易的变化趋势和特点,是本研究的基础。在世界和中国森林资源与木质林产品贸易概况部分,本研究依据联合国粮食及农业组织《2015年全球森林资源评估报告》数据,介绍了世界森林资源现状,分析世界森林资源的演变趋势;依据中国2009—2013年第八次全国森林资源清查资料,分析了中国森林资源主要特点和演变趋势;依据历年联合国粮食及农业组织《林产品年鉴》数据,分析了世界主要木质林产品贸易状况,总结了世界木质林产品贸易发展特点及发展趋势;依据历年《中国林业统计年鉴》和《中国林业发展报告》数据,分析了中国木质林产品贸易变化趋势和特点。

中国木质林产品贸易对外依存程度究竟如何呢?虽然该问题受到很多学者的关注,但由于在定义及计算方法上存在较大分歧,以及统计口径、数据来源等原因,导致测算结果差异明显,直接影响到对中国木质林产品对外贸易依存程度的正确判断,进而影响到相关贸易政策、产业政策的制定。本研究在中国木质林产品贸易对外依存程度研究及其测算评估部分,分析现有中国木质林产品外贸依存度研究中的各种定义、算法、研究角度、使用目的、统计口径、数据来源,研究其存在的问题,总结不同算法反映的信息、适用范围、数据要求,提出了考虑林业产业总产值中产业构成的传统价值量算法的修订算法,明确了原木折算法在木材资源供给进口依存度和木材消费净进口依存度测算中的应用,并改进了原木折算法,确定了原木折算法使用的原木当量系数、在纵向比较和横向比较中应用的木质林产品统计口径范围、数据来源,提出产品数量法适用于计算某些木质林产品的生产出口依存度和消费进口依存度,确定了它们的具体算法和适用范围。

　　利用新的改进的算法,本研究采用历年《中国林业统计年鉴》数据和联合国粮食及农业组织《林产品年鉴》数据,分别对中国木质林产品的外贸依存度的历史变化和国际比较进行了测算评估。测算结果显示,总体上,中国木质林产品的外贸依存度处在一个相对安全、合理的变化范围内,尚没有对林业产业安全形成实质威胁。具体来看,利用考虑林业产业总产值中产业构成的传统价值量算法的修订算法的测算结果显示,2015 年中国木质林产品进口依存度、出口依存度分别为11.11%、14.52%,并不高。利用改进的原木折算法的测算结果显示,2002—2015年中国木材资源供给进口依存度和木材消费净进口依存度均呈现先下降再上升的趋势,2015 年中国木材资源供给进口依存度为 40.04%,与世界主要林产品进口国相比较,处于中等水平,但进口木材的绝对数量却远远大于世界上其他主要林产品进口国,显示出中国林业产业发展对国际木材市场的依赖具有相当大的风险;2015 年中国木材消费净进口依存度为 24.19%,与世界主要木质林产品进口国相比处于中等水平,大大低于同年的中国木材资源供给进口依存度,因此一些国际组织指责中国为"毁林"的罪魁祸首和"世界森林资源的黑洞",是有失偏颇的。对中国胶合板、刨花板、纤维板、纸和纸板这几种木质林产品生产的出口依存度和消费的进口依存度的测算结果表明:这几种木质林产品生产的出口依存度均在 7% 以下,但胶合板尤其是纸和纸板的出口贸易安全还是有必要加以持续关注;这几种木质林产品的消费进口依存度很低,均在 4% 以下,但刨花板对进口依赖程度相对较高,需要进一步提高质量实现进口替代。

　　中国木质林产品贸易与国际非法采伐及相关贸易之间是否存在着必然联系?中国木质林产品贸易对世界森林资源究竟有何影响? 本研究在中国木质林产品贸易与国际非法采伐、森林资源保护关系研究部分,从构成中国木质林产品贸易的进口与出口两个角度,分别探讨了它们与国际非法采伐之间和世界森林保护的相关性问题,得出结论:中国进口木材与多数非法采伐高风险国家的非法采伐没有必然联系,中国进口木材的合法性与木材生产国森林治理水平、贸易监管水平有较大关系,中国木质林产品"大进大出,两头在外"的加工贸易模式容易形成与国际非法采伐有直接联系的假象,中国木质林产品主要出口至发达国家容易引发以非法采伐为名的绿色贸易壁垒。正如贸易不是环境问题的根本原因,木质林产品贸易也不是世界森林资源破坏的原因。中国木质林产品贸易提高了世界森林资源配置效率，中国木质林产品贸易实际上节约了大量森林资源，以资源节约代用方式、以功能节约代用方式，间接减少了对森林资源的破坏，对保护世界森林资源发挥着积极和重大的作用。

非法采伐问题和世界森林资源破坏问题可以说是欧美发达国家借以打压中国林业产业发展的绿色贸易壁垒，甚至成为在经济、环境等各方面打压中国的借口。为此本研究提出了如下建议：中国对外要认清非法采伐问题的性质，表明立场，坚持主权，坚决维护木质林产品正常贸易秩序，主动参与相关国际谈判，参加打击非法木材及相关贸易跨国行动，积极开展国际合作，帮助木材生产国提高森林资源治理水平；对内要不断提高国内木材资源供应能力，分散进口木材来源国供应渠道，优化木质林产品出口市场结构、产品结构，改变木质林产品原料结构，调整"大进大出，两头在外"的加工贸易模式，建立和完善木质林产品产销监管体系，建立木材行业信用评价系统，提高和维护木材产业的行业信誉，提升木材产业国际形象等相关对策。

木质林产品贸易对森林资源既有有利影响，又有不利影响。为了寻求木质林产品贸易对森林资源实际影响，本研究基于木材消耗视角木质林产品贸易对森林资源影响的实证分析部分，以影响森林资源变化的经济性的木材消耗作为切入点，构建了木材消耗对森林资源的压力指标：人均木材消耗和木材消耗蓄积比，确定了它们的计算方法，分析了影响木材消耗及其森林资源压力代表指标的因素，并做出了理论假设，在此基础上，分别以人均木材消耗、木材消耗蓄积比作为木材消耗对森林资源的压力指标，构建了两个实证模型，并分别基于 2010 年世界各国的相关截面数据和中国 1993—2015 年的相关时间序列数据，运用多元线性回归模型进行实证分析。

实证研究结果表明，人均木材消耗、木材消耗蓄积比都可以作为木材消耗对森林资源的压力的代表性指标；人口数量、经济发展水平对森林资源压力影响显著，木材供给因素是影响森林资源的最为重要的因素，世界森林资源的人口承载程度已经超过森林资源人口承载力，世界森林资源面临着人口数量不断增长、世界经济发展水平不断提高带来的巨大压力；木质林产品贸易对森林资源的影响很小，木质林产品贸易不仅不是世界森林资源减少的根本原因，而且木质林产品贸易的发展还有利于世界森林资源的保护。

实证研究结果表明，相对于世界，中国森林资源受到经济发展水平提高带来的压力更大，庞大的人口、过高的森林资源的人口承载程度，始终是中国森林资源保护的威胁，甚至成为世界森林资源保护的威胁，中国森林资源保护的任务更加严峻。中国木质林产品出口贸易有利于减少森林资源压力的效果高于世界一般水平,中国木质林产品进口贸易增加的森林资源压力低于世界一般水平。与使用本国木材相比,使用进口木材更节约森林资源,这在中国尤为突出。中国木质林产品贸易不仅不是森林资源减少的根本原因,而且中国木质林产品贸易的发展还更有利于森林资源的保护。

基于木材消耗视角木质林产品贸易对森林资源影响的实证分析,证实了本研究在中国木质林产品贸易对世界森林资源的影响研究中提出的观点,证实了木质林产品贸易不仅不是世界森林资源减少的根本原因,而且木质林产品贸易的发展还有利于世界森林资源的保护。国际社会应推进木质林产品贸易自由化,坚决反对木质林产品贸易领域的贸易保护主义,减少木质林产品贸易壁垒,鼓励木质林产品贸易,充分发挥木质林产品贸易提高世界森林资源配置效率的保护性作用。中国要特别注意树立以提高国内木材资源供给能力为主、合理开发和利用国外木材资源为辅的基本原则,减少对进口木材的依赖;树立以满足国内经济发展需要为主、获取出口贸易利得为辅的基本原则,不能为出口而进口;逐步调整"大进大出,两头在外"的木质林产品加工贸易模式,完善森林采伐限额管理制度,改变目前中国林业以生态建设为主的政策导向,将保护和利用结合起来,用少量、速生、丰产、优质的人工林承担大部分的木材产出任务,使中国木质林产品的生产、贸易建立在国内人工林资源基础上,既达到保护森林资源的目的,又能够满足经济发展的需求。

目　录
CONTENTS

第 1 章

绪 论

1.1 研究背景

（1）世界森林面积持续减少、质量持续下降,解决好森林问题是解决人类面临生态环境问题的重点之一

森林是地球上陆地生态系统的主体,具有固碳释氧、涵养水源、防风固沙、保持水土、净化空气、调节小气候、保护生物多样性、维护地球生态平衡等多种生态环境功能,是人类赖以生存的环境的重要组成部分。然而,森林作为一种自然资源,还具有重要的经济功能,为人类提供以木材为代表的各种经济产品,在人类的生存和发展过程中,一直面临着被掠夺和破坏的命运。据估计,在过去5000年里全世界累计损失了18亿平方千米的森林面积,平均每年净损失36万平方千米的森林(Williams,2002),工业革命以来,森林损失加快,据估计地球上消失了近1/3的森林(FAO,2012)。20世纪90年代以来,全球森林面积大幅度减少问题得到国际社会的普遍重视,在各方共同努力下,开始出现减少趋势趋缓的迹象。2005年《全球森林资源评估》数据显示,全球约有12%的森林面积受到了保护,2011年《世界森林状况》显示,全球森林损失面积由20世纪90年代的每年1600万平方千米降到了2000—2010年期间的每年1300万平方千米,减去森林更新和人工林,森林面积的年净减少量从约600万平方千米降到了500万平方千米。根据《2015年全球森林资源评估报告》,2010—2015年期间,全球森林面积年均损失760万平方千米,每年净减少330万平方千米,森林面积每年净损失率已从1990年代的0.18%减缓到2010年到2015年间的

0.08%。目前人类面临的环境问题,如气候变暖、生物多样性减少、荒漠化、水土流失等,大多与森林面积减少和森林生态功能下降存在密切联系,人类赖以生存的环境受到严重威胁。因此,处理好森林问题是解决人类面临环境问题的重点之一。

(2)森林问题成为国际政治、外交、经济、社会发展等领域的重要议题

20世纪50年代以来,由于全球生态环境危机日益加剧,森林的生态环境功能的重要性更加突出,森林问题逐渐成为国际社会和各国政府间政治议题的优先领域。1976年联合国贸易和发展会议第四次会议后签订《国际热带木材协定》(International Tropical Timber Agreement,ITTA),1985年成立ITTA执行机构国际热带木材组织(ITTO),致力于促进热带森林资源的保护和可持续管理、利用及贸易。1992年联合国环境与发展大会(UNCED)通过了有关森林保护的非法律性文件《关于森林问题的原则声明》(The Declaration of Principles on Forests,全称为《关于所有类型森林的管理、保存和可持续开发的无法律约束力的全球协商一致意见权威性原则声明》)。继联合国可持续发展委员会(Commission on Sustainable Development,CSD)1994年成立政府间森林问题工作组(International Panel on Forests,IPF,1995—1997)、1997年进而设立政府间森林问题论坛(International Forum on Forests,IFF,1997—2000)后,2000年联合国成立了联合国森林论坛(United Nations Forum on Forests,UNFF)。继1971年由西班牙倡议、欧洲农业联盟大会一致通过并经联合国粮食及农业组织(Food and Agriculture Organization,FAO)确认,1972年起每年3月21日为"世界林业节",2012年第67届联合国大会决定每年3月21日为"国际森林日"(World Forest Day),目的是要唤起世界各国更加重视保护和发展森林资源,推进全球性植树运动,积极维护生态安全,共同应对气候变化。在国际社会的共同努力下,全球森林面积减少的趋势开始出现趋缓,但即使这样,2010—2015年期间,全球森林面积仍年均损失760万平方千米,每年净减少330万平方千米,每年净损失率0.08%(FAO,2016)。因此,森林破坏、森林保护和可持续发展问题始终是国际社会关注的热点问题,在国际政治、外交、经济、社会发展和环境保护等领域都是讨论的重要议题。

（3）非法采伐及相关贸易直接导致森林退化和减少，成为国际社会共同关注的热点、焦点

随着木质林产品国际贸易的发展，在森林资源相对比较丰富的很多发展中国家，对经济利益的追求催生了大量的非法木材采伐现象，直接对这些国家乃至全球森林可持续发展构成了威胁，成为造成森林退化和破坏的重要原因。据世界自然基金会（WWF）和世界银行（World Bank）估计，全球 65% 的森林受到非法采伐的直接威胁（WWF，2005），每年非法木材贸易额达 300 亿～1000 亿美元，占全部木材国际贸易的 15%～30%（ICPO，2012），由于非法木材采伐及相关贸易导致全球木质林产品的价格下降了 7%～16%（美国林业及纸业协会，2004）。很多国际组织和发达国家认为非法木材采伐及相关贸易是世界原始森林资源消失的主要原因之一。非法采伐问题多发生于那些森林资源相对比较丰富但森林治理薄弱、管理透明度低的发展中国家。研究表明，非法采伐不仅使政府丧失相关财政收入，造成地区乃至国家经济的损失，损害了经济竞争的公平性和正常秩序，破坏了法律的严肃性、公平性和透明性，还导致原住居民权益受到侵害、犯罪活动增加和居民贫困，更直接导致森林退化和减少，引发森林碳汇减少、水土流失、生物多样性丧失等一系列次生环境问题，严重危害全球生态环境（韩沐洵等，2013；姜凤萍，2013；王邱文等，2015）。因此，木材非法采伐及相关贸易问题不仅成为近年来国内外学者研究的前沿和重点，更成为目前国际社会共同关注的热点、焦点，打击非法采伐及相关贸易得到各国尤其是各种国际环境保护组织的重视，列入了国际森林问题的议程，越来越多的国家加入了打击非法采伐及相关贸易的全球性治理行动，以实现对世界森林资源的保护和森林的可持续发展。

1.2 研究目的及意义

近些年来，中国木质林产品贸易日趋繁荣，贸易额已跃居世界首位，随着中国成为世界第一大木材进口国和第二大木材消耗国，更被部分国际舆论指责为"世界森林资源的黑洞"。那么，中国木质林产品对外依存的程度到底如何呢？尽管很多学者做了研究，但目前中国木质林产品外贸依存度尚没有统一的定义、计算方法和口径，现有测算结果差异很大，直接影响到对中国木质林产品外

贸依存程度的正确判断,进而影响到相关贸易、产业政策的制定。在全球开展打击非法采伐及相关贸易行动的现实背景下,中国作为世界第一大木材进口国和第二大木材消耗国一时间成为国际社会关注的焦点。那么,中国木质林产品贸易与国际非法采伐及相关贸易之间是否存在着必然联系?中国木质林产品贸易对世界森林资源究竟有何影响?这些问题需要从理论上和实证上给予明确的回答。

1.3 研究对象与研究内容

1.3.1 研究对象界定

本研究是关于中国木质林产品的研究,而国内外对木质林产品的定义、分类体系和统计口径并不一致。

一般而言,林产品是指整个林业产业全部生产活动中所形成的各种产品的总和(文飞宇,2006)。国家林业局编制的《中国林业统计指标解释》定义林产品为"依托森林资源生产的所有有形生物产品和提供的森林服务,包括木质林产品、非木质林产品、森林服务"(原国家林业局,2000)。林产品分类的角度很多,按是否是木质材料来划分,林产品可分为木质林产品和非木质林产品两大类。木质林产品通常指原木(薪材、工业用原木)、锯材、木质人造板、木浆、废纸、纸和纸板、木炭、木制品、木家具。其中,原木、锯材、木质人造板、木制品、木家具又常被称作木材产品。非木质林产品一般指林化产品、竹藤制品、经济林产品等。

在国际贸易标准分类(Standard International Trade Classification, SITC)口径下,木质林产品包含在第2、第6、第8三大类下(2008年第4次修订)。第2大类中,主要为软木及木材24,包括薪材(废木料除外)和木炭245(薪材24501、木炭24502),木片或碎料材及废材246(木片或碎料材2461、锯末及废材和碎料2462),粗制木材247,简单加工过的木材及枕木248;纸浆及废纸251(废纸2511,木浆2512至2516、25191、废纸浆或其他纤维浆25192)。第6大类中,主要为软木及木材制品(家具除外)63,包括软木制品633,单板6341,压缩木材和刨花板6342(压缩木材 63421,刨花板 63422、63423),胶合板、贴面板及类似层接材 6343,纤维板 6345,桶材、木杆、木桩、木棒、碎木片等 63491,木丝、木粉 63493,木制箱桶、木制门窗、木制相框、木制餐具、木制工具等 635);纸、纸板和纸制品 64,包括纸和纸板 641,切成一定尺寸或形状的纸和纸板及其制品 642。第 8 大类中,主要为木制家具及其零件(82116、8215)。

在 UNCOMTRADE(United Nations Commodity Trade Statistics Database)商品名称及编码协调制度(The Harmonized Commodity Description and Coding System,HS)口径下,涉及木质林产品的分类,包括第 44 章、第 47 章、第 48 章、第 49 章及第 94 章(2017 版)。第 44 章(木及木制品;木炭)包括薪材 440110,木片或木粒 440120,木废料 440130,木炭 4402,工业用原木 4403,箍木、木劈条和粗修木棒等 4404,木丝和木粉 4405,锯材(特种锯材(枕木)4406 和普通锯材 4407),单板 4408、可连接型材 4409、刨花板 4410、纤维板 4411,胶合板 4412,木制品类(4413 至 4421,强化木 4413、相框类 4414、木箱类 4415、木桶类 4416、木制工具类 4417、建筑用木工制品 4418、木制餐具及厨房用具 4419、木制装饰品 4420、木制生活品 4421)。第 47 章(木浆及其他纤维状纤维素浆;纸及纸板的废碎品)包括废纸 4707,木浆(47 中除 4707 外)。第 48 章为纸及纸板,纸浆、纸或纸板制品。第 49 章为书籍、报纸、印刷图画及其他印刷品,手稿、打字稿及设计图纸。第 94 章(家具;……;活动房屋)中木制家具为 94016110 至 94036099 中部分。HS 体系是海关合作理事会(Customs Cooperation Council,CCC,后更名世界海关组织(World Customs Organization,WCO))为了适应关税征收制定的,相对于 SITC,HS 体系中的林产品数据更加详实,统计口径更加简化。中国从 1992 年开始采用。

联合国粮食及农业组织(Food and Agriculture Organization,FAO)《林产品的分类和定义》把木质林产品共分 6 大类:原木(木质燃料、工业用原木),木炭、木片、碎料和剩余物,锯材,人造板(单板、胶合板、刨花板、纤维板),木浆和回收纸,纸和纸板(FAO,1982)。

根据《中国林业统计年鉴》和《中国林业发展报告》,中国的林产品分为木质林产品和非木质林产品。木质林产品划分为 8 类:原木,锯材(包括锯材和特形材),人造板及单板(包括单板、胶合板、刨花板、纤维板和强化木),木制品,纸类(包括木浆、纸及纸板、纸或纸板制品、废纸及废纸浆、印刷品等),木家具,木片,其他(薪材、木炭等)(原国家林业局,2016),共 18 种木质林产品:原木、锯材、特形材、单板、刨花板、纤维板、胶合板、强化木、木制品、家具、木片、木浆、废纸及废纸浆、纸及纸板、纸或纸板制品、印刷品、薪材、木炭。非木质林产品划分为 7 类:苗木类,菌、竹笋、山野菜类,果类,茶、咖啡类,调料、药材、补品类,林化产品类(松香等),竹、藤、软木类(含竹藤家具)(原国家林业局,2016)。

中国从 1992 年开始采用 HS 编码制度,从中国的海关统计口径来看,林产品除包括林业部门和其他部门生产的上述木质林产品和非木质林产品外,还包括花卉、林化机械、园林机械等(中华人民共和国海关总署,2010)。

综上所述,从国内外常见的统计口径来看,木质林产品涵盖以森林资源为基础生产的木材和以木材为原料生产的各类产品,但木质林产品的具体分类却千差万别。国内学者在有关木质林产品的研究中,上述 5 种数据源都有采用,但却根据研究需要对原有分类进一步调整,例如,林凤鸣(1999)、宋元媛(2004)、陈勇(2008)、高爱芳(2010)、石小亮等(2015)等。

因本研究有关木质林产品的数据,国内数据主要来自《中国林业统计年鉴》和《中国林业发展报告》,因此本研究所使用的木质林产品的概念,与《中国林业统计年鉴》和《中国林业发展报告》相同,但涉及产品范畴有略微差异。这是因为《中国林业统计年鉴》和《中国林业发展报告》对强化木、废纸浆、纸或纸板制品、印刷品、薪材 5 种产品因贸易数量较小不做单独数量统计,其价值量则列入"其他"项中。原木、锯材、单板、特形材、刨花板、纤维板、胶合板、木制品、家具、木片、木浆、废纸、纸和纸制品、木炭共 14 种产品同时具有贸易数量和价值量统计,这 14 种产品是本研究中木质林产品涉及的产品范畴。在涉及国际研究时,主要采用 FAO《林产品年鉴》的数据,木质林产品包括原木(薪材、工业用原木),木炭,木片,锯材,单板,刨花板,纤维板,胶合板,木浆,废纸,纸和纸板共 11 种。相较于《中国林业统计年鉴》和《中国林业发展报告》,FAO《林产品年鉴》缺乏特形材、木制品、家具的统计,为弥补不足,涉及国际研究时,将采用其他数据源对木制品、家具进行补充分析。表 1 - 1 是 FAO、HS 和 SITC 木质林产品分类对照表,加 * 部分为 FAO《林产品年鉴》没有统计但《中国林业统计年鉴》和《中国林业发展报告》有统计的木质林产品。

表 1-1 FAO、HS 和 SITC 木质林产品分类对照表

Tab. 1 -1 FAO，HS and SITC classification of wooden forest products

木质林产品	商品名称及编码协调制度（2012 年）	国际贸易标准分类（第 4 次修订）
原木	4401.10　　4403.20/41/49/91/92/99	245.01　247.4　247.5
木质燃料,包括木炭材	4401.10	245.01
工业用原木	4403.20/41/49/91/92/99	247.4　247.5
工业用原木（针叶）	4403.20	247.4
工业用原木（非针叶）	4403.41/49/91/92/99	247.5
工业用热带原木（非针叶）	4403.41/49　ex4403.99	247.51　ex247.52
木炭、木片、碎料和剩余物	4402.90　4401.21/22　ex4401.39	245.02　246.1　ex246.2
木炭	4402.90	245.02
木片和碎料	4401.21/22	246.1
木材剩余物	ex4401.39	ex246.2
锯材	44.07	248.2　248.4
锯材（针叶）	4407.10	248.2
锯材（非针叶）	4407.21/22/25/26/27/28/29/91/92/93/94/95/99	248.4
人造板	44.08/10/11　4412.31/32/39/94/99	634.1　634.22　634.23　634.31/33　634.54　ex634.59
单板	44.08	634.1
胶合板	4412.31/32/39/94/99	634.31/33
碎料板	44.10	634.22　634.23
纤维板	44.11	634.54　ex634.59
硬质板	4411.92	ex634.59
中密度纤维板	4411.12/13/14	634.54
绝缘板	4411.93/94	ex634.59
木浆	47.01/02/03/04/05	251.2　251.3　251.4　251.5　251.6　251.91
机械木浆	47.01	251.2
半化学木浆	47.05	251.91
化学木浆	47.03/04	251.4　251.5
未漂白亚硫酸盐浆	4704.11/19	251.61

续表 1-1

木质林产品	商品名称及编码协调制度（2012 年）	国际贸易标准分类（第 4 次修订）
漂白亚硫酸盐浆	4704. 21/29	251. 62
未漂白硫酸盐浆	4703. 11/19	251. 4
漂白硫酸盐浆	4703. 21/29	251. 5
溶解木浆	47. 02	251. 3
其他纤维浆	4706. 10/30/91/92/93	251. 92
回收纸	47. 07	251. 1
纸和纸板	48. 01/02/03/04/05/06/08/09/10 4811. 51/59 48. 12/13	641. 1/2/3/4/5/6 641. 71/72/74/75/76/77 641. ex73/ex78/ex79 641. 93 642. 41
新闻纸	48. 01	641. 1
印刷纸和书写纸	4802. 10/20/54/55/56/57/58/61/62/69 48. 09 4810. 13/14/19/22/29	641. 21/22/23/25/26/27/29 ex641. 31 641. 32/33/34
其他纸和纸板	48. 03/04/05/06/08 4810. 31/32/39/92/99 4811. 51/59 48. 12/13	641. 24 ex641. 31 641. 4/5/6 641. 71/72/74/75/76/77 641. ex73/ex78/ex79 641. 93 642. 41
家庭用纸和卫生纸	48. 03	641. 63
包裹和包装纸及纸板	4804. 11/19/21/29/31/39/42/49/51/52/59 4805. 11/12/19/24/25/30/91/92/93 4806. 10/20/40 48. 08 4810. 31/32/39/92/99 4811. 51/59	ex641. 47 641. 41/42/46/48 641. 51/52/54/57/58 ex641. 53 641. 61/62/64/69 641. 71/72/74/75/76/77
未列入其他项的纸和纸板	4802. 40 4804. 41 4805. 40/50 4806. 30 48. 12/13	641. 24 ex641. 31 ex641. 47 ex641. 53 641. 55/56/59 641. ex73/ex78/ex79 641. 93 642. 41
特形材 *	44. 09	248. 3/5
木制品 *	44. 13/14/15/16/17/18/19/20/21	633 634. 91/93 635
家具 *	9401. 61/69 94018090. 10 9403. 30/40/50/60	821. 16/ex18/51/53/55/59

注：引自 FAO《2016 林产品年鉴》，并根据 SITC（第 4 次修订）略加修改。* 为在 FAO 基础上增加的中国木质林产品统计中的类别，"ex"一词意味着两种编号之间并非完全相关，并

且仅部分适用 2012 年商品名称及编码协调制度或国际贸易分类标准第 4 次修订。

参考 FAO 对木质林产品的界定,在此对本研究涉及木质林产品说明如下:

(1)原木(Roundwood):指砍伐或用其他方法采伐和采运的所有原木。原木分为木质燃料,包括木炭材(Wood Fuel,including Wood for Charcoal)和工业用原木(Industrial Roundwood),前者即通常所指薪材。国内常说的商品材产量(即木材产量)虽然指的是原木和薪材(不符合原木标准的木材),但并不包括农民自用材和烧柴产量,所以国内所说的原木和薪材的概念并不等同于这里所说的原木和薪材。

(2)锯材(Sawnwood):由原木通过纵向锯制或剖面切削的方法加工的厚度超过 6mm(有少数例外)的成材,但不包括特形材(Special shape wood)。

(3)木质人造板(Wood – based panels):包括单板(Veneer Sheets)、胶合板(Plywood)、刨花板(Particle Board)及纤维板(Fibreboard)。单板是指用旋切、刨切或锯开的方法加工厚度均匀的薄板,包括用于制造胶合板、胶合木、家具、单板容器等的木材,不包括国内用于制造胶合板的木材。胶合板是指将单板黏合一起的相邻单板的纹理一般相互成直角的胶合板板料。刨花板,又称碎料板,是指由小木片或其他木质纤维素材料(如削片、刨花、木片、细木丝、碎条、碎片等),用有机黏合剂结合加热、加压、湿度、某一催化剂等黏结而成的板料。纤维板是指使用木质纤维并主要依靠纤维结合力及其内在黏性而黏接成的板料。

(4)纸类(Paper products):包括木浆(Paper pulp)、废纸(Recovered Paper)、纸和纸板(Paper and Paperboard)。木浆是指由纸浆材、木片、碎料、剩余物或回收纸通过机械或化学过程制成的纤维材料,可进一步加工成纸、纸板、纤维板或其他纤维素产品,不包括用除木材以外的其他植物纤维材料制成的稻麦草浆、苇浆等纤维浆。废纸又称作回收纸,指为了重新用来作为制造纸张和纸板的原料或贸易而收集的废纸和碎纸片或纸板,包括用过的纸张和纸板及纸张和纸板生产过程中产生的剩余物。纸和纸板包括新闻纸、印刷纸、书写纸、其他纸张和纸板,不包括加工成纸箱、纸板、书籍和杂志等的纸产品。值得注意的是,FAO 的纸和纸板与 HS 的 HS48(纸及纸板和纸浆、纸或纸板制品)是不同的,范围要小一些,更不包括 HS49 书籍、报纸、印刷图画及其他印刷品和手稿、打字稿及设计图纸。国内用的"纸和纸制品"的概念,基本等同于 FAO 的纸和纸板。

(5)木炭(Wood Charcoal)和木片和碎料(Wood Chips and Particles)。木炭是指因部分燃烧或外部加热而炭化的木材,包括用来作为燃料或其他用途如作为炼钢中的还原物或者作为吸收或过滤工具的木炭。木片和碎料是指在制造其他木材产品时特意加工成碎片并适用于制浆、制造碎料板和纤维板、用作燃料或其他用途的木材,不包括直接(即在森林内)从原木加工成木片(即已经作为圆木或劈木的纸浆材或木质燃料统计),本研究简称木片。

(6)《中国林业统计年鉴》和《中国林业发展报告》还有特形材(Special shape wood)、木制品(Woodwork)、家具(Furniture)等 FAO 不统计的木质林产品。特形材基本等同于 HS4409 可连接型材,包括木地板、竹木地板以及具有不规则边缘但可拼接的型材、板坯,但不包括竹地板。木制品包括生产用木制品和生活用品木制品,生产用木制品包括木制农具,木制工业、建筑配件,木制包装用品等为生产提供服务的木制品。生活用木制品即日用木制品,包括木制炊事用具、木盆、木桶类及其他日用木制品(衣板、衣架、衣夹、木屐、梯子等),不包括家具及非木制品如竹、藤、棕、草制品。木制品基本等同于 HS4413 至 4421 木制品类。家具是指木制家具,指用木材(包括木质人造板)制成的具有坐卧、凭倚、贮藏、间隔等功能的器具,包括床、桌、椅、凳、沙发、柜、箱、屏风等,不包括切菜板、案板、锅盖、面杖、盆、桶、洗衣板、镜框等及作为商品销售的家具零部件和家具配件,不包括金属家具、塑料家具、竹藤家具、软体家具及其他家具。家具基本等同于 HS94016110 至 94036099 中木制家具部分。

由于薪材、特形材、木炭、木片等产量或贸易规模较小,或木制品、家具等资料不全,所以部分内容使用了"主要木质林产品"的概念,主要木质林产品是指原木、锯材、人造板(包括单板、刨花板、纤维板、胶合板)、纸类(包括木浆、废纸、纸和纸板)。

1.3.2 研究逻辑结构

有国际舆论认为,中国迅猛增长的木质林产品贸易是国际非法采伐及相关贸易问题的根源,破坏了世界森林资源。要研究这个问题,必须先掌握世界和中国森林资源的状况及其特点和演变趋势,掌握世界和中国木质林产品贸易的变化趋势和特点。本书第二章对此作出解答。

面对国际舆论对中国的指责,由此引出问题:中国木质林产品贸易与国际非法采伐、世界森林资源破坏是否真的有关?如果无关,就不能指责中国迅猛增长的木质林产品贸易是国际非法采伐及相关贸易问题的根源,破坏了世界森林资源。那么如何判定中国木质林产品贸易与国际非法采伐、破坏世界森林资源是否有关呢?

首先,需要回答中国木质林产品贸易对外依存程度究竟如何这一问题。如果中国木质林产品贸易对外依存程度低,则基本可以判定中国木质林产品贸易与国际非法采伐、破坏世界森林资源应该无关;如果中国木质林产品贸易对外依存程度高,则可以判定中国木质林产品贸易与国际非法采伐、破坏世界森林资源可能有关。而只有正确评估中国木质林产品贸易对外依存程度,才可以回答中国木质林产品贸易对外依存程度究竟如何的问题。这是本书"中国木质林产品贸易对外依存度算法研究及其测算评估"部分需要研究的问题。

其次,不论中国木质林产品贸易对外依存程度高低,应该分析中国木质林产品贸易与国际非法采伐及其相关贸易、世界森林资源破坏之间是否存在着必然联系? 如果没有必然联系,则基本可以判定中国木质林产品贸易与国际非法采伐、世界森林资源破坏应该无关;如果有必然的联系,则可以判定中国木质林产品贸易与国际非法采伐、世界森林资源破坏有关。为此,本书"中国木质林产品贸易与国际非法采伐、森林资源保护关系研究"部分进行了分析研究。

第三,中国木质林产品贸易对世界森林资源的影响,从属于国际木质林产品贸易对世界森林资源的影响。那么需要研究木质林产品贸易对森林资源影响是否有一般性规律? 如果有一般性规律,则可能存在有影响和没有影响两种结果。如果没有影响,则不能得到"中国迅猛增长的木质林产品贸易是国际非法采伐及相关贸易问题的根源,破坏了世界森林资源"的结论;如果有影响,还要看这种影响是有利影响还是不利影响。如果是有利影响,同样得不出"中国迅猛增长的木质林产品贸易是国际非法采伐及相关贸易问题的根源,破坏了世界森林资源"的结论;如果是不利影响,则"中国迅猛增长的木质林产品贸易是国际非法采伐及相关贸易问题的根源,破坏了世界森林资源"成立。本书"基于木材消耗视角木质林产品贸易对森林资源影响的实证分析"部分运用实证模型试图对此作出回答。

研究的逻辑结构以及与主要研究内容框架的关系见图1-1所示。

需要说明的是,中国木质林产品贸易对外依存及其对世界森林资源的影响,包括中国木质林产品贸易对外依存研究和中国木质林产品对外贸易对世界森林资源的影响研究两部分,核心是研究中国木质林产品对外贸易对世界森林资源的影响。本书的英文题目"Dependence on Foreign and Impact on the World Forest Resources of China's Wooden Forest Products Trade"清楚表达了这一点,但中文容易误解为"中国木质林产品贸易对外依存度对世界森林资源的影响"。实际上,中国木质林产品对外贸易形成中国木质林产品的对外依存。虽然本书研究了中国木质林产品贸易对外依存度,但并不是研究中国木质林产品贸易对外依存度对世界森林资源的影响。因此,本书"中国木质林产品贸易与国际非法采伐、森林资源保护关系研究"与"基于木材消耗视角木质林产品贸易对森林资源影响的实证分析"部分并不涉及中国木质林产品贸易对外依存度,而是从进口贸易、出口贸易角度,以进口贸易、出口贸易为变量,探讨中国木质林产品对外贸易对世界森林资源的影响。

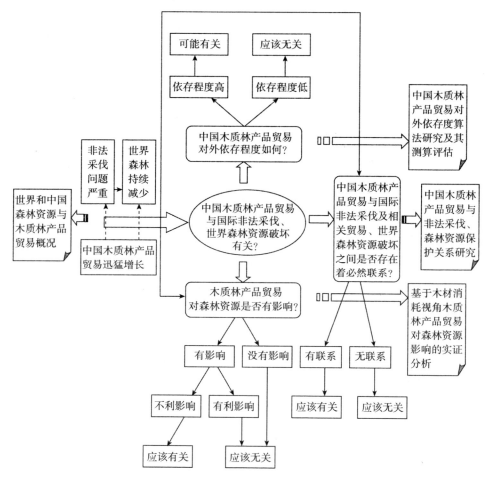

图 1 - 1　研究的逻辑结构以及与主要研究内容框架的关系

Fig. 1 - 1　The logical structure and its relationship with the main content framework

1.3.3　研究内容结构

围绕回答"中国木质林产品贸易对外依存程度究竟如何""中国木质林产品贸易与国际非法采伐及相关贸易、世界森林资源破坏之间是否存在着必然联系""中国木质林产品贸易对世界森林资源究竟有何影响"三个问题,全书共分为 6 大部分。

(1)绪论。阐明研究背景、研究目的及意义,界定研究对象,介绍研究内容和结构,说明研究方法与技术路线。

(2)世界和中国森林资源与木质林产品贸易概况。介绍世界森林资源概况,分析世界森林资源主要特点和演变趋势;介绍中国森林资源概况,分析中国森林资源主要特点和演变趋势;分析世界主要木质林产品贸易,总结世界木质林产品贸易发展特点及发展趋势;分析中国木质林产品贸易变化趋势,分析中国木质林产品贸易发展特点。这是本研究的基础。

(3)中国木质林产品贸易对外依存度算法研究及其测算评估。总结现有中国木质林产品外贸依存度相关研究存在的问题,探讨木质林产品外贸依存度的传统算法并进行测算评估;探讨木质林产品外贸依存度的原木折算法并进行测算评估;探讨木质林产品外贸依存度的产品数量法并进行测算评估。目的是掌握中国木质林产品贸易对外依存程度。

(4)中国木质林产品贸易与国际非法采伐、森林资源保护关系研究。针对中国成为国际社会关于非法采伐及相关贸易问题热议的焦点,甚至被认为是世界森林资源毁坏的罪魁祸首问题,探讨中国木质林产品贸易与国际非法采伐的相关性,分析中国木质林产品贸易对世界森林资源的影响。目的是弄清楚中国木质林产品贸易是否是非法采伐及相关贸易问题、世界森林资源破坏的原因。

(5)基于木材消耗视角木质林产品贸易对森林资源影响的实证分析。以木材消耗作为切入点,构造了人均木材消耗和木材消耗蓄积比作为木材消耗对森林资源压力的代表性指标,分析了影响木材消耗及其森林资源压力代表指标的因素,分别以人均木材消耗、木材消耗蓄积比作为木材消耗对森林资源的压力指标,构建了两个实证模型,并分别基于2010年世界各国的相关截面数据和1993—2015年中国的相关时间序列数据,运用多元线性回归模型进行实证分析,定量确定木质林产品贸易对森林资源的影响,以发现木质林产品贸易对森林资源影响的一般性规律和中国木质林产品贸易对森林资源影响的特性。目的是实证前一部分的理论分析结论。

(6)研究结论与建议、创新点与不足之处。

1.4 研究方法与技术路线

1.4.1 研究方法

围绕研究内容,本研究以规范研究和实证研究相结合、定性与定量分析相结合、比较分析与综合分析相结合,广泛收集国内外数据资料,通过加工整理、统计分析和借助数学模型得出比较科学的结论和可靠的结果。具体采用的方法和运用的范围如下:

(1)文献研究法和归纳总结法。广泛查阅国内外相关文献,分析国内外相关研究现状,掌握世界和中国森林资源、木质林产品贸易演变趋势、发展现状和特点;分析现有中国木质林产品外贸依存度研究中的各种定义、算法、研究角度、使用目的、统计口径、数据来源,研究其存在的问题,总结不同算法反映的信息、适用范围、数据要求;就非法采伐及相关贸易问题,归纳总结非法采伐及相关贸易问题产生的根源和对森林资源与环境保护的危害,分析总结中国面临非法采伐及相关贸易问题的各种指责以针对性地做出回答;分析国内外学者关于经济发展、木质林产品贸易等对森林的影响研究采用的数据区域、衡量指标、计量方法和研究结论,为研究数据来源、因素指标、模型方法的选择提供依据。

(2)比较分析法和系统分析法。在世界和中国森林资源状况,世界和中国木质林产品贸易发展现状,中国木质林产品贸易对外依存程度的测算方面均采用了比较分析法和系统分析法。其中比较分析法采用了历史变化比较分析法和国际横向比较分析方法。

(3)规范研究法和实证研究法。规范研究法和实证研究法主要应用于中国木质林产品贸易与国际非法采伐、森林资源保护关系研究和基于木材消耗视角木质林产品贸易对森林资源影响的研究中。在运用贸易与环境理论研究中国木质林产品贸易对世界森林资源正负面影响中和对影响人均木材消耗的关键因素分析与理论假设中主要采用了规范研究法,在中国木质林产品贸易与国际非法采伐相关性的探讨、中国木质林产品贸易对世界森林资源影响的具体分析和基于国际截面数据和基于时间序列数据的林产品贸易对木材消耗影响的研究中采用了实证研究法。

(4)定性分析法、统计分析法和定量分析法。定性分析法主要在中国木质林产品外贸依存度不同算法和中国木质林产品贸易与国际非法采伐、森林资源保护关系的研究中运用;统计分析法则在全书几乎所有数据分析中使用;定量分析法主要在基于国际截面数据和基于时间序列数据的中国木质林产品贸易对木材消耗影响的研究中采用。

1.4.2 技术路线

本书内容的逻辑结构、采用研究方法,如图 1-2 所示。

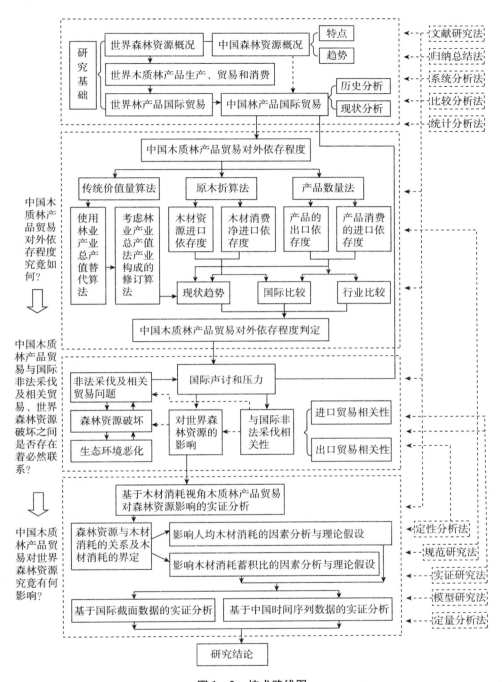

图 1-2　技术路线图

Fig. 1-2　Technology roadmap

第 2 章

世界和中国森林资源与
木质林产品贸易概况

2.1 世界森林资源概况

2.1.1 世界森林资源概况

联合国粮食及农业组织(FAO)定期进行全球森林资源评估(Forest Resources Assessment,FRA),发布森林资源评估报告,目前最新的是《2015 年全球森林资源评估报告:世界森林变化情况》。本小节数据不特别说明,均来自 FAO《2015 年全球森林资源评估报告》。

2015 年,全球森林面积共 39.99 亿平方千米,占陆地面积(不含内陆水域)的 30.6%,人均森林面积 0.6 平方千米,森林蓄积量共 5310 亿立方米,单位面积蓄积 129 立方米/平方千米。天然林占森林总面积的 92.70%(大多数天然林属于"其他天然再生林"的类别,占 74%,其余的 26% 为原生林),人工林占森林总面积的 7.30%。2010 年全球 76.44% 的森林面积为公有,19.92% 为私有,3.6% 为产权不明。2015 年世界森林在地上和地下的生物质中储存的碳约为 2960 亿 t。

表 2-1 世界(234 个国家和地区)森林资源概况

Tab. 2-1 Forest resources in 234 countries and regions

	变量(单位,年代)	总计	年变化率(%)
森林面积与特征	森林面积(百万平方千米,2015)	3999	-0.13
	其他林地面积(百万平方千米,2015)	1204	-0.10
	其他带有树木覆盖的土地面积(百万平方千米,2015)	284	0.52
	平均年度植树造林量(百万平方千米,2015)	27	1.57

续表2-1

变量(单位,年代)		总计	年变化率(%)
森林面积与特征	天然林(百万平方千米,2015)	3695	-0.24
	人工林(百万平方千米,2015)	291	1.84
	年净森林变化量(百万平方千米,2010-2015)	-3.3	/
	年净天然林变化量(百万平方千米,2010-2015)	-6.5	/
	年净人工林变化量(百万平方千米,2010-2015)	3.3	/
产出	森林蓄积量(10亿立方米,2015)	531	0.03
	森林蓄积量(立方米/平方千米,2015)	129	0.16
	地上地下碳生物量(10亿t,2015)	296	-0.15
	地上地下碳生物量(t/平方千米,2015)	73	-0.02
	用材林(百万平方千米,2015)	1187	-0.05
	多用途林(百万平方千米,2015)	1049	-0.16
	木材采伐量合计(百万立方米,2011)	2997	0.41
防护功能及选择性生态系统服务	水土保持(百万平方千米,2015)	1015	0.53
	生态系统服务,文化精神价值(百万平方千米,2015)	1163	0.59
生物多样性与保护	生物多样性保护(百万平方千米,2015)	524	1.75
	原生林(百万平方千米,2015)	1277	-0.10
	保护区内森林面积(百万平方千米,2015)	651	1.98
干扰	带有入侵树种的面积(百万平方千米,2010)	79	11.33
	过火林地面积(百万平方千米,2010)	65	/
	林冠覆盖面减少的林地面积(百万平方千米,2000—2010)	185	/
可持续森林管理(SFM)进展测定	具有支持可持续森林管理政策的国家(最新适用年份)	146	/
	具有支持可持续森林管理立法和规章制度的国家(最新适用年份)	144	/
	位于永久林地使用土地上的林地面积(百万平方千米,2010)	2166	/
	具有管理方案的林地面积(百万平方千米,2010)	2100	/
	经一项国际方案认证的林区面积(百万平方千米,2014)	438	/
	带有全国性利益相关者平台的国家(最新适用年份)	126	/
	自2010年以来有国家森林评估的森林面积(百万平方千米,2014年)	3126	/
	有标准和指标报告覆盖的森林面积(百万平方千米,最新适用年份)	3078	/
	由国家森林报告定期汇报状态的森林面积(百万平方千米,最新适用年份)	3530	/

	变量(单位,年代)	总计	年变化率(%)
产权	公有(百万平方千米,2010)	2969	- 0.24
	私有(百万平方千米,2010)	774	1.00
	不详(百万平方千米,2010)	141	- 1.19
经济/生计	森林内雇员(百万人,2010)	12.7	- 0.45
	森林内活动总增加值(10 亿美元,最新年份)	116	/
	林业部门总增加值(10 亿美元,2011)	606	

注:引自 FAO《2015 年全球森林资源评估报告》。变化是指 1990 年至最近报告年份期间,/表示不适用;并非所有国家都报告天然林和人工林面积,因此总和不等于森林总面积;立木蓄积量和碳储量数字包括粮农组织估计未报告的国家。

2.1.2　世界森林资源主要特点和演变趋势

(1)全球森林面积不断减少,热带森林减少严重,但减少趋势趋缓

大约 1 万年前,上一个大冰河时代结束,全球留下了大约 60 亿平方千米的森林,覆盖了大约 45%的地球陆地面积(FAO,2012)。在过去 5000 年的时间里,估计全世界林地累计损失 18 亿平方千米,年均净损失 36 万平方千米(Williams,2002)。人口增长以及迅速增加的对食物、纤维和燃料的需求加快了森林砍伐的速度。FAO 认为,1920—1990 年是毁林速度最高的时期(FAO,2012)。1948 年全球森林面积经 FAO 反向推算估计是 44 亿平方千米(FAO,2012),1990 年全世界共有 41.28 亿平方千米的森林,1948—1990 年 42 年间的森林面积净损失约 2.72 亿平方千米,减少了 6.18%。到 2015 年面积已减少到 39.99 亿平方千米,1990—2015 年 25 年间的森林面积净损失为 1.29 亿平方千米(相当于整个南非的面积),减少了 3.13%。1990—2015 年森林年均净损失达到了约 516 万平方千米,森林每年净损失率 0.13%。森林占全球陆地的面积则由 1990 年的 31.6%减少到 2015 年的 30.6%。目前全球森林面积虽然仍不断减少,但减少趋势趋缓。2005 年《全球森林资源评估》中一项引人关注的数据显示,全球约有 12%的森林面积受到了保护(FAO,2007),自 1990 年以来,1.5 亿平方千米的森林已被主要作为保护区来管理,划分用于水土保持的森林面积也有所增加,现在占报告国家的森林面积的31%。2011 年《世界森林状况》显示,全球森林损失面积由 20 世纪 90 年代的每年1600 万平方千米降到了 2000—2010 年期间的每年 1300 万平方千米,与此同时,算上森林更新和人工林,森林面积的年净减少量也由约 600 万平方千米降到了500 万平方千米(FAO,2011)。根据《2015 年全球森林资源评估报告》,森林每年

净损失率已从 1990 年代的 0.18% 减缓到 2010 年到 2015 年间的 0.08%。在 2010 年到 2015 年间，森林年损失量为 760 万平方千米，年增长量为 430 万平方千米，结果为森林面积每年净减少 330 万平方千米。（见表 2 - 2）

表 2 - 2 1990—2015 年全球森林面积变化

Tab. 2 - 2 Global forest area change from 1990 to 2015

年份	森林（万平方千米）	年度净变化		
		时期	面积（万平方千米）	年度百分比（%）
1990	412826.9			
2000	405560.2	1990—2000	-726.7	-0.18
2005	403274.3	2000—2005	-457.2	-0.11
2010	401567.3	2005—2010	-341.4	-0.08
2015	399913.4	2010—2015	-330.8	-0.08

注：引自 FAO《2015 年全球森林资源评估报告》。

1990—2015 年间森林面积减少最多的是在热带区域，热带森林减少严重，但减少趋势趋缓。从 1990 年开始，每个测量周期都出现了林地减少。而在温带地区每个测量周期内的森林面积都有所增长，在寒带和亚热带区域变化则相对很小。（见图 2 - 1）

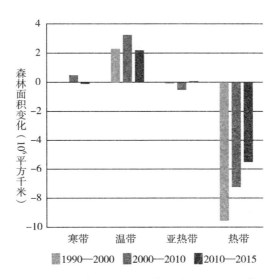

注：引自 FAO《2015 年全球森林资源评估报告》。

图 2 - 1 按气候域划分的年度森林面积净变化

Fig. 2 - 1 Annual net change in forest area by climate region

　　在 1990—2015 年的 25 年间,高收入国家森林面积变化为积极态势,在 2010 至 2015 年间略有增加。中等偏上收入国家已设法减少每年森林的净损失,从 1990 至 2000 年间约 180 万平方千米的年度净损失转为 2010 至 2015 年间的略有增加。中等偏下收入国家的森林年度净损失已经从 1990 年代的 340 万平方千米下降到 2010 至 2015 年间 190 万平方千米,而在低收入国家,则从 1990 至 2000 年间的每年 290 万平方千米下降到 2010 至 2015 年间每年 240 万平方千米。(见图 2 - 2)

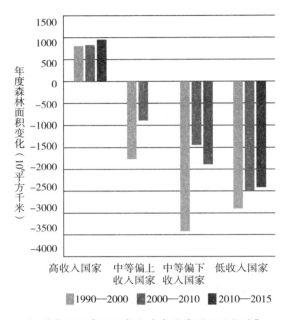

注:引自 FAO《2015 年全球森林资源评估报告》。

图 2 - 2　按收入分类的年度森林面积变化

Fig. 2 - 2　Annual forest area change by revenue

　　(2)世界各国森林面积分布不均衡,并且缓慢加剧

　　全球 2/3 的森林集中分布在 10 个国家,依次是俄罗斯、巴西、加拿大、美国、中国、刚果(金)、澳大利亚、印度尼西亚、秘鲁、印度(见表 2 - 3),占世界森林总面积的 67.19%,其中,前 5 个国家森林面积占世界森林总面积的 54.36%(见表 2 - 3)。

表2-3 2015年拥有森林面积最大的前10个国家

Tab. 2-3 Ten leading countries with the largest forest area in 2015

序号	国家	森林面积 (万平方千米)	占陆地面积(%)	占全球森林面积(%)
1	俄罗斯	81493.1	50	20
2	巴西	49353.8	59	12
3	加拿大	34706.9	38	9
4	美国	31009.5	34	8
5	中国	20832.1	22	5
6	刚果(金)	15257.8	67	4
7	澳大利亚	12475.1	16	3
8	印度尼西亚	9101.0	53	2
9	秘鲁	7397.3	58	2
10	印度	7068.2	24	2
	总计	268694.8		67

注:引自 FAO《2015 年全球森林资源评估报告》。

世界各国森林面积分布在不同收入水平国家也十分不平衡,而且集中于高收入国家。图2-3 显示,占世界森林面积比例最大的为高收入国家,约46%,其次为中等偏上收入国家,约31%,中等偏下收入国家,约13%和低收入国家,只有约10%。

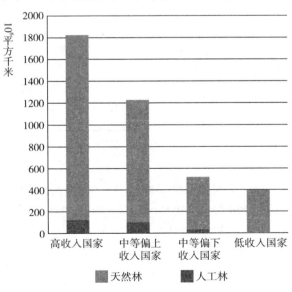

注:引自 FAO《2015 年全球森林资源评估报告》。

图2-3 2015年按收入类别划分的天然林和人工林面积

Fig. 2-3 Natural forest and plantation area by revenue segment in 2015

世界各国森林面积分布不均衡还呈现加剧趋势。以森林面积最大的前 10 个国家为例,它们占世界森林总面积的比例 1990 年为 65.28%,2000 年为 65.85%,2005 年为 66.24%,2010 年为 66.24%(陈景和等,2015),2015 年为 67.19%。同样,图 2 - 2 显示,1990—2015 年,高收入国家森林面积略有增加,收入越低的国家森林的净损失越高。表 2 - 4 显示,2010—2015 年年度森林面积净损失量最大的前 10 个国家,全部为发展中国家,表 2 - 5 显示,2010—2015 年年度森林面积净增加量最大的前 10 个国家,既有发展中国家也有发达国家,基本都是森林面积较多的国家。

表 2 - 4   2010—2015 年年度森林面积净损失量最大的前 10 个国家

Tab. 2 - 4   Ten leading countries with the largest annual net loss of forest area from 2010 to 2015

序号	国家	2010—2015 年年度森林面积净损失	
		面积(万平方千米)	百分比(%)
1	巴西	98.4	0.2
2	印度尼西亚	68.4	0.7
3	缅甸	54.6	1.8
4	尼日利亚	41.0	5
5	坦桑尼亚	37.2	0.8
6	巴拉圭	32.5	2
7	津巴布韦	31.2	2.1
8	刚果(金)	31.1	0.2
9	阿根廷	29.7	1.1
10	玻利维亚(多民族国)	28.9	0.5

注:引自 FAO《2015 年全球森林资源评估报告》。

表 2—5   2010—2015 年年度森林面积净增加量最大的前 10 个国家

Tab. 2 - 5   Ten leading countries with the largest annual net increase of forest area from 2010 to 2015

序号	国家	2010—2015 年年度森林面积净增长	
		面积(万平方千米)	百分比(%)
1	中国	154.2	0.8
2	澳大利亚	30.8	0.2

序号	国家	2010—2015年年度森林面积净增长	
		面积(万平方千米)	百分比(%)
3	智利	30.1	1.8
4	美国	27.5	0.1
5	菲律宾	24.0	3.3
6	加蓬	20.0	0.9
7	老挝	18.9	1
8	印度	17.8	0.3
9	越南	12.9	0.9
10	法国	11.3	0.7

注:引自FAO《2015年全球森林资源评估报告》。

(3)单位面积蓄积的差异加剧了世界各国森林蓄积量分布的不均衡

2015年世界森林蓄积总量为5310亿立方米,单位面积蓄积129立方米/平方千米。1990—2010年全球森林面积减少导致了世界森林蓄积量略有下降的趋势,但不同国家、地区森林蓄积量的变化趋势并不一样。非洲、大洋洲、南美洲森林蓄积量减少;亚洲、北美洲略有增加,增幅不明显;欧洲增幅较大(陈景和等,2015)。2010—2015年期间世界森林蓄积量转变为上升趋势,2010年世界森林蓄积量5270亿立方米,2015年上升为5310亿立方米,年均提高0.15%,与全球森林面积年均减少0.08%形成鲜明对比,一定程度上反映了各国对森林经营的重视。然而不同国家、地区森林蓄积量的增减差异很大。同样,各国森林蓄积量和森林单位面积蓄积均差距较大。(见表2-6)世界上不到1/3的国家和地区森林单位面积蓄积大于世界平均水平(陈景和等,2015)。单位面积蓄积的差异加剧了世界各国森林蓄积量分布的不均衡。

表 2 - 6　2015 年世界 32 个国家森林面积、蓄积

Tab. 2 - 6　Forest area and forest volume of some countries in 2015

国家（地区）	人口数量（千人）	土地面积（千平方千米）	森林面积（千平方千米）	森林面积占比（%）	森林立木蓄积（亿立方米）	单位面积蓄积（立方米/平方千米）	人均森林面积（平方千米/人）	人均森林立木蓄积（立方米/人）
非洲								
中非	4700	62298	22170	35.6	37.51	169.19	4.72	798.09
刚果（金）	72853	226705	152578	67.3	351.15	230.14	2.09	482.00
加蓬	1730	25767	23000	89.3	54.05	235.00	13.29	3124.28
苏丹	41031	186665	19210	10.3	13.78	71.73	0.47	33.58
亚洲								
中国	1405373	963111	208321	21.6	151.37	72.66	0.15	10.77
日本	126820	36450	24958	68.5	/	/	0.20	/
蒙古	2960	155356	12553	8.1	14.06	112.01	4.24	475.00
韩国	50464	9710	6184	63.7	9.18	148.45	0.12	18.19
印度尼西亚	257740	171857	91010	53	102.27	112.37	0.35	39.68
老挝	6890	23080	18761	81.3	9.2	49.04	2.72	133.53
马来西亚	31163	32855	22195	67.6	50.34	226.81	0.71	161.54
缅甸	55125	65755	29041	44.2	13.42	46.21	0.53	24.34
泰国	68311	51089	16399	32.1	15.06	91.83	0.24	22.05
越南	92658	31007	14773	47.6	8.78	59.43	0.16	9.48
欧洲								
芬兰	5480	30390	22218	73.1	23.2	104.42	4.05	423.36
法国	67019	54766	16989	31.0	29.35	172.76	0.25	43.79
德国	79758	34861	11419	32.8	36.63	320.78	0.14	45.93
意大利	60547	29414	9297	31.6	13.85	148.97	0.15	22.87
俄罗斯	146350	1637687	814931	49.8	814.88	99.99	5.57	556.80
西班牙	47847	49880	18418	36.9	12.12	65.81	0.38	25.33
瑞典	9798	41034	28073	68.4	29.89	106.47	2.87	305.06
北美洲、中美洲								
加拿大	35873	909351	347069	38.2	/	/	9.67	/
墨西哥	126270	194395	66040	34.0	47.27	71.58	0.52	37.44
美国	322760	916192	310095	33.8	406.99	131.25	0.96	126.10

国家 (地区)	人口数量 (千人)	土地面积 (千平方 千米)	森林面积 (千平方 千米)	森林面积 占比(%)	森林立木 蓄积(亿立 方米)	单位面积 蓄积(立方 米/平方 千米)	人均森林 面积(平方 千米/人)	人均森林 立木蓄积 (立方 米/人)
大洋洲								
澳大利亚	23957	768230	124751	16.2	/	/	5.21	/
新西兰	4640	26331	10152	38.6	39.75	391.55	2.19	856.68
巴布亚新 几内亚	7620	46312	33559	72.5	51.95	154.80	4.40	681.76
南美洲								
巴西	205290	835814	493538	59	967.45	196.02	2.40	471.26
智利	18057	74353	17735	23.9	/	/	0.98	/
哥伦比亚	48479	110950	58502	52.7	/	/	1.21	/
苏里南	543	16066	15332	95.4	38.16	248.89	28.24	7027.62
委内瑞拉	31785	88205	46683	52.9	/	/	1.47	/

注:根据2016年《中国林业发展报告》附表(资料来源为FAO《2015年全球森林资源评估报告》)整理,根据《第八次全国森林资源清查结果》补充中国数据,人均森林面积、人均森林立木蓄积根据各国2015年人口数量计算。

(4)天然林占绝对比重,但原生林面积迅速减少,人工林面积增速加快

天然林有助于保存基因的多样性,并保持天然树种的组成、结构和生态活力。人工林则往往是为了林业生产和/或水土保持而营造。管理良好的人工林可以提供各种森林产品和服务,并有助于减轻对天然林的需求压力。

世界森林中的大部分是天然林,2015年天然林占森林总面积的92.70%,也即36.95亿平方千米。人工林占森林总面积的7.30%。在全球范围内,天然林面积在减少而人工林面积在增加。

最大的天然林面积在欧洲,约为9.25亿平方千米,其中约85%在俄罗斯联邦。

2010—2015年间天然林面积每年净损失650万平方千米。这与1990年至2000年间的每年1060万平方千米相比,天然林的年度净损失量有所下降。天然林减少最多的地区是南美和非洲,随后是亚洲及北美和中美洲。在欧洲和大洋洲变化趋势则相对稳定。尽管天然林减少速度放缓,但其面积仍可能继续下滑,尤其是在热带,主要原因是森林转化为农业用地。

大多数天然林属于"其他天然再生林"(占64.82%)的类别,其余的35.18%

为原生林。2015 年原生林占全球森林面积的 32.6%，约为 13 亿平方千米。其中一半位于热带地区。区域层面上面积最大的原生林在南美，其次是在北美和中美洲。世界上超过一半的原生林分布于巴西、加拿大和俄罗斯这三个国家。自 1990 年以来已有 3100 万平方千米的原生林被改造或清理。这并不一定意味着原生林已改作其他土地用途。当原生林被改造但未清理时，就会变成天然再生（次生）林，或在某些情况下成为人工林。原生林的面积在热带气候域减少，而在寒带和温带区域显示出略有增加。对于原生林面积减少中有多少是森林砍伐的结果，又有多少是由于森林经营活动或其他人类干预而转换成其他类型的森林，仍然缺乏信息。一些国家原生林的减少和其他自然再生林的增加之间的对应关系表明，原生林的减少可能主要是由于转换成其他天然林的原因。

2015 年世界人工林面积 2.91 亿平方千米，占森林总面积的 7.30%。面积最大的人工林在温带地区，占地 1.5 亿平方千米，其次是在热带和寒带地区，各为约 6000 万平方千米。图 2 - 3 显示，约一半的人工林分布在高收入国家，小一半的人工林分布中等偏上收入国家。就国家而言，人工林主要分布在中国、美国、俄罗斯、日本、印度和加拿大（陈景和等，2015）。

世界人工林面积持续增长，相比 2010 年人工林面积 2.64 亿平方千米和占森林总面积 6.6%，2015 年达到 2.91 亿平方千米、7.30%，增速很快。自 1990 年以来，人工林面积增加了逾 1.05 亿平方千米。1990—2000 年间的年均增长量为 360 万平方千米，2000—2005 年间达到 590 万平方千米的年均增长顶峰，随后由于东亚、欧洲、北美、南亚和东南亚种植的减少，增长减缓至 2010—2015 年间的年均 320 万平方千米。FAO 预测，为了满足不断增长的对林产品和环境服务的需求，保护天然林资源，人工林的面积将会继续不断扩大。

（5）一半以上的森林用于生产木材和非木质林产品，被保护的森林面积有所增加

全球森林的 29.68% 约 11.87 亿平方千米用于生产木材。其中一半以上位于高收入国家，而只有 8% 位于低收入国家（见图 2 - 4）。自 1990 年以来已有约 1300 万平方千米的轻微下降。

全球 26.23% 约 10.49 亿平方千米的森林被划分用于多种用途，在大多数情况下包括生产木材和非木质林产品（NWFPs）。多用途林中的大约 2/3 位于高收入国家，只有 1/10 位于低收入国家。在 1990—2015 年的 25 年间多用途林的面积减少了大约 3800 万平方千米；只有中等偏上收入类国家有所增加。

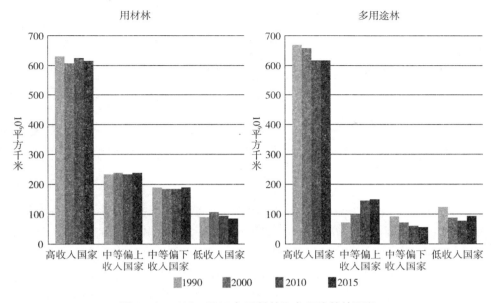

图 2 - 4　1990—2015 年用材林和多用途林的面积

Fig. 2 - 4　The area of timber and multipurpose forests from 1990 to 2015

　　2011 年全球木材采伐量约为 29. 97 亿立方米,相当于森林立木蓄积量的 0. 56%。在 1990 至 2011 年间报告的年度木材采伐量保持稳定,但有相当的年度变化。在 1990 年代初期,欧洲的木材采伐量有大幅下降,主要是由于俄罗斯联邦所报告的采伐量减少。继 2007—2008 年的金融危机后,欧洲和北美木材采伐量的大幅下降,从 2007 年的 13 亿立方米减少到 2009 年的 10 亿立方米。随后,在 2011 年又增加到 11 亿立方米。其他区域没有表示由于金融危机的影响木材采伐量有明显下降。木材采伐量最高的国家见表 2 - 7。

表 2 - 7　2011 年木材采伐量最高的前 10 个国家

Tab. 2 - 7　Ten leading countries with the highest timber harvest in 2011

序号	国家	木材采伐量(万立方米)	木质燃料占木材采伐总量(%)
1	印度	43476. 6	88. 6
2	美国	32443. 3	12. 5
3	巴西	22892. 9	50. 7
4	俄罗斯	19700. 0	22. 2
5	加拿大	14985. 5	2. 5
6	埃塞俄比亚	10420. 9	97. 2

序号	国家	木材采伐量（万立方米）	木质燃料占木材采伐总量（%）
7	中国	8118.4	94.4
8	刚果（金）	7449.6	9.3
9	尼日利亚	7263.3	87
10	瑞典	7210.3	8.2
总计		173960.8	

注：引自 FAO《2015 年全球森林资源评估报告》。

全球的木材采伐总量中大约一半用作木质燃料。根据 FAO《林产品年鉴》2015 年世界木材产量 37.14 亿立方米，用作木质燃料 18.66 亿立方米，占比 50.25%（FAO，2017）。但作为木质燃料的比例在不同收入类别国家中有很大差异。在高收入国家中木质燃料所占比例约为 16.82%，在中等偏上收入国家中为 40.7%，而在中等偏下和低收入国家中则分别达到 86.20% 和 93.01%。

全球对于木制品的需求很可能会继续增长。由于木材是有利于气候的可再生能源，在高收入国家木质燃料的比重很可能会增加。部分木质燃料来自低质量的木材。在低收入国家里木质燃料的份额极有可能保持稳定或减少。尽管明显有很大比例的木材采伐会来自其他林地、林外树木和划分用于其他目的的森林，但用材林和多用途林的面积很可能会保持稳定。

2015 年，指定主要用于生物多样性保护的森林面积，占世界森林的 13.10%，达 5.24 亿平方千米，其中被报告的面积最大的保护区是在巴西和美国。划分给这一用途的森林面积自 1990 年起增加了 1.5 亿平方千米，但在 2010—2015 年里年度增长率放缓。世界森林的 16.33% 位于依法设立的保护区内，占地 6.51 亿平方千米。保护区森林面积自 1990 年以来增长了 2 亿平方千米，但增长率在 2010—2015 年间减缓。保护区内的森林面积增长最为明显的是热带，自 1990 年以来，又有新增加的 1.43 亿平方千米的森林被纳入保护范围。

在全球范围内，10.15 亿平方千米森林面积被划分用于水土保持，占全球森林面积的 1/4，11.63 亿平方千米森林面积用于其他生态系统和社会文化服务，占全球森林面积近 30%。1990—2015 年间，有 1.17 亿平方千米的森林增加量用于水土保持以及 1.5 亿平方千米的增量用于其他生态系统和社会文化服务，分别相当于 470 万平方千米和 600 万平方千米的年均增长量。

划分用于保护功能的森林面积已略有增长，而这一趋势很可能会继续。

（6）全球森林的碳储量巨大，虽不断减少，但减少趋势趋缓，全球森林受森林虫害和林火影响的面积较大

全世界森林的碳储量约 6727 亿吨，其中 44% 在地上和地下的生物量中，11% 在枯死木和枯枝落叶中，45% 在土壤层。单位森林碳储量相当于 168.22 吨/平方千米。碳密度最高的森林在南美、西非和中非，仅活生物质的碳储量一项就几乎达到每公顷 120 吨，全球平均值为每公顷 74 吨。

在过去的 25 年里，森林生物质的碳储量减少了近 111 亿吨，相当于每年减少 4.42 亿吨的碳或大约 16 亿吨的二氧化碳（CO_2）。碳储量减少主要是由林地转换为农业用地、居住用地和林地退化导致。非洲、南亚和东南亚以及南美的碳储量损失最大。东亚、欧洲和北美的碳储量增长最多。加勒比海地区、大洋洲、西亚和中亚的碳储量报告只略有增加。在过去的 25 年里，碳储量净减量从 1990 年代的每年 5 亿吨下降到 2000 至 2015 年间的每年 3 亿吨。这个变化的原因之一是南美和中美洲及亚洲国家已显著减缓了碳储量的减少。仅巴西一国报告的地上和地下的生物质碳储量年损失量，就从 1990 年代的每年 2.4 亿吨下降到 2010 至 2015 年间的每年约 8000 万吨。

目前全球碳储量减少的趋势很可能会继续，但预期最终会逐渐趋于增减持平。REDD+ 及其他措施的应用有助于增加人们对森林是陆地碳沉积和 CO_2 来源的认识。新的数据可能会继续显示森林温室气体排放量的变化。由于承认森林和林业可能以其他方式减少 CO_2 的排放，对木质生物质的使用可能会增加，如更多使用木质生物燃料以替代化石燃料。使用改良的较低能耗建筑材料（如木材和竹子）代替能量密集型材料（如钢铁和混凝土），将会继续为降低温室气体排放做出贡献。采伐的木质林产品也能在碳存储上发挥作用，有利于温室气体的封存。

全球每年森林受到林火、有害生物以及干旱、风雪、冰和洪水等气候事件影响，其中受森林虫害和林火影响的面积较大，分别占森林面积的 1.6% 和 0.7%（陈景和等，2015）。2010 年全球森林过火林地面积 0.65 亿平方千米，带有入侵树种的面积 0.79 亿平方千米。受选择性采伐、低立木密度的维护、火灾、虫害、疾病和放牧等的影响，2000—2010 年林冠覆盖面减少的林地面积 1.85 亿平方千米，占森林面积近 5%，局部郁蔽度减少（PCCL）成为威胁森林的一个重要问题。

2.2　中国森林资源概况

2.2.1　中国森林资源概况

中国于1973—1976年,以县为单位,开展了第一次全国森林资源清查。从第二次清查开始,采用国际上公认的"森林资源连续清查"方法,以省(区、市)为单位,按系统设置固定样地进行定期复查的方式,建立了全国森林资源清查体系。第八次清查期间为2009—2013年。

第八次清查结果显示:全国林地总面积3.10亿平方千米,活立木总蓄积164.33亿立方米,全国森林面积2.08亿平方千米,森林覆盖率21.63%,森林蓄积151.37亿立方米,单位面积蓄积89.79立方米。天然林面积1.22亿平方千米,蓄积122.96亿立方米;人工林面积0.69亿平方千米,蓄积24.83亿立方米(原国家林业局,2014)。中国森林面积排名世界第五位,森林蓄积位居世界第六位,人工林面积仍居世界首位。

2.2.2　中国森林资源主要特点和演变趋势

(1)森林面积蓄积持续增长,森林覆盖率稳步提高,但仍属缺林少绿、生态脆弱的国家

表2-8　中国历次森林资源清查主要森林资源数据

Tab. 2-8　**Main forest resources data of all previous forest resources inventory in China**

次序	清查年度	森林面积(百万平方千米)	森林蓄积(亿立方米)	森林覆盖率(%)
第一次	1973—1976	121.86	86.56	12.70
第二次	1977—1981	115.28	90.28	12.00
第三次	1984—1988	124.65	91.41	12.98
第四次	1989—1993	133.70	101.37	13.92
第五次	1994—1998	158.94	112.67	16.55
第六次	1999—2003	174.91	124.56	18.21
第七次	2004—2008	195.45	137.21	20.36
第八次	2009—2013	207.69	151.37	21.63

注:引自徐济德《我国第八次森林资源清查结果及分析》。

　　第八次清查显示,两次清查期间,森林面积由 1.95 亿平方千米增加到 2.08 亿平方千米,增加 1223 万平方千米;森林覆盖率从 20.36% 上升到 21.63%,增长 1.27 个百分点;森林蓄积由 137.21 亿立方米增加到 151.37 亿立方米,净增 14.16 亿立方米,其中天然林蓄积增加量占 63%,人工林蓄积增加量占 37%。(原国家林业局,2014)与改革开放之初(1977—1981 年)相比,森林覆盖率已从 12.00% 提高到 21.63%,增加了 9.63 个百分点,森林蓄积量增加 61.09 亿立方米,增长了大约 67.67%。

　　第 2.1.2 节显示,全球森林面积虽然减少趋势趋缓,但仍不断减少,与中国森林面积持续增长形成鲜明对比。如果不包括中国,世界森林面积的减少速度会更高,数据显示,在所有森林增加国家中中国是增长率最快的国家,与世界主要大国相比,中国森林面积和蓄积的增长数量都是名列前茅。当前中国森林面积排名世界第五位,森林蓄积位列世界第六位,人工林面积继续保持世界首位,约占世界人工林面积的 70%。(徐济德,2014)

　　但是,整体而言,中国仍然是一个缺林少绿、生态脆弱的国家,森林资源总量相对不足、质量不高、分布不均的状况仍未得到根本性改变,全国森林覆盖率 21.63%,远远低于全球 31% 的平均水平,特别是人均森林面积中国只有 0.15 平方千米,仅为世界人均水平(0.6 平方千米)的 1/4,人均森林蓄积(10.98 立方米)只有世界人均水平(78 立方米)的 1/7,森林单位蓄积量中国仅为 89.79 立方米/平方千米,不到世界平均水平(129 立方米/平方千米)的 70%,人工林的单位蓄积更低,为 52.76 立方米/平方千米,造林绿化、改善生态任重而道远。(徐济德,2014)

　　(2)森林数量质量分布不均衡,森林起源结构差异大,森林增长各地区不同步

　　森林数量质量省域间的分布不均衡。①森林数量分布不均衡。西部地区土地面积约占国土面积的 70%,森林覆盖率平均不足 20%,东北地区土地面积约占国土面积的 10%,森林覆盖率平均在 40% 以上。森林覆盖率较高的福建(65.95%)、江西(60.01%)超过了 60%,较低的青海(5.63%)、新疆(4.24%)在 6% 以下。②森林质量分布不均衡。单位蓄积量全国平均为 89.79 立方米/平方千米,西藏 266.59 立方米/平方千米最高,接近全国平均值的 3 倍,新疆 187.81 立方米/平方千米次之,四川 141.92 立方米/平方千米第三,而宁夏 41.66 立方米/平方千米、北京 33.22 立方米/平方千米、河北 34.65 立方米/平方千米较低。森林质量较好的主要分布在东北、内蒙古、四川、云南、西藏、新疆、福建、海南的部分地区。③森林增长各地区不同步。全国森林蓄积年均生长量 4.23 立方米/平方千米,江苏、天津等远高于全国平均值,而西藏、青海等偏低。但西部地区森林资源增长速度相对较快,无论是森林面积,还是森林蓄积增加都高于全国其他地区。(徐济德,2014)

　　森林起源结构省域间的分布不平衡。①天然林方面:5 年间,天然林面积增加

215 万平方千米,蓄积增加 8.94 亿立方米。天然林主要分布在东北、西南各省(区),其中黑龙江、内蒙古、云南、四川、西藏、江西、吉林等 7 省(区)天然林面积占全国的 61%,蓄积占全国的 75%。②人工林方面:5 年间,人工林面积增加 764 万平方千米,蓄积增加 5.22 亿立方米。人工林面积较多的省有广西、广东、湖南、四川、云南、福建 6 省(区),人工林面积与蓄积均占全国的 42%。③增长方面:西部 12 省是人工林增长的重点区域,人工林面积增加占全国增加总量的 50% 以上,蓄积增加占全国增加总量的 40% 左右。(徐济德,2014)

(3)森林单位蓄积量偏低,呈增长态势,森林的质量结构比较差,逐步改善

林地质量方面,第八次清查显示,林地质量好的占 40%,主要分布在南方和东北东部,中等的占 38%,主要分布在中部和东北西部,差的占 22%。(徐济德,2014)林地生产力低,森林单位面积蓄积量 89.79 立方米,只有世界平均水平 129 立方米/平方千米的 69.60%,其中人工林单位面积蓄积量更低,只有 52.76 立方米/平方千米。林木平均胸径只有 13.6cm。但相比第七次清查,处于良好的增长势头。第七次清查显示,森林单位面积蓄积量 85.88 立方米/平方千米,年生长量 3.85 立方米/平方千米,每公顷株数为 916 株/平方千米,平均郁闭度为 0.56,林木平均胸径为 13.3cm(国家林业局森林资源管理司,2010);第八次清查显示,森林单位面积蓄积量增加 3.91 立方米/平方千米,是上次清查增加量的 3.4 倍;年生长量增加 0.28 立方米/平方千米,达到 4.23 立方米/平方千米;株数增加 37 株/平方千米,为 953 株/平方千米,平均郁闭度增加 0.1 为 0.57,平均胸径增加 0.3cm,近成过熟林面积比例上升 3 个百分点,混交林面积比例提高 2 个百分点。(徐济德,2014)

森林的质量结构比较差,但有所改善。第七次清查显示,乔木林质量等级好的面积占 16.66%,中等的占 60.96%,差的占 22.38%(国家林业局森林资源管理司,2010);第八次清查显示,森林质量好的占 19%,中等的占 68%,差的占 13%(徐济德,2014),质量整体上处于中等水平。

第七次清查显示,处于健康等级的面积占 72.33%,处于亚健康、中健康和不健康等级的面积分别占 21.44%、4.72% 和 1.51%(国家林业局森林资源管理司,2010);第八次清查显示,处于健康状态的乔木林面积占 75%,增加了近 3 个百分点(徐济德,2014)。但受火灾、病虫害等各类灾害影响的乔木林面积增加,第七次清查显示,乔木林受灾面积 1761.74 万平方千米,占乔木林面积的 11.32%(国家林业局森林资源管理司,2010);第八次清查显示,受灾面积占 17%。第七次清查显示,乔木林群落结构完整的面积占 58.02%,较完整的占 37.30%,简单结构的占 4.68%;第八次清查显示,群落结构完整的乔木林面积 1.05 亿平方千米,占 63.64%,群落结构较完整与简单结构的面积共计 0.60 亿平方千米,占 36.36%

（徐济德，2014）。第七次清查显示，幼龄林、中龄林、近熟林、成熟林、过熟林分别占乔木林面积的33.82%、33.43%、14.82%、12.03%、5.90%（国家林业局森林资源管理司，2010）；第八次清查显示，林龄结构依次为32%、33%、15%、13%、7%，林龄结构依然以中幼龄林为主，达65%，但5年间，近成过熟林面积比例上升3个百分点（为36%），蓄积比例提高了1个百分点（为61%），龄组结构不合理的状况有所改善（徐济德，2014）。树种结构方面，第七次清查显示，乔木纯林占62.59%，混交林占37.41%（国家林业局森林资源管理司，2010）；第八次清查显示，乔木混交林仍不到40%，提高2个百分点，混交林的比例较低。林分过疏、过密的面积占乔木林的36%。（徐济德，2014）

（4）天然林稳步增加，人工林快速增长，林木蓄积长消盈余增加，人工林采伐比重进一步加大

第八次清查显示，天然林面积由上次清查的11969万平方千米增长到12184万平方千米，增加了215万平方千米；天然林蓄积由上次清查的114.02亿立方米增长到122.96亿立方米，增加了8.94亿立方米。其中，天保工程区天然林面积增加189万平方千米，蓄积增加5.46亿立方米，对天然林增加的贡献较大。（原国家林业局，2014）

第八次清查显示，人工林面积由上次清查的6169万平方千米增加到6933万平方千米，占有林地面积的36%，增加了764万平方千米，占有林地面积增量的78%；人工林蓄积由上次清查的19.61亿立方米增加到24.83亿立方米，占森林蓄积的17%，增加了5.22亿立方米，占有林地蓄积增量的37%。在人工林用材林中，近成过熟林面积比例接近30%，提高4个百分点，蓄积比例达到48%，提高10个百分点。（徐济德，2014）人工造林对增加森林总量的贡献十分显著，提高了木材的总体供给能力。

第八次清查显示，全国林木蓄积年均净生长量6.44亿立方米，增加13%，林木蓄积年均采伐量3.92亿立方米，增加3%，林木蓄积生长量大于消耗量2.52亿立方米，增加31%，森林资源长消盈余呈现继续扩大的趋势。（徐济德，2014）

第八次清查显示，全国森林年均采伐量3.34亿立方米，其中天然林年均采伐量1.79亿立方米，减少5%；人工林年均采伐量增加0.32亿立方米至1.55亿立方米，增加26%；人工林采伐量占森林采伐的46%，上升了7个百分点，森林采伐继续向人工林转移，预计很快超过天然林，成为中国木材采伐利用的主力军。但全国森林采伐中成过熟林采伐量过低，林木蓄积年均枯损量增加18%，达到1.18亿立方米，中幼龄林超强度采伐面积比例过高等问题还比较突出。（徐济德，2014）

（5）公益林稳步增加，商品林面积增加、比重下降，集体林快速向个体林转化

第七次清查显示，有林地中公益林所占比例提高了15.64个百分点，达到52.41%。（国家林业局森林资源管理司，2010）第八次清查显示，全国公益林面积

1.16亿平方千米,占森林面积的55.77%(其中防护林9967万平方千米占47.99%,特用林1631万平方千米占7.85%),两次清查期间,公益林面积增加654万平方千米,占比增加3.36个百分点。(徐济德,2014)

第八次清查显示,全国商品林面积8958万平方千米,占森林面积的44.23%,其中用材林、薪炭林、经济林分别为6724万、177万、2056万平方千米,分别占森林面积的32.38%、0.85%和9.90%。两次清查期间,商品林面积增加326万平方千米,占森林面积的比重略有下降。(徐济德,2014)这与全球森林的55.91%用于生产木材和非木质林产品(NWFPs)形成显著对比。

第七次清查显示,按土地权属分,国有7246.77万平方千米,占39.95%,集体10891.32万平方千米,占60.05%;按林木权属分,国有7143.58万平方千米,占39.38%,集体5176.99万平方千米,占28.54%,个体5817.52万平方千米,占32.08%,上升11.39个百分点。个体经营的人工林、未成林造林地分别占全国的59.21%和68.51%。(国家林业局森林资源管理司,2010)

第八次清查显示,按林地权属分,国有1.24亿平方千米,占40%,集体1.86亿平方千米,占60%;按林木权属分,国有林面积占39%,集体林占19%,个体林占42%。两次清查期间,集体林面积比例下降近10%,个体林比例上升近10%,人工林中的个体林比重提高显著,占总量的70%。(徐济德,2014)

根据FAO《2015年全球森林资源评估报告》,2010年全球76.44%的森林面积为公有,19.92%为私有,3.6%为产权不明。1990—2010年,全球公有林的面积减少了大约1.2亿平方千米,私有林则有1.15亿平方千米的增加。两相对比,显然,中国私有林比重明显较高。事实上,全球私有林的增加,70%以上是由于中国私有林面积增加的结果(8500万平方千米)。

(6)重点生态工程取得明显的成效,森林生态功能进一步得到增强

20世纪90年代末陆续开展的以天然林保护工程、退耕还林工程等为代表的重点生态工程取得了明显的成效。从1997年底到2010年底天保工程一期工程实施以来,工程区森林面积和蓄积净增1000万平方千米和约7.25亿立方米,森林覆盖率增加3.7个百分点。1999—2012年,退耕还林工程共完成造林任务2940万平方千米,其中退耕地造林926.67万平方千米,宜林荒山荒地造林和封山育林2013.3万平方千米,退耕还林工程造林相当于再造了一个东北、内蒙古国有林区,工程区森林覆盖率平均提高3个多百分点(刘珉,2014),使全国有林地面积、森林总蓄积量增长分别超过15.4%和10%(李砾,2015)。当前,天保工程二期正在实施,新一轮退耕还林工程2014年启动,计划到2020年将全国具备条件的坡耕地和严重沙化耕地约282.67万平方千米退耕还林还草。

随着森林总量的增加、森林结构的改善和质量的提高,森林生态功能进一步得到增强。第七次清查显示,全国森林植被总碳储量78.11亿吨,每年涵养水源量4947.66亿立方米,年固土量70.35亿吨,年保肥量3.64亿吨,年吸收大气污染物量0.32亿吨,年滞尘量50.01亿吨。仅固碳释氧、涵养水源、保育土壤、净化大气环境、积累营养物质及生物多样性保护等6项生态服务功能年价值达10.01万亿元(国家林业局森林资源管理司,2010)。第八次清查显示,全国森林植被总生物量170.02亿吨,总碳储量达84.27亿吨,增加了6.15亿吨,等同于增加CO_2吸收22.55亿吨,大约相当于吸收了同期与能源相关的中国CO_2排放总量(约为380亿—400亿吨)的5.8%;年涵养水源量5807亿立方米,年固土量81.91亿吨,年保肥量4.30亿吨,年吸收污染物量0.38亿吨,年滞尘量58.45亿吨。全国乔木林生态功能总体处于中等水平,生态功能等级好的占13%,主要分布在东北和西南等主要林区。(徐济德,2014)为保护生物多样性、保护自然资源,截至2014年底,全国共建立森林公园(含国家级森林旅游区)3101处、1780.54万平方千米,其中国家级森林公园792处、1226.10万平方千米(原国家林业局,2015),2015年国家级森林公园增加到826处(原国家林业局,2016);2014年全国湿地公园900多处,其中国家湿地公园569处、275多万平方千米(原国家林业局,2015),2015年国家湿地公园达到705处(原国家林业局,2016);2014年林业系统自然保护区2174处、1.25亿平方千米,占国土面积的12.99%,其中国家级自然保护区344处、8112.86万平方千米(原国家林业局,2015),2015年林业系统自然保护区增加到2228处、国家级自然保护区增加到345处(原国家林业局,2016)。

第八次清查结果表明,中国森林资源进入了数量增长、质量提升的稳步发展时期,但森林资源总量相对不足、质量不高、分布不均的状况仍未得到根本改变,林业发展还面临着巨大的压力和挑战(原国家林业局,2014)。①森林面积增长难度越来越大。第八次清查结果反映森林面积增速开始放缓,森林面积增量只有上次清查的60%,现有未成林造林地面积比上次清查少396万平方千米,仅有650万平方千米。同时,现有宜林地质量好的仅占10%,质量差的多达54%,且2/3分布在西北、西南地区,立地条件差,造林难度越来越大、成本投入越来越高,见效也越来越慢。②严守林业生态红线面临的压力巨大。两次清查期间,各类建设违法违规占用林地面积年均超过13万平方千米,其中约50%是有林地。局部地区毁林开垦问题依然突出。随着城市化、工业化进程的加速,生态建设的空间将被进一步挤压,严守林业生态红线、维护国家生态安全底线的压力日益加大。③加强森林经营的要求非常迫切。中国林地生产力低,森林单位面积蓄积量只有世界平均水平的69.60%,人工林单位面积蓄积量只有52.76立方米/平方千米。林木平均胸径只有13.6cm,林分过疏、过密的面积占乔木林的36%。迫切需要进一步加大投入,加强森林经营,提高林地生产力、增加森林蓄积量、增强生态服务功能。④森林有效供给与日益增长的社会需求的矛盾依然突出。据测算,到 2020 年木材年需求量可能要达到 8 亿立方米,用占全球 5% 的森林面积和 3% 的森林蓄积来支撑占全球 20% 的人口对木材的需求,压力巨大(钱小瑜,2014);用材林中可采面积仅占 13%,可采蓄积仅占 23%,可利用资源少,大径材林木和珍贵用材树种更少,采伐难度日益加大,木材供需的总量短缺、结构性矛盾十分突出。这决定了木材对外依存度将长期处于比较高的状态,木材安全形势严峻。同时,森林生态系统功能脆弱的状况尚未得到根本改变,森林生态产品供给短缺,依然是制约中国可持续发展的突出问题(原国家林业局,2014)。

2.3　世界主要木质林产品国际贸易

木质林产品种类繁多,各国对木质林产品的分类标准亦有差异。本小节采用联合国粮食及农业组织(FAO)的分类标准和数据,主要介绍工业原木、锯材、人造板、木浆、纸及纸板等主要木质林产品。必要时采用其他数据源作为补充,由于数据来源和统计口径差异,部分数据可能存在不完全一致的情况。

2.3.1　世界主要木质林产品生产、贸易和消费

要考察世界木质林产品国际贸易,不能单纯看木质林产品国际贸易,要把贸易放到生产和消费的大背景中。

(1)世界木质林产品最主要 5 个生产国

表 2 - 9　2015 年最主要 5 个薪材生产国　　　　单位:万立方米

Tab. 2 - 9　Five leading wood fuel producing countries in 2015

Unit:10^4立方米

国别	产量	进口	出口	消费
世界	186596.2	574.0	934.3	186235.9
印度	30663.4	0	0	30663.4
中国	17248.0	1.0	0.1	17248.9
巴西	11812.3	0	0	11812.3

国别	产量	进口	出口	消费
埃塞俄比亚	10817.4	0	0.3	10817.1
刚果(金)	8252.6	0	0	8252.6

注:引自 FAO《Yearbook of Forest Products 2015》;消费指表观净消费量,等于产量加进口量减出口量;因此只有当这三项数据都得到之后才能计算消费量。

表 2 - 10　2015 年最主要 5 个工业用原木生产国　　　单位:万立方米
Tab. 2 - 9　Five leading industrial roundwood producing countries in 2015

Unit:10^4立方米

国别	产量	进口	出口	消费
世界	184771.9	12342.2	12240.8	184873.3
美国	36857.2	119.6	1149.8	35827.0
俄罗斯	19050.7	1.3	1943.7	17108.3
中国	16720.3	4517.4	5.6	21232.1
加拿大	15135.8	461.4	606.3	14990.9
巴西	13627.7	2.1	11.1	13618.8

注:引自 FAO《Yearbook of Forest Products 2015》;消费指表观净消费量,等于产量加进口量减出口量;因此只有当这三项数据都得到之后才能计算消费量。

表 2 - 11　2015 年最主要 5 个锯材生产国　　　单位:万立方米
Tab. 2 - 11　Five leading sawnwood producing countries in 2015

Unit:10^4立方米

国别	产量	进口	出口	消费
世界	45225.5	13082.9	13445.0	44863.4
美国	7690.4	2449.7	629.9	9510.2
中国	7434.4	2754.5	28.7	10160.3
加拿大	4711.4	128.0	3079.5	1759.9
俄罗斯	3465.0	6.2	2381.0	1090.1
德国	2146.6	497.1	717.9	1925.8

注:引自 FAO《Yearbook of Forest Products 2015》;消费指表观净消费量,等于产量加进口量减出口量;因此只有当这三项数据都得到之后才能计算消费量。

表 2 - 12　2015 年最主要 5 个人造板生产国　　　单位:万立方米

Tab. 2 - 12　Five leading wood - based panels producing countries in 2015

Unit:10^4立方米

国别	产量	进口	出口	消费
世界	39936.8	7950.5	8567.8	39319.6
中国	20066.5	354.5	1483.7	18937.3
美国	3381.1	1201.6	226.4	4356.3
俄罗斯	1360.6	137.0	443.7	1054.0
加拿大	1278.9	331.7	766.5	844.1
德国	1223	540.3	604.3	1158.9

注:引自 FAO《Yearbook of Forest Products 2015;消费指表观净消费量,等于产量加进口量减出口量;因此只有当这三项数据都得到之后才能计算消费量。

表 2 - 13　2015 年最主要 5 个木浆生产国　　　单位:万立方米

Tab. 2 - 13　Five leading wood pulp producing countries in 2015

Unit:10^4立方米

国别	产量	进口	出口	消费
世界	17562.2	5871.3	5906.9	17526.6
美国	4936.8	535.3	773.2	4698.9
巴西	1781.3	42.4	1204.3	619.4
加拿大	1759.0	33.1	991.2	800.9
瑞典	1162.2	39.5	348.4	853.3
芬兰	1045	40.8	313.6	772.1

注:引自 FAO《Yearbook of Forest Products 2015;消费指表观净消费量,等于产量加进口量减出口量;因此只有当这三项数据都得到之后才能计算消费量。

表 2 - 14　2015 年最主要 5 个废纸生产国　　　单位:万吨

Tab. 2 - 14　Five leading recovered paper producing countries in 2015 Unit:10^4吨

国别	产量	进口	出口	消费
世界	22510.6	5740.4	5696.5	22554.5
中国	5378.8	2988.2	104.2	8262.8
美国	4732.8	70.6	1958.6	2844.8
日本	2175.1	3.5	426.1	1752.5
德国	1522.1	398.9	254.3	1666.7
韩国	833.3	154.3	55.5	932.1

注:引自 FAO《Yearbook of Forest Products 2015;消费指表观净消费量,等于产量加进口量减出口量;因此只有当这三项数据都得到之后才能计算消费量。

表 2-15　2015 年最主要 5 个纸和纸板生产国　　　　单位:万吨

Tab. 2-15　**Five leading paper and paperboard producing countries in 2015**

Unit:10^4吨

国别	产量	进口	出口	消费
世界	40629.5	10552.2	11059.7	40122.0
中国	11115	449.7	665.6	10899.1
美国	7239.7	948.5	1159.8	7028.3
日本	2622.8	181.0	151.4	2652.4
德国	2260.2	1069.3	1321.1	2008.4
印度	1496.1	232.6	57.2	1671.5

注:引自 FAO《Yearbook of Forest Products 2015;消费指表观净消费量,等于产量加进口量减出口量;因此只有当这三项数据都得到之后才能计算消费量。

(2)世界木质林产品最主要 5 个进口国

表 2-16　2015 年最主要 5 个薪材进口国　　　　单位:万立方米

Tab. 2-16　**Five leading wood fuel importing countries in 2015**

Unit:10^4立方米

国别	产量	进口	出口	消费
世界	186596.2	574	934.3	186235.9
意大利	300.4	107.8	3.0	405.3
奥地利	497.9	67.6	1.0	564.5
德国	1049.4	64	16.6	1096.8
罗马尼亚	545.1	55.2	14.3	586.0
南非	1202.9	34	0.3	1236.6

注:引自 FAO《Yearbook of Forest Products 2015;消费指表观净消费量,等于产量加进口量减出口量;因此只有当这三项数据都得到之后才能计算消费量。

表 2-17　2015 年最主要 5 个工业用原木进口国　　　　单位:万立方米

Tab. 2-17　**Five leading industrial roundwood importing countries in 2015**

Unit:10^4立方米

国别	产量	进口	出口	消费
世界	184771.9	12342.2	12240.8	184873.3
中国	16720.3	4517.4	5.6	21232.1
德国	4511.9	857.9	365.7	5004.2

续表 2 - 17

国别	产量	进口	出口	消费
奥地利	1257.0	766.0	81.1	1941.9
瑞典	6730.0	694.1	57.0	7367.1
芬兰	5144.6	570.9	71.7	5643.8

注:引自 FAO《Yearbook of Forest Products 2015;消费指表观净消费量,等于产量加进口量减出口量;因此只有当这三项数据都得到之后才能计算消费量。

表 2 - 18　2015 年最主要 5 个锯材进口国　　单位:万立方米
Tab. 2 - 18　Five leading sawnwood importing countries in 2015

Unit:10^4立方米

国别	产量	进口	出口	消费
世界	45225.5	13082.9	13445.0	44863.4
中国	7434.4	2754.5	28.7	10160.3
美国	7690.4	2449.7	629.9	9510.2
英国	349.3	632.3	18.7	962.9
日本	956.9	599.7	6.0	1550.6
埃及	1.2	595.1	0	596.3

注:引自 FAO《Yearbook of Forest Products 2015;消费指表观净消费量,等于产量加进口量减出口量;因此只有当这三项数据都得到之后才能计算消费量。

表 2 - 19　2015 年最主要 5 个人造板进口国　　单位:万立方米
Tab. 2 - 19　Five leading wood - based panels importing countries in 2015

Unit:10^4立方米

国别	产量	进口	出口	消费
世界	39936.8	7950.5	8567.8	39319.6
美国	3381.1	1201.6	226.4	4356.3
德国	1223	540.3	604.3	1158.9
日本	474.0	422.7	3.8	892.9
中国	20066.5	354.5	1483.7	18937.3
加拿大	1278.9	331.7	766.5	844.1

注:引自 FAO《Yearbook of Forest Products 2015;消费指表观净消费量,等于产量加进口量减出口量;因此只有当这三项数据都得到之后才能计算消费量。

表 2-20 2015 年最主要 5 个木浆进口国　　　单位:万立方米

Tab. 2-20 Five leading wood pulp importing countries in 2015

Unit:10^4立方米

国别	产量	进口	出口	消费
世界	17562.2	5871.3	5906.9	17526.6
中国	1024.9	2056.2	8.6	3072.5
美国	4936.8	535.3	773.2	4698.9
德国	255.4	484.9	118.8	621.6
意大利	39.7	347.8	5	382.5
韩国	40.2	231.6	0.3	271.4

注:引自 FAO《Yearbook of Forest Products 2015;消费指表观净消费量,等于产量加进口量减出口量;因此只有当这三项数据都得到之后才能计算消费量。

表 2-21 2015 年最主要 5 个废纸进口国　　　单位:万吨

Tab. 2-21 Five leading recovered paper importing countries in 2015 Unit:10^4吨

国别	产量	进口	出口	消费
世界	22510.6	5740.4	5696.5	22554.5
中国	5378.8	2988.2	104.2	8262.8
德国	1522.1	398.9	254.3	1666.7
印度	264.0	308.3	0	572.3
荷兰	223.2	232.8	260.1	195.9
印度尼西亚	393.4	169.2	1.7	561.0

注:引自 FAO《Yearbook of Forest Products 2015;消费指表观净消费量,等于产量加进口量减出口量;因此只有当这三项数据都得到之后才能计算消费量。

表 2-22 2015 年最主要 5 个纸和纸板进口国　　　单位:万吨

Tab. 2-22 Five leading paper and paperboard importing countries in 2015

Unit:10^4吨

国别	产量	进口	出口	消费
世界	40629.5	10552.2	11059.7	40122
德国	2260.2	1069.3	1321.1	2008.4
美国	7239.7	948.5	1159.8	7028.3
英国	397.0	592.2	80.8	908.4
意大利	884.0	494.3	340.1	1038.3
法国	798.1	492.7	414.6	876.2

注:引自 FAO《Yearbook of Forest Products 2015;消费指表观净消费量,等于产量加进口量减出口量;因此只有当这三项数据都得到之后才能计算消费量。

（3）世界木质林产品最主要5个出口国

表2-23 2015年最主要5个薪材出口国   单位:万立方米

Tab. 2-23 Five leading wood fuel exporting countries in 2015

Unit:10⁴立方米

国别	产量	进口	出口	消费
世界	186596.2	574	934.3	186235.9
乌克兰	1017.4	0	205.2	812.2
克罗地亚	176.9	3.3	95.1	85.1
法国	2713.3	15.8	71.1	2658.1
波斯尼亚和黑塞哥维那	130.6	0	67.1	63.6
英国	192.1	14.6	57.3	149.4

注:引自FAO《Yearbook of Forest Products 2015》;消费指表观净消费量,等于产量加进口量减出口量;因此只有当这三项数据都得到之后才能计算消费量。

表2-24 2015年最主要5个工业用原木出口国   单位:万立方米

Tab. 2-24 Five leading industrial roundwood exporting countries in 2015

Unit:10⁴立方米

国别	产量	进口	出口	消费
世界	184771.9	12342.2	12240.8	184873.3
俄罗斯	19050.7	1.3	1943.7	17108.3
新西兰	2888.7	0.6	1469.1	1420.2
美国	36857.2	119.6	1149.8	35827
加拿大	15135.8	461.4	606.3	14990.9
澳大利亚	2735.5	3.0	544.2	2194.2

注:引自FAO《Yearbook of Forest Products 2015》;消费指表观净消费量,等于产量加进口量减出口量;因此只有当这三项数据都得到之后才能计算消费量。

表2-25 2015年最主要5个锯材出口国   单位:万立方米

Tab. 2-25 Five leading sawnwood exporting countries in 2015

Unit:10⁴立方米

国别	产量	进口	出口	消费
世界	45225.5	13082.9	13445.0	44863.4
加拿大	4711.4	128.0	3079.5	1759.9
俄罗斯	3465	6.2	2381	1090.1

续表 2 - 25

国别	产量	进口	出口	消费
瑞典	1817.4	43.8	1283.2	578.0
芬兰	1064.0	42.7	788.1	318.6
德国	2146.6	497.1	717.9	1925.8

注:引自 FAO《Yearbook of Forest Products 2015》;消费指表观净消费量,等于产量加进口量减出口量;因此只有当这三项数据都得到之后才能计算消费量。

表 2 - 26　2015 年最主要 5 个人造板出口国　　　单位:万立方米
Tab. 2 - 26　Five leading wood – based panels exporting countries in 2015

Unit:10^4立方米

国别	产量	进口	出口	消费
世界	39936.8	7950.5	8567.8	39319.6
中国	20066.5	354.5	1483.7	18937.3
加拿大	1278.9	331.7	766.5	844.1
德国	1223.0	540.3	604.3	1158.9
马来西亚	679.2	130.7	538.7	271.2
俄罗斯	1360.6	137.0	443.7	1054.0

注:引自 FAO《Yearbook of Forest Products 2015》;消费指表观净消费量,等于产量加进口量减出口量;因此只有当这三项数据都得到之后才能计算消费量。

表 2 - 27　2015 年最主要 5 个木浆出口国　　　单位:万立方米
Tab. 2 - 27　Five leading wood pulp exporting countries in 2015

Unit:10^4立方米

国别	产量	进口	出口	消费
世界	17562.2	5871.3	5906.9	17526.6
巴西	1781.3	42.4	1204.3	619.4
加拿大	1759.0	33.1	991.2	800.9
美国	4936.8	535.3	773.2	4698.9
智利	511.7	2.0	441.8	71.9
瑞典	1162.2	39.5	348.4	853.3

注:引自 FAO《Yearbook of Forest Products 2015》;消费指表观净消费量,等于产量加进口量减出口量;因此只有当这三项数据都得到之后才能计算消费量。

表 2 - 28　2015 年最主要 5 个废纸出口国　　　　单位:万吨

Tab. 2 - 28　Five leading recovered paper exporting countries in 2015 Unit:10⁴吨

国别	产量	进口	出口	消费
世界	22510.6	5740.4	5696.5	22554.5
美国	4732.8	70.6	1958.6	2844.8
英国	797.7	23.9	504.9	316.7
日本	2175.1	3.5	426.1	1752.5
法国	713.2	101.5	286.9	527.8
荷兰	223.2	232.8	260.1	195.9

注:引自 FAO《Yearbook of Forest Products 2015;消费指表观净消费量,等于产量加进口量减出口量;因此只有当这三项数据都得到之后才能计算消费量。

表 2 - 29　2015 年最主要 5 个纸和纸板出口国　　　　单位:万吨

Tab. 2 - 29　Five leading paper and paperboard exporting countries in 2015

Unit:10⁴吨

国别	产量	进口	出口	消费
世界	40629.5	10552.2	11059.7	40122
德国	2260.2	1069.3	1321.1	2008.4
美国	7239.7	948.5	1159.8	7028.3
芬兰	1032.0	37.7	985.0	84.6
瑞典	1016.4	80.2	980.9	115.7
加拿大	1058.7	267.0	761.8	564.0

注:引自 FAO《Yearbook of Forest Products 2015;消费指表观净消费量,等于产量加进口量减出口量;因此只有当这三项数据都得到之后才能计算消费量。

(4)世界木质林产品最主要 5 个消费国

表 2 - 30　2015 年最主要 5 个薪材消费国　　　　单位:万立方米

Tab. 2 - 30　Five leading wood fuel consuming countries in 2015

Unit:10⁴立方米

国别	产量	进口	出口	消费
世界	186596.2	574	934.3	186235.9
印度	30663.4	0	0	30663.4
中国	17248.0	1	0.1	17248.9
巴西	11812.3	0	0	11812.3

国别	产量	进口	出口	消费
埃塞俄比亚	10817.4	0	0.3	10817.1
刚果	8252.6	0	0	8252.6

注:引自 FAO《Yearbook of Forest Products 2015》;消费指表观净消费量,等于产量加进口量减出口量;因此只有当这三项数据都得到之后才能计算消费量。

表 2 – 31　2015 年最主要 5 个工业用原木消费国　　　　单位:万立方米

Tab. 2 – 31　Five leading industrial roundwood consuming countries in 2015

Unit: 10^4 立方米

国别	产量	进口	出口	消费
世界	184771.9	12342.2	12240.8	184873.3
美国	36857.2	119.6	1149.8	35827.0
中国	16720.3	4517.4	5.6	21232.1
俄罗斯	19050.7	1.3	1943.7	17108.3
加拿大	15135.8	461.4	606.3	14990.9
巴西	13627.7	2.1	11.1	13618.8

注:引自 FAO《Yearbook of Forest Products 2015》;消费指表观净消费量,等于产量加进口量减出口量;因此只有当这三项数据都得到之后才能计算消费量。

表 2 – 32　2015 年最主要 5 个锯材消费国　　　　单位:万立方米

Tab. 2 – 32　Five leading sawnwood consuming countries in 2015

Unit: 10^4 立方米

国别	产量	进口	出口	消费
世界	45225.5	13082.9	13445.0	44863.4
中国	7434.4	2754.5	28.7	10160.3
美国	7690.4	2449.7	629.9	9510.2
德国	2146.6	497.1	717.9	1925.8
加拿大	4711.4	128	3079.5	1759.9
日本	956.9	599.7	6	1550.6

注:引自 FAO《Yearbook of Forest Products 2015》;消费指表观净消费量,等于产量加进口量减出口量;因此只有当这三项数据都得到之后才能计算消费量。

表 2－33　2015 年最主要 5 个人造板消费国　　　单位:万立方米

Tab. 2－33　Five leading wood－based panels consuming countries in 2015

Unit:10^4立方米

国别	产量	进口	出口	消费
世界	39936.8	7950.5	8567.8	39319.6
中国	20066.5	354.5	1483.7	18937.3
美国	3381.1	1201.6	226.4	4356.3
德国	1223.0	540.3	604.3	1158.9
俄罗斯	1360.6	137	443.7	1054.0
土耳其	948.9	99.9	105.5	943.3

注:引自 FAO《Yearbook of Forest Products 2015;消费指表观净消费量,等于产量加进口量减出口量;因此只有当这三项数据都得到之后才能计算消费量。

表 2－34　2015 年最主要 5 个木浆消费国　　　单位:万立方米

Tab. 2－34　Five leading wood pulp consuming countries in 2015

Unit:10^4立方米

国别	产量	进口	出口	消费
世界	17562.2	5871.3	5906.9	17526.6
美国	4936.8	535.3	773.2	4698.9
中国	1024.9	2056.2	8.6	3072.5
日本	887.0	168.3	41.1	1014.2
瑞典	1162.2	39.5	348.4	853.3
加拿大	1759	33.1	991.2	800.9

注:引自 FAO《Yearbook of Forest Products 2015;消费指表观净消费量,等于产量加进口量减出口量;因此只有当这三项数据都得到之后才能计算消费量。

表 2－35　2015 年最主要 5 个废纸消费国　　　单位:万吨

Tab. 2－35　Five leading recovered paper consuming countries in 2015

Unit:10^4吨

国别	产量	进口	出口	消费
世界	22510.6	5740.4	5696.5	22554.5
中国	5378.8	2988.2	104.2	8262.8
美国	4732.8	70.6	1958.6	2844.8
日本	2175.1	3.5	426.1	1752.5
德国	1522.1	398.9	254.3	1666.7
韩国	833.3	154.3	55.5	932.1

注:引自 FAO《Yearbook of Forest Products 2015;消费指表观净消费量,等于产量加进口量减出口量;因此只有当这三项数据都得到之后才能计算消费量。

表2-36 2015年最主要5个纸和纸板消费国 单位:万吨

Tab. 2-36 Five leading paper and paperboard consuming countries in 2015

Unit:10^4吨

国别	产量	进口	出口	消费
世界	40629.5	10552.2	11059.7	40122
中国	11115	449.7	665.6	10899.1
美国	7239.7	948.5	1159.8	7028.3
日本	2622.8	181	151.4	2652.4
德国	2260.2	1069.3	1321.1	2008.4
印度	1496.1	232.6	57.2	1671.5

注:引自FAO《Yearbook of Forest Products 2015;消费指表观净消费量,等于产量加进口量减出口量;因此只有当这三项数据都得到之后才能计算消费量。

2.3.2 世界主要木质林产品贸易分析

由于世界木质林产品出口量和进口量在理论上是一致的(实际上因为存在统计误差和在途产品,两者并不完全一致,但差额较小,可以忽略不计),而没有出口就没有进口,在此用世界木质林产品出口量来分析世界各类木质林产品整体的贸易发展态势。表2-37列出了1970、1980、1990、2000、2010、2015年世界各种木质林产品出口量和1970—2015年、1990—2015年年均增长速度。

表2-37 1970—2015年世界各种木质林产品出口量和年均增长

Tab. 2-37 Export and average annual growth of different wooden forest products from 1970 to 2015

产品	单位	出口量						年均增长(%)	
		1970	1980	1990	2000	2010	2015	1970—2015	1990—2015
原木	万立方米	9648.1	11582.4	11373.6	11729.1	11208.0	13175.1	0.69	0.59
薪材	万立方米	277.4	220.3	264.7	294.7	686.5	934.3	2.74	5.17
工业用原木	万立方米	9370.7	11362.1	11108.9	11434.4	10521.5	12240.8	0.60	0.39
锯材	万立方米	5741.9	8001.9	8910.4	12797.4	11184.8	13445.0	1.91	1.66
人造板	万立方米	943.3	1595.7	3066.3	5588.9	6983.4	8567.7	5.03	4.20
单板	万立方米	85.1	143.6	213.6	400.2	266.3	437.1	3.70	2.91

产品	单位	出口量						年均增长（%）	
		1970	1980	1990	2000	2010	2015	1970—2015	1990—2015
刨花板	万立方米	204.8	548	933.7	2232.9	2247.3	2854.0	6.03	4.57
纤维板	万立方米	206.2	213.3	355.6	1106.2	2106.4	2414.4	5.62	7.96
胶合板	万立方米	447.2	690.8	1563.4	1849.6	2363.4	2862.2	4.21	2.45
木片	万吨	577.4	1704.9	2442.4	3533.6	911.4	6542.2	5.54	4.02
木浆	万吨	1692.2	2117.3	2495.8	3783.6	5010	5906.9	2.82	3.51
废纸	万吨	/	/	1274.2*	2436.3	5503.9	5696.5		5.83*
纸和纸板	万吨	2336.6	3510.6	5566.1	9763.5	10971.5	11059.7	3.52	2.78
木炭	万吨	23.4	29.0	36.0	85.5	188.7	220.7	5.11	7.52

注：数据来源于历年 FAO《林产品年鉴》。1970、1980、1990 年木片、木炭包括在原木中。1970、1980、1990 废纸没有数据，1990 年废纸一栏为 1992 年数据，最后一栏为 1992—2015 年年均增速。

由于薪材、木片和木炭在世界木质林产品贸易额中的比重很小，而且木片是中间产品，因此不再作为世界主要木质林产品来分析。虽然 FAO《林产品年鉴》中没有木制品、家具的统计数据，木制品、家具却是很重要的木质林产品。这样，下面将运用 FAO 数据对工业用原木、人造板（刨花板、纤维板、胶合板）、木浆、废纸、纸和纸板展开主要进、出口国相对地位的变化分析，运用其他数据源对木制品、家具展开主要进、出口国相对地位的变化分析。

（1）工业用原木

工业用原木既占据原木贸易 90% 以上的比重，在世界木质林产品贸易额中的比重也较大（2015 年 6.35%），几十年来贸易量一直保持着稳定的增长。1970—2015 年出口量年均增速 0.60%，1990—2015 年年均增速 0.39%。工业用原木的国际贸易量相对较小，2015 年全球工业用原木出口贸易量 1.22 亿立方米，只有产量的 6.62%。

表 2 – 38 1990—2015 年工业用原木主要出口国相对地位的变化

Tab. 2 – 38 Five leading industrial roundwood exporting countries from 1990 to 2015

1990			2000			2010			2015		
国别	出口量 (万立方米)	比重 (%)	国别	出口量 (万立方米)	比重 (%)	国别	出口量 (万立方米)	比重 (%)	国别	出口量 (万立方米)	比重 (%)
美国	2780.2	23.53	俄罗斯	3074.0	26.88	俄罗斯	2124.3	18.55	俄罗斯	1943.7	15.88
马来西亚	2051.9	17.37	美国	1196.8	10.47	美国	1158.6	10.12	新西兰	1469.1	12.00
澳大利亚	707.2	5.99	马来西亚	684.5	5.99	新西兰	1074.5	9.38	美国	1149.8	9.39
联邦德国	618.6	5.24	法国	633.0	5.54	法国	665.6	5.81	加拿大	606.3	4.95
法国	593.5	5.02	新西兰	577.2	5.05	乌拉圭	579.4	5.06	澳大利亚	544.2	4.45
世界	11815.4	100	世界	11434.4	100	世界	11453.3	100	世界	12240.8	100

注:数据来源于历年 FAO《林产品年鉴》。

20 世纪 90 年代,美国、马来西亚、澳大利亚、联邦德国和法国是原木出口的大国。苏联解体后,俄罗斯利用其丰富的森林资源,原木出口迅速增加,2000 年跃居世界第一位(刘园园,2005),占世界的 26.88%,2007 年后开始实施限制原木出口的政策,出口量和比重在下降,2015 年出口工业用原木 1943.7 万立方米,占世界 15.88%,仍位居世界第一位。最明显的变化是新西兰,该国人工林快速发展,原木出口增长很快(刘园园,2005),逐渐成长为原木出口大国,2015 年工业用原木出口量为 1469.1 万立方米,占世界的 12.00%,居世界第二位。1990 年以来,美国为保护资源,实施限制原木出口的政策(刘园园,2005),工业用原木出口量从 1990 年的 2780.2 万立方米,下降到 2015 年的 1149.8 万立方米,比重下降了 14 个百分点。加拿大作为世界第三大森林资源大国(见表 2 – 3),近年来原木出口增加很快,2015 年出口工业用原木 606.3 万立方米,占世界的 4.95%,位居世界第四。马来西亚由于毁林严重及实行的限制原木出口的政策,原木出口量和比重也在下降,2000 年比 1990 年出口量下降了 66.64%(刘园园,2005),2015 年只有 306.6 万立方米工业用原木出口,已不位居前 5 大工业用原木出口国之列。德国和法国由于良好的树木生长条件和国家进行高密度的造林,1990 年代原木出口占有一定的比重,但近些年来出口量也有所下降(刘园园,2005),其出口地位逐渐被后起之秀所取代。乌拉圭、捷克则是近年来新兴的原木出口国,增长迅速。澳大利亚工业用原木出口量一直比较大,虽然出口量下降,曾一度退出前五主要工业用原木出口国,但 2015 年又回到世界第五。

2015 年工业用热带原木出口 1526.6 万立方米,相较于 2000 年的 1799.5 万立方

米,大幅度降低,在工业用原木出口中的比重不断降低,由 2000 年的 15.74% 下降到
2015 年的 12.47%。工业用热带原木出口国变化也很大,2000 年前五位国家依次是
马来西亚 650.6 万立方米、加蓬 258.4 万立方米、巴布亚吉恩 189.7 万立方米、印度
尼西亚 150.0 万立方米、缅甸 92.7 万立方米,2015 年变为巴布亚吉恩 356.0 万立方
米、马来西亚 297.6 万立方米、所罗门群岛 204.6 万立方米、老挝 134.4 万立方米、喀
麦隆 104.0 万立方米。为控制非法木材采伐和贸易,保护国内的生态环境,马来西
亚、加蓬、印度尼西亚热带原木下降很快,尤其是印度尼西亚政府不断调减采伐
配额并实施原木出口禁令,出口数量急剧下降,2015 年印度尼西亚工业用热带原木
出口只有 3.7 万立方米,加蓬只有 0.2 万立方米。巴布亚吉恩、所罗门群岛、老挝、喀
麦隆原木出口增长很快,成为热带原木的主要出口国。

表 2 - 39　1990—2015 年工业用原木主要进口国相对地位的变化

Tab. 2 - 39　Five leading industrial roundwood importing countries from 1990 to 2015

	1990			2000			2010			2015		
国别	进口量(万立方米)	比重(%)	国别	进口量(万立方米)	比重(%)	国别	进口量(万立方米)	比重(%)	国别	进口量(万立方米)	比重(%)
日本	4707.4	37.97	日本	1594.8	13.65	中国	3521.7	31.58	中国	4517.4	36.60
中国	1067.1	8.61	中国	1553.2	13.30	奥地利	804.1	7.21	德国	857.9	6.95
韩国	842.4	6.79	瑞典	1172.0	10.03	德国	682.9	6.12	奥地利	766.0	6.21
意大利	659.4	5.32	芬兰	987.5	8.45	瑞典	627.6	5.63	瑞典	694.1	5.62
瑞典	602.3	4.86	奥地利	846.4	7.25	芬兰	625.6	5.61	芬兰	570.9	4.63
世界	12398.0	100	世界	11682.2	100	世界	11153.0	100	世界	12342.2	100

注:数据来源于历年 FAO《林产品年鉴》。

　　20 世纪 90 年代,工业用原木的进口国主要集中在日本、中国、韩国、意大利、
瑞典,以及芬兰、奥地利、加拿大。曾经作为世界第一大原木进口国的日本,由于
国内经济不景气,原木进口量下滑很快,2015 年只有 346.0 万立方米,早已不是前
五大工业用原木进口国,但仍在世界前列。而中国由于国内森林资源匮乏、经济
快速发展、木材加工业迅猛扩张,木材供需矛盾日益严重,原木进口量迅速增长,
迅速成长世界第一原木进口国,2015 年进口 4517.4 万立方米,占世界 36.60%。
韩国随着国内林木蓄积量的不断增加,经济增长趋缓,原木进口量迅速减少,2000
年即已被排除在前五大进口国之外(刘园园,2005),2015 年进口工业用原木
379.6 万立方米,还在世界前列。德国、奥地利、瑞典、芬兰等国虽然森林资源丰
富,但国内木材加工业比较发达,为了满足国内木材加工、产品出口的需要,原木

进口量很快(刘园园,2005),2015 年分列世界第二至第五大进口国。印度是世界第十大森林资源拥有国(见表 2 - 3),但近年来原木进口量很快,明显是国内需求增长、木材供不应求的因素引起进口量增长迅速增长。

2015 年工业用热带原木进口 1405.6 万立方米,相较于 2000 年的 2044.3 万立方米,下降幅度较大,在工业用原木进口中的比重也不断降低,由 2000 年的17.50% 下降到 2015 年的 11.39%。工业用热带原木进口国变化也很大,2000 年前五位国家依次是中国 796.2 万立方米、日本 314.1 万立方米、印度 180.0 万立方米、西班牙 130.7 万立方米、韩国 91.2 万立方米,2015 年变为中国 924.7 万立方米、印度 238.8 万立方米、越南 163.4 万立方米、日本 23.7 万立方米、法国 7.9 万立方米。中国、印度、越南等发展中国家热带原木进口大幅增加,日本、西班牙、韩国等发达国家大幅减少。整个欧洲 2015 年工业用热带原木进口仅为 22.0 万立方米,相比 2000 年的 412.0 万立方米更是大幅减少。主要原因是发达国家兴起抵制热带林木材产品运动,对热带木材的进口实施许可证制度,提倡保护热带森林。

从区域来看,亚太地区是工业原木的净进口国,其他地区则是净出口国。2014 年亚太地区工业原木的净进口量达 3900 万立方米,占据该地区总消费量的8%。北美和欧洲是主要的工业原木净出口国,净出口量 2014 年皆为 1600 万立方米。其中北美地区 2014 年的工业原木净出口量与 2010 年相比增加了近一倍(胡延杰,2017)。

(2)锯材

锯材在世界木质林产品贸易额中的比重比较大(2015 年 14.91%),几十年来贸易量一直保持着稳定的增长。1970—2015 年出口量年均增速 1.91%,1990—2015 年年均增速 1.66%。2015 年锯材的出口贸易量达 1.34 亿立方米,占全球产量的 29.73%。

表 2 - 40 1990—2015 年锯材主要出口国相对地位的变化

Tab. 2 - 40 Five leading sawnwood exporting countries from 1990 to 2015

1990			2000			2010			2015		
国别	出口量(万立方米)	比重(%)	国别	出口量(万立方米)	比重(%)	国别	出口量(万立方米)	比重(%)	国别	出口量(万立方米)	比重(%)
加拿大	3796.8	42.71	加拿大	5042.2	39.40	加拿大	2237.5	20.20	加拿大	3079.5	22.90
美国	902.2	10.15	瑞典	1122.5	8.77	俄罗斯	1778.1	16.06	俄罗斯	2381.0	17.71
瑞典	625.2	7.03	芬兰	843.1	6.59	瑞典	1137.1	10.27	瑞典	1283.2	9.54
马来西亚	529.2	5.95	俄罗斯	773.6	6.04	德国	709.2	6.40	芬兰	788.1	5.86

1990			2000			2010			2015		
国别	出口量 (万立方米)	比重 (%)	国别	出口量 (万立方米)	比重 (%)	国别	出口量 (万立方米)	比重 (%)	国别	出口量 (万立方米)	比重 (%)
奥地利	456.3	5.13	奥地利	645.6	5.04	奥地利	612.3	5.53	德国	717.9	5.34
世界	8890.5	100	世界	12797.4	100	世界	11074.0	100	世界	13445.0	100

注:数据来源于历年 FAO《林产品年鉴》。

　　20 世纪 90 年代,锯材出口国主要集中加拿大、美国、瑞典、马来西亚、奥地利和芬兰、俄罗斯。加拿大一直是锯材出口的大国,居世界第一位,20 世纪 90 年代以来,加拿大出口量持续增加,进入 21 世纪开始大幅减少,2015 年出口 3079.5 万立方米,占世界 22.90%。美国倾向于生产和出口深加工的木质林产品,锯材出口量急剧下降,很快退出锯材出口量前五名(刘园园,2005)。而俄罗斯森林资源虽然丰富,但木材深加工能力薄弱,初级产品锯材的出口量急剧上升(刘园园,2005),近年来稳居锯材出口第二大国,并有成为锯材出口第一大国之势,2015 年出口 2381.0 万立方米,占世界 17.71%。瑞典一直保持锯材出口前三名地位,近年来出口量比较稳定,2015 年出口 1283.2 万立方米,占世界 9.54%。德国、芬兰、奥地利一直属于锯材出口大国,芬兰、奥地利锯材出口相对比较稳定,芬兰是 2015 年锯材出口第四大国,德国锯材出口增幅较大,是 2015 年锯材出口第五大国,奥地利近年来有减少趋势,2015 年锯材出口 518.3 万立方米。

表 2 - 41　1990—2015 年锯材主要进口国相对地位的变化

Tab. 2 - 41　Five leading sawnwood importing countries from 1990 to 2015

1990			2000			2010			2015		
国别	进口量 (万立方米)	比重 (%)	国别	进口量 (万立方米)	比重 (%)	国别	进口量 (万立方米)	比重 (%)	国别	进口量 (万立方米)	比重 (%)
美国	3237.5	34.21	美国	4709.2	36.52	美国	1651.5	14.95	中国	2754.5	21.05
英国	921.6	9.74	日本	995.1	7.72	中国	1623.8	14.70	美国	2449.7	18.72
日本	903.8	9.55	意大利	838.0	6.50	日本	641.5	5.81	英国	632.3	4.83
意大利	599.9	6.34	英国	796.3	6.18	意大利	613.4	5.55	日本	599.7	4.58
联邦德国	507.6	5.36	德国	581.1	4.51	英国	569.9	5.16	埃及	595.1	4.55
世界	9464.7	100	世界	12895.2	100	世界	11047.9	100	世界	13082.9	100

注:数据来源于历年 FAO《林产品年鉴》。

20世纪90年代,锯材的进口国主要集中在美国、英国、日本、意大利和联邦德国。美国既是锯材的重要出口国,又是主要的进口国,加拿大是其锯材贸易的主要伙伴,1997年美国97%的锯材都是加拿大供应的(刘园园,2005)。20世纪90年代以来,美国锯材进口量大幅增长,近年来又大幅下降,由长期的第一大锯材进口国逐渐转变为第二大锯材进口国,2015年进口2449.7万立方米,占世界18.72%。英国森林资源匮乏,木材主要依靠进口,因此长期处于锯材进口前五位置,但20世纪90年代开始,英国锯材进口量明显下降,2015年进口632.3万立方米,占世界4.83%,是世界第三大锯材进口国。日本与英国有些类似,锯材进口量明显下降,主要是因为国内经济不景气,但一直保持锯材进口前四位置。埃及由于森林资源缺乏,近年来经济发展较快、需求旺盛,成为重要的锯材进口国,2015年位居锯材进口第五大国。中国锯材进口的地位随着国内经济迅速发展不断提高,很快跻身世界前列,2010年成为世界第二大锯材进口国,并很快成为世界第一大锯材进口国,2015年进口2754.5万立方米,占世界21.05%。

从区域来看,非洲和亚太地区是锯材净进口的两个地区,2014年的净进口量分别是800万立方米、4600万立方米,而欧洲和北美是锯材净出口国,2014年的锯材净出口分别为4200万立方米、1300万立方米。拉丁美洲和加勒比地区也是锯材净出口地区,2014年净出口300万立方米(胡延杰,2017)。

(3)人造板

人造板主要指胶合板、纤维板、刨花板,在FAO统计中还包括单板,在世界木质林产品贸易额中的比重较大(2015年14.73%),几十年来贸易量一直保持着快速的增长。1970—2015年出口量年均增速5.03%,1990—2015年年均增速4.20%。2015年全球人造板出口贸易量8567.8万立方米,占全球生产量的21.45%。

表2-42　1990—2015年人造板主要出口国相对地位的变化

Tab. 2-42　Five leading wood-based panels exporting countries from 1990 to 2015

1990			2000			2010			2015		
国别	出口量(万立方米)	比重(%)	国别	出口量(万立方米)	比重(%)	国别	出口量(万立方米)	比重(%)	国别	出口量(万立方米)	比重(%)
印度尼西亚	859.1	27.55	加拿大	1110.5	19.87	中国	1181.4	15.90	中国	1483.7	17.32
美国	328.5	10.54	印度尼西亚	636.0	11.38	德国	614.8	8.28	加拿大	766.5	8.95
加拿大	250.6	8.04	马来西亚	464.5	8.31	马来西亚	580.0	7.81	德国	604.3	7.05

1990			2000			2010			2015		
国别	出口量 (万立方米)	比重 (%)	国别	出口量 (万立方米)	比重 (%)	国别	出口量 (万立方米)	比重 (%)	国别	出口量 (万立方米)	比重 (%)
比利时	209.3	6.71	德国	361.4	6.47	加拿大	486.8	6.55	马来西亚	538.7	6.29
马来西亚	138.1	4.43	比利时	262.4	4.70	泰国	397.0	5.34	俄罗斯	443.7	5.18
世界	3118.0	100	世界	5588.9	100	世界	7428.1	100	世界	8567.8	100

注:数据来源于历年 FAO《林产品年鉴》。

20 世纪 90 年代,人造板的出口国主要集中在印度尼西亚、美国、加拿大、比利时、马来西亚和联邦德国。印度尼西亚人造板出口以胶合板为主,受森林资源迅速减少影响,印度尼西亚人造板出口大幅度减少,很快退出世界前五,2015 年仅有251.0 万立方米。美国人造板出口迅速下降,迅即失去人造板出口第二大国地位,2015 年出口 226.4 万立方米。加拿大人造板出口变化很大,由于纤维板、刨花板出口量的增长,曾一度成为人造板出口第一大国,但很快被中国取代,目前保持人造板出口第二大国位置,2015 年出口 766.5 万立方米,占世界 8.95%。比利时曾经是人造板出口的重要国家,其出口量变化不大,但在世界人造板出口国中的地位迅速下降,2015 年出口 221.4 万立方米。马来西亚一直是人造板出口的重要国家,人造板出口保持快速增长态势,近年来基本保持稳定,2015 年出口 538.7 万立方米,占世界 6.29%,排名世界第四。德国人造板出口因刨花板出口的迅猛增长曾经在世界排名第二,目前人造板出口相对稳定,2015 年出口 604.3 万立方米,占世界 7.05%,排名世界第三。泰国 2000 年人造板出口只有 83.2 万立方米,一度发展很快,2015 年出口 413.3 万立方米,占世界 4.82%,是人造板出口第六大国。俄罗斯更是后起之秀,2015 年出口 443.7 万立方米,占世界 5.18%,超越泰国成为人造板出口第五大国。中国人造板出口发展更快,这主要得益于胶合板出口的迅猛增长,2000 年中国人造板出口 212.0 万立方米,稍低于法国 231.7 万立方米、美国 220.1 万立方米,排名世界第八,2004 年跻身前五,很快就成为人造板出口第一大国,增势不减,2015 年出口 1483.7 万立方米,占世界 17.32%。

表 2 - 43　1990—2015 年人造板主要进口国相对地位的变化

Tab. 2 - 43　Five leading wood - based panels importing countries from 1990 to 2015

1990			2000			2010			2015		
国别	进口量 (万立方米)	比重 (%)	国别	进口量 (万立方米)	比重 (%)	国别	进口量 (万立方米)	比重 (%)	国别	进口量 (万立方米)	比重 (%)
美国	430.3	14.69	美国	1431.9	23.66	美国	794.1	11.20	美国	1201.6	15.11
日本	406.6	13.88	中国	749.9	12.39	日本	451.3	6.36	德国	540.3	6.80
英国	297.3	10.15	日本	620.0	10.24	德国	441.2	6.22	日本	422.7	5.32
联邦德国	278.0	9.49	德国	343.5	5.68	加拿大	398.3	5.62	中国	354.5	4.46
法国	163.5	5.58	英国	311.1	5.14	意大利	304.3	4.29	加拿大	331.7	4.17
世界	2928.5	100	世界	6052.4	100	世界	7090.5	100	世界	7950.5	100

注:数据来源于历年 FAO《林产品年鉴》。

20 世纪 90 年代,人造板进口国主要集中在美国、日本、英国、联邦德国和法国,这 5 个国家进口量曾占世界 70% 以上(刘园园,2005)。美国人造板进口量波动很大,但一直是人造板进口第一大国,2000 年进口 1431.9 万立方米,占世界达 23.66%,近年来进口量不断萎缩,2015 年进口 1201.6 万立方米,占世界 15.11%,仍居世界第一。日本人造板进口量变化相对不大,长期居世界二、三位置,但占世界人造板进口的份额急剧下降,2015 年进口 422.7 万立方米,占世界 5.32%,排名世界第三。英国、德国、法国一直是人造板进口大国,世界排名时前时后,其中德国人造板进口一直量比较大,而且增长比较快,2015 年进口 540.3 万立方米,占世界 6.80%,居世界第二位。不同于英国、法国,德国是人造板净出口国。加拿大虽然是人造板净出口国,但近年来也成为人造板进口的重要国家,2015 年进口 331.7 万立方米,占世界 4.17%,居世界第五位。中国和加拿大有些类似,作为人造板出口第一大国,也是人造板进口大国,主要是单板进口和纤维板进口较多,而单板进口后主要加工成胶合板再出口,加工贸易特征明显,1990 年进口 133.1 万立方米,仅次于法国,2010 年进口 276.5 万立方米,仅次于意大利,2015 年进口 354.5 万立方米,排名世界第四。

从区域来看,欧洲和亚太地区主导着人造板的国际贸易,2014 年这两个地区占据了全球 77% 的总进口量和 83% 的总出口量。自 2010 年以来,这两个地区的进口量和出口量都大幅增加。与 2010 年相比,2014 年北美的人造板出口量增长了 43%,而进口量增长了 18%,但是仍低于 2008 年经济危机之前的水平。2014 年,北美是主要的人造板净进口地区,为 300 万立方米;随后是非洲,为 200 万立方米。与之相配,亚太地区的净出口量为 600 万立方米,而欧盟、拉丁美洲和加勒比海地区合计的净出口量达 400 万立方米。在欧洲内部,西欧已经逐渐成为人造板的净进口地区,而东欧成为净出口地区之一,主要是源于欧洲内部各国之间人造板贸易量的增加(胡延杰,2017)。

在人造板三大板种中,刨花板贸易发展最快,其次是纤维板,第三是胶合板,1970—2015 年出口量年均增速分别为 6.03%、5.62%、4.21%,但近年来三板增速又有不同,1990—2015 年出口量年均增速分别为 4.57%、7.96%、2.45%,纤维板出口量表现出更好的发展势头。以出口量计,1990 年刨花板、纤维板、胶合板比例为 33:12:55,2015 年变为 35:30:35,刨花板比重变化不大,纤维板比重增加很快,胶合板比重大幅走低,应该是受大径材资源限制,与对原料要求不高的刨花板相比,尤其是与原料来源更加广泛、主要靠纤维结合力及其内在黏性而黏接的纤维板相比,胶合板已经越来越不具有竞争力。表 2 - 44、表 2 - 45 列示了 2000、2015 年单板、刨花板、纤维板、胶合板主要出口国、进口国相对地位的变化。

表 2 - 44　2000、2015 年人造板品种主要出口国相对地位的变化

Tab. 2 - 44　Five leading exporting countries of different wood - based panels in 2000, 2015

国别	2000 出口量 (万立方米)	比重 (%)	国别	2015 出口量 (万立方米)	比重 (%)	国别	2000 出口量 (万立方米)	比重 (%)	国别	2015 出口量 (万立方米)	比重 (%)
单板						刨花板					
马来西亚	104.7	26.16	越南	105.2	24.07	加拿大	813.2	36.42	加拿大	569.9	19.97
加拿大	83.6	20.89	加拿大	63.2	14.45	德国	210.6	9.43	德国	220.4	7.72
中国	38.9	9.72	俄罗斯	39.7	9.08	比利时	183.1	8.20	罗马尼亚	200.9	7.04
美国	33.6	8.40	中国	26.9	6.15	奥地利	139.5	6.25	泰国	194.0	6.80
德国	12.4	3.10	马来西亚	22.7	5.19	法国	133.9	6.00	奥地利	183.9	6.44
世界	400.2	100	世界	437.1	100	世界	2232.9	100	世界	2854.0	100
纤维板						胶合板					
加拿大	117.1	10.6	德国	344.7	14.28	印度尼西亚	579.0	31.3	中国	1135.5	39.67
德国	114.9	10.4	中国	301.5	12.49	马来西亚	288.6	15.6	马来西亚	358.4	12.52
法国	67.3	6.1	泰国	215.5	8.93	巴西	138.4	7.5	印度尼西亚	233.9	8.17
新西兰	60.8	5.5	波兰	170.7	7.07	中国	135.4	7.3	俄罗斯	220.6	7.71
意大利	58.7	5.3	西班牙	120.0	4.97	芬兰	100.6	5.4	巴西	185.8	6.49
世界	1106.2	100	世界	2414.4	100	世界	1849.6	100	世界	2862.2	100

注:数据来源于历年 FAO《林产品年鉴》。

表2-44显示,很多发展中国家的胶合板生产技术已经比较成熟,配合森林资源优势,是世界胶合板的主要出口国,包括转型国家俄罗斯在内,2015年胶合板出口前五国均为发展中国家,这五国胶合板出口量占世界的74.57%。2015年中国胶合板出口1135.5万立方米,占世界39.67%,是世界胶合板出口第一超级大国,但不同于马来西亚、印度尼西亚、俄罗斯、巴西,都是森林资源丰富国家,中国国内大径材资源并不丰富,主要依靠技术利用低质、中径材,胶合板出口更多是加工贸易性质。从表2-44可以发现,纤维板、刨花板出口已经出现由发达国家向发展中国家转移的趋势,纤维板出口更加明显,因为纤维板生产技术相对刨花板生产技术要简单些。预计纤维板、刨花板主要出口国在不久的将来可能会像胶合板出口一样转变为以发展中国家为主。

表2-45　2000、2015年人造板品种主要进口国相对地位的变化

Tab. 2-45　Five leading importing countries of different wood-based panels in 2000, 2015

2000			2015			2000			2015		
国别	进口量 (万立方米)	比重 (%)	国别	进口量 (万立方米)	比重 (%)	国别	进口量 (万立方米)	比重 (%)	国别	进口量 (万立方米)	比重 (%)
单板						刨花板					
中国	111.8	28.11	中国	119.6	27.03	美国	889.8	39.92	美国	552.6	19.76
加拿大	49.3	12.40	印度	37.9	8.57	德国	149.2	6.69	德国	284.0	10.16
美国	40.3	10.13	美国	31.9	7.21	英国	116.4	5.22	波兰	154.0	5.51
韩国	24.6	6.19	马来西亚	25.6	5.79	西班牙	107.9	4.84	意大利	143.3	5.13
德国	20.8	5.23	日本	24.6	5.56	中国	81.4	3.65	英国	97.0	3.47
世界	397.7	100	世界	442.4	100	世界	2229.1	100	世界	2795.9	100
纤维板						胶合板					
中国	278.1	19.2	美国	191.8	8.70	日本	503.3	25.5	日本	299.6	11.95
美国	258.3	17.8	德国	105.5	4.79	中国	278.6	14.1	美国	425.3	16.96
英国	86.8	6.0	沙特阿拉伯	92.1	4.18	美国	243.5	12.3	加拿大	149.2	5.95
日本	66.5	4.6	法国	89.4	4.06	德国	110.5	5.6	英国	146.8	5.85
德国	63.0	4.4	比利时	88.1	4.00	英国	104.1	5.3	德国	139.7	5.57
世界	1448.1	100	世界	2204.2	100	世界	1977.5	100	世界	2508.1	100

注:数据来源于历年FAO《林产品年鉴》。

表2-45显示,刨花板、纤维板、胶合板的进口国主要被发达国家占据,其中只有中国是个例外,而中国也很快退出了主要进口国之列。由于技术转移和环境

保护因素,很多发达国家不再发展人造板工业,为满足国内需求,自然需要大量进口。这也印证了人造板工业向发展中国家转移的趋势。未来发达国家仍然将是刨花板、纤维板、胶合板的主要进口国。

(4)木浆

木浆在世界木质林产品贸易额中的比重比较大(2015 年 15.38%),几十年来贸易量一直保持着稳定的增长。1970—2015 年出口量年均增速 2.82%,1990—2015 年年均增速 3.51%。2015 年全球木浆出口贸易量 5906.9 万吨,占全球生产量的 33.63%。

表 2 - 46　1990—2015 年木浆主要出口国相对地位的变化

Tab. 2 - 46　Five leading wood pulp exporting countries from 1990 to 2015

1990			2000			2010			2015		
国别	出口量 (万吨)	比重 (%)	国别	出口量 (万吨)	比重 (%)	国别	出口量 (万吨)	比重 (%)	国别	出口量 (万吨)	比重 (%)
加拿大	788.4	31.50	加拿大	1187.8	31.39	加拿大	934.2	18.8	巴西	1204.3	20.39
美国	534.6	21.36	美国	591.2	15.63	巴西	879.3	17.7	加拿大	991.2	16.78
瑞典	276.8	11.06	瑞典	307.2	8.12	美国	788.4	15.8	美国	773.2	13.09
芬兰	146.1	5.84	巴西	301.1	7.96	智利	337.9	6.8	智利	441.8	7.48
葡萄牙	105.7	4.22	智利	183.5	4.85	瑞典	324.3	6.5	瑞典	348.4	5.90
世界	2502.7	100	世界	3783.6	100	世界	4978.3	100	世界	5906.9	100

注:数据来源于历年 FAO《林产品年鉴》。

木浆是资源、资本和技术密集型的木质林产品,20 世纪 90 年代木浆出口国主要集中在加拿大、美国、瑞典、芬兰、葡萄牙等发达国家,此后巴西、智利、印度尼西亚凭借森林资源优势迅速崛起,成为木浆主要出口国,发达国家木浆出口增幅不大,相对比较稳定。木浆也是污染比较大的产品,因此木浆出口也存在由发达国家向发展中国家转移的趋势。巴西由于本国桉树阔叶木浆的快速发展,木浆出口量增加迅速,逐渐超越加拿大成为世界第一大木浆出口国。巴西、智利和乌拉圭还在建新的木浆厂,它们的木浆出口量还将进一步提高。2015 年主要木浆出口国为巴西、加拿大、美国、智利、瑞典,全部都是森林资源丰富的国家。印度尼西亚木浆出口也在迅速崛起,2015 年木浆出口 340.0 万吨,是第六大木浆出口国。

表 2-47 1990—2015 年木浆主要进口国相对地位的变化

Tab. 2-47 Five leading wood pulp importing countries from 1990 to 2015

1990			2000			2010			2015		
国别	进口量（万吨）	比重（%）	国别	进口量（万吨）	比重（%）	国别	进口量（万立方米）	比重（%）	国别	进口量（万吨）	比重（%）
美国	426.7	16.52	美国	661.2	17.52	中国	1213.7	25.8	中国	2056.2	35.02
联邦德国	348.9	13.51	中国	403.1	10.68	美国	561.0	11.9	美国	535.3	9.12
日本	286.9	11.11	德国	399.6	10.59	德国	423.0	9.0	德国	484.9	8.26
意大利	209.9	8.13	意大利	319.3	8.46	意大利	315.1	6.7	意大利	347.8	5.92
英国	192.8	7.46	日本	308.8	8.18	韩国	252.5	5.4	韩国	231.6	3.94
世界	2583.3	100	世界	3773.7	100	世界	4708.5	100	世界	5871.3	100

注:数据来源于历年 FAO《林产品年鉴》。

木浆主要进口国,除中国之外,全部都是发达国家。1990 年中国进口木浆 108.3 万吨,排世界第七位,由于中国造纸工业迅猛发展,国内造纸材严重不足,木浆进口迅猛增加,很快成为世界第一大木浆进口国,2015 年进口 2056.2 万吨,占世界 35.02%。发达国家主要木浆进口国的木浆进口比较平稳,源于这些国家的造纸工业规模已经比较稳定,而且造纸工业本身就属于污染比较严重的行业,在发达国家的发展受到比较大的限制,并有向发展中国家转移的趋势。

(5)废纸

废纸严格意义上不算木质林产品,因为它不是为人用的产品,而是人用过的产品。按 FAO 说法,是为了重新用来作为制造纸张和纸板的原料或贸易而收集的废纸和碎纸片或纸板。但由于废纸已经成为造纸工业的重要原料,而且 FAO 《林产品年鉴》中也列为木质林产品,在世界木质林产品贸易额中的也占有相当的比重(2015 年 3.84%),在此专门做分析。FAO《林产品年鉴》缺乏 1991 年以前的数据,只能从 1992 年开始分析。1992—2015 年废纸出口量年均增速 5.83%,在木质林产品中属于增速比较快的。2015 年全球废纸出口贸易量 5696.5 万吨,占全球生产量的 25.31%。

表 2 - 48　1992—2015 年废纸主要出口国相对地位的变化

Tab. 2 - 48　Five leading recovered paper exporting countries from 1992 to 2015

1992			2000			2010			2015		
国别	出口量 （万吨）	比重 （％）	国别	出口量 （万吨）	比重 （％）	国别	出口量 （万吨）	比重 （％）	国别	出口量 （万吨）	比重 （％）
美国	586.4	46.02	美国	1028.3	42.21	美国	1881.4	34.7	美国	1958.6	34.38
德国	189.2	14.85	德国	390.5	16.03	英国	438.8	8.1	英国	504.9	8.86
荷兰	98.5	7.73	比利时	179.7	7.38	日本	437.4	8.1	日本	426.1	7.48
比利时	60.4	4.74	荷兰	158.5	6.51	荷兰	354.6	6.5	法国	286.9	5.04
法国	58.7	4.61	法国	89.3	3.67	德国	289.8	5.3	荷兰	260.1	4.57
世界	1274.2	100	世界	2436.3	100	世界	5418.2	100	世界	5696.5	100

注：数据来源于历年 FAO《林产品年鉴》。

表 2 - 48 显示，废纸主要出口国全部都是发达国家，而且废纸出口量与各国经济规模关联密切，即经济越发达、经济规模越大，纸和纸板消费量越高，产生的废纸量就越大，废纸出口量越多。废纸作为废物处理要花费成本，即使废物利用作为造纸原料也面临较大的环境污染成本，直接出口可以获得降低处理成本、减少环境污染、获得贸易收入等多种效益，未来废纸主要出口国仍将都是发达国家。

表 2 - 49　1992—2015 年废纸主要进口国相对地位的变化

Tab. 2 - 49　Five leading recovered paper importing countries from 1992 to 2015

1992			2000			2010			2015		
国别	进口量 （万吨）	比重 （％）	国别	进口量 （万吨）	比重 （％）	国别	进口量 （万立方米）	比重 （％）	国别	进口量 （万吨）	比重 （％）
中国	202.1	13.55	中国	491.5	17.73	中国	2510.8	47.0	中国	2988.2	52.06
韩国	166.1	11.14	加拿大	277.6	10.01	德国	362.5	6.8	德国	398.9	6.95
荷兰	125.2	8.40	印度尼西亚	242.8	8.76	荷兰	283.1	5.3	印度	308.3	5.37
墨西哥	101.5	6.81	韩国	196.4	7.09	印度	253.8	4.8	荷兰	232.8	4.06
法国	99.6	6.68	荷兰	177.2	6.39	印度尼西亚	241.2	4.5	印度尼西亚	169.2	2.95
世界	1491.3	100	世界	2771.9	100	世界	5340.5	100	世界	5740.4	100

注：数据来源于历年 FAO《林产品年鉴》。

表 2 - 49 显示，废纸主要进口国由发达国家逐渐演变为发展中国家。2015 年

中国、印度、印度尼西亚进口废纸3465.7万吨,占世界废纸进口量的60.37%。中国、印度森林面积均位居世界前十,但无奈人口众多,森林资源相对匮乏,进口废纸作为造纸原料属于正常,但中国2015年进口废纸2988.2万吨,占世界52.06%,确实过高,一个重要原因是中国利用进口废纸生产出纸制品后再出口,属于典型的加工贸易模式。印度尼西亚森林资源虽然也较为丰富,但其国内造纸工业发达,需求旺盛,也成为废纸主要进口国。

木片、木浆、废纸都是造纸的原料,如果合并起来从区域来看,亚太地区是唯一的净进口地区,并且2010—2014年间的净进口量已经增加了23%,从2010年的3900万吨增加到2014年的4800万吨,2014年亚太地区木片、木浆和废纸的净进口量已占到当年消费量的25%。北美地区是主要的净出口地区,2014年的净出口3000万吨;其后是拉丁美洲和加勒比海地区1400万吨和欧洲1500万吨。2010—2014年间,拉丁美洲和加勒比海地区的木片、木浆和废纸的净出口量增长了43%,欧洲的净出口量增长了23%,但北美的净出口量保持不变(胡延杰,2017)。

(6)纸和纸板

纸与纸板是典型的资本和技术密集型的木质林产品,也是高附加值的木质林产品(刘园园,2005)。纸与纸板在世界木质林产品贸易额中的比重最大(2015年40.71%),几十年来贸易量一直保持着稳定的增长。1970—2015年出口量年均增速3.52%,1990—2015年年均增速2.78%。2015年全球纸和纸板的出口贸易量大约占全球纸和纸板总产量的27.22%。

表2-50 1990—2015年纸和纸板主要出口国相对地位的变化

Tab.2-50 Five leading paper and paperboard exporting countries from 1990 to 2015

1990			2000			2010			2015		
国别	出口量 (万吨)	比重 (%)	国别	出口量 (万吨)	比重 (%)	国别	出口量 (万吨)	比重 (%)	国别	出口量 (万吨)	比重 (%)
加拿大	1187.5	21.51	加拿大	1569.4	16.07	德国	1423.3	12.6	德国	1321.1	11.95
芬兰	763.3	13.82	芬兰	1164.1	11.92	美国	1195.9	10.6	美国	1159.8	10.49
瑞典	633.6	11.47	美国	914.3	9.36	芬兰	1082.0	9.5	芬兰	985.0	8.91
美国	538.8	9.76	瑞典	903.1	9.25	瑞典	1011.5	8.9	瑞典	980.9	8.87
联邦德国	409.2	7.41	德国	870.0	8.91	加拿大	969.9	8.6	加拿大	761.8	6.89
世界	5521.7	100	世界	9763.5	100	世界	11332.3	100	世界	11059.7	100

注:数据来源于历年FAO《林产品年鉴》。

表2-50显示,纸和纸板主要出口国全部是发达国家,德国、美国、芬兰、瑞

典、加拿大,除了位次变化外,这几个国家都没有离开过世界前五,合计纸和纸板出口量长期占世界的一半以上,随着中国造纸工业发展,纸和纸板出口量不断增加,他们的份额才有所降低,2015年仍然达到47.10%,接近一半。在这几个国家中,德国纸和纸板出口增长最快,跃居世界纸和纸板出口第一大国。加拿大也曾长期是最大的纸和纸板出口国,近年来出口量不断下降。其他国家纸和纸板出口都有不同程度的增长。资本和技术密集、高附加值,决定了未来发达国家仍将长期是纸和纸板主要出口国。

表2-51 1990—2015年纸和纸板主要进口国相对地位的变化

Tab.2-51 Five leading paper and paperboard importing countries from 1990 to 2015

1990			2000			2010			2015		
国别	进口量(万吨)	比重(%)	国别	进口量(万吨)	比重(%)	国别	进口量(万立方米)	比重(%)	国别	进口量(万吨)	比重(%)
美国	1168.5	21.38	美国	1628.2	16.54	美国	1049.9	9.6	德国	1069.3	10.13
联邦德国	677.9	12.40	中国	1044.8	10.61	德国	1049.9	9.6	美国	948.5	8.99
英国	574.2	10.51	德国	963.0	9.78	英国	682.5	6.2	英国	592.2	5.61
法国	379.1	6.94	英国	642.1	6.52	法国	559.3	5.1	意大利	494.3	4.68
意大利	245.4	4.49	法国	616.2	6.26	意大利	527.4	4.8	法国	492.7	4.67
世界	5465.2	100	世界	9845.3	100	世界	10938.9	100	世界	10552.2	100

注:数据来源于历年FAO《林产品年鉴》。

纸和纸板的主要进口国也比较稳定,主要集中在德国、美国、英国、意大利、法国,甚至他们的进口量也相对稳定,但他们合计占世界的比重却大幅度降低,由1990年的55.72%直落到2015年的34.09%,反映了世界各国对纸和纸板产品的广泛和增强的需求。

中国曾一度因造纸工业水平低,国内纸制品需求旺盛,纸和纸板进口量迅速增加,成为世界第二大进口国,2015年仍进口449.7万吨,十分接近法国、意大利的进口量,排名世界第六,但随着依靠大量进口废纸作为主要造纸原料,摆脱了资源限制,纸和纸板进口量大幅度减少,甚至成长为世界纸和纸制品出口第六大国,2015年出口纸和纸板665.6万吨,与排第五位的加拿大761.8万吨已经差距不大,有望在不久的将来跻身世界前五。

造纸工业在热带国家,如印度尼西亚、巴西、智利、泰国等,得到了很大的发展。然而他们却集中在低层次的制浆上,表2-46显示巴西、智利尤其是巴西已经是世界木浆出口大国,高端的造纸只有印度尼西亚有所发展,2015年印度尼西亚出口纸和纸板409.4万吨,排名世界第九。

从净贸易量来看,欧洲和北美是净出口地区,2014年纸和纸板的净出口量分别为1200万吨和800万吨。亚太地区、拉丁美洲和加勒比海地区,以及非洲是净进口地区,2014年纸和纸板的净进口量分别为700万吨、600万吨和500万吨(胡延杰,2017)。

(7)木制品

木制品的概念和范围并没有统一的定义。按照中国林业统计的口径,主要分为建筑用木制品、木工艺品、木餐具与厨房用木制品、其他木制品(原国家林业局,2016),并不包括木制家具。但很多研究中,木制品包括的范围很大,不仅包括木制家具,甚至包括木地板、胶合板、纤维板、刨花板(刘能文等,2015)。HS编码下(4413—4421)木制品主要包括9项产品,如强化木地板、木质门窗、模板、木制容器、餐具及厨具、镜框、木工具等(石小亮等,2015),这个范围与国家林业局比较接近。木制品在木质林产品贸易中所占份额较小,贸易规模也较小。根据联合国统计署的商品贸易数据库UN Comtrade的数据,在1992—2011年,木制品贸易额呈明显增长态势,仅在2009年出现下滑(石小亮等,2015)。

以木制品中的HS4418(建筑用木制品)为例,2011年,菲律宾、奥地利、德国、中国和波兰是建筑用木制品主要出口国(见表2-52)。2015—2011年奥地利与德国长期居于前三位,中国从2006年起居于世界第四位,波兰也基本保持在第五位。这四个国家比较稳定,而加拿大在占据第一位多年后于2010年退出前五,且占比继续下滑(石小亮等,2015)。菲律宾则在2009年跻身前五,份额不断上升,最终成为建筑用木制品出口第一大国。

表2-52 2005—2011年世界建筑用木制品主要出口国及贸易额比重 单位:%

Tab.2-52 Five leading woodwork exporting countries from 2005 to 2011 Unit:%

2005		2006		2007		2008		2009		2010		2011	
国家	比重	国家	比重	国家	比重	国家	比重	国家	比重	国家	比重	国家	比重
加拿大	17	加拿大	14	加拿大	11	奥地利	10	奥地利	11	奥地利	11	菲律宾	12
奥地利	8	奥地利	9	奥地利	10	德国	9	德国	10	德国	9	奥地利	11
德国	8	德国	8	德国	9	加拿大	8	中国	7	菲律宾	9	德国	9
印度尼西亚	6	中国	7	中国	7	中国	7	菲律宾	7	中国	8	中国	7
中国	6	丹麦	5	波兰	5	波兰	6	加拿大	7	波兰	7	波兰	6

注:转引自石小亮等《世界林产品贸易发展格局与预测》。

表 2-53 显示,2005—2011 年,美国、日本、德国、英国和意大利是主要进口国,全部是发达国家,且排名十分稳定(石小亮等,2015),但合计的进口份额不断下滑,主要是美国的进口份额下滑严重。整体上建筑用木制品贸易呈现由发展中国家流向发达国家、由资源丰富国流向资源短缺国的趋势。其他木制品也具有类似的特点。

表 2-53　2005—2011 年世界建筑用木制品主要进口国及贸易额比重　单位:%

Tab. 2-53　Five leading woodwork importing countries from 2005 to 2011 Unit:%

2005		2006		2007		2008		2009		2010		2011	
国家	比重	国家	比重	国家	比重	国家	比重	国家	比重	国家	比重	国家	比重
美国	28	美国	26	美国	20	美国	16	美国	14	美国	13	美国	12
德国	8	日本	8	英国	7	英国	7	日本	8	日本	9	日本	11
日本	8	德国	7	日本	7	德国	6	德国	7	英国	7	德国	8
英国	7	英国	7	德国	7	日本	6	英国	7	德国	7	英国	7
意大利	5	意大利	5	意大利	5	意大利	5	意大利	6	意大利	6	意大利	6

注:转引自石小亮等《世界林产品贸易发展格局与预测》。

(8)家具

HS 编码下木家具包括 940161、940169、940330、940340、940350、940360。自 20 世纪 90 年代以来,随着木质林产品贸易不断深入,木家具出口逐年递增,出口市场集中度也在不断提高。2011 年,世界木家具主要出口国为中国、意大利、波兰、德国和马来西亚(见表 2-54)。中国和意大利一直处于世界前两位,2011 年占据了世界木家具出口额的 53%。德国木家具出口份额近年来迅速下滑,2011 年跌出前三,加拿大则更早在 2008 年跌出前五。波兰则从长期第四于 2011 年升为第三。马来西亚在 2010 年成为木家具出口第五大国。

表 2-54　2005—2011 年世界木家具主要出口国及贸易额比重　单位:%

Tab. 2-54　Five leading furniture exporting countries from 2005 to 2011 Unit:%

2005		2006		2007		2008		2009		2010		2011	
国家	比重	国家	比重	国家	比重	国家	比重	国家	比重	国家	比重	国家	比重
中国	16	中国	19	中国	20	中国	20	中国	25	中国	32	中国	31
意大利	14	意大利	13	意大利	13	意大利	13	意大利	11	意大利	10	意大利	22
德国	8	德国	9	德国	9	德国	9	德国	10	德国	9	波兰	15
波兰	7	波兰	7	波兰	7	波兰	8	波兰	7	波兰	7	德国	4

2005		2006		2007		2008		2009		2010		2011	
国家	比重	国家	比重	国家	比重	国家	比重	国家	比重	国家	比重	国家	比重
加拿大	6	加拿大	5	加拿大	4	越南	4	越南	4	马来西亚	4	马来西亚	4

注:转引自石小亮等《世界林产品贸易发展格局与预测》。

表 2 – 55 显示,由于美国对木家具的巨大需求,使其一直保持木家具进口第一大国的地位,但进口份额近年来有所下滑。德国、法国、英国、日本和加拿大一直处于木家具进口前六的位置。也就是说世界主要木家具进口国全部是发达国家。可以发现,木家具贸易也呈现了由发展中国家流向发达国家的趋势。

表 2 – 55　2005—2011 年世界木家具主要进口国及贸易额比重　　　　单位:%
Tab. 2 – 55　Five leading furniture importing countries from 2005 to 2011　Unit:%

2005		2006		2007		2008		2009		2010		2011	
国家	比重	国家	比重	国家	比重	国家	比重	国家	比重	国家	比重	国家	比重
美国	34	美国	33	美国	28	美国	25	美国	25	美国	27	美国	25
英国	8	英国	8	英国	8	英国	8	德国	9	德国	8	德国	9
德国	8	德国	8	法国	7	法国	7	法国	8	法国	8	法国	7
法国	7	法国	6	德国	7	德国	7	英国	7	英国	7	英国	6
日本	4	日本	4	加拿大	4	加拿大	4	日本	4	加拿大	4	日本	5

注:转引自石小亮等《世界林产品贸易发展格局与预测》。

根据位于意大利的家具行业研究协会(CSIL)的统计数据,2014 年全球家具贸易总额约为 1360 亿美元,家具进口大国包括美国、德国、法国和英国,而家具出口大国包括中国、意大利、德国、波兰和美国。2014 年全球前五大家具生产国为中国、美国、德国、意大利和印度,中国家具产量占全球家具总产量的份额已经超过了 50%。2014 年越南的家具出口额已经从全球第十五位跃升到第六位的位置(胡延杰,2017)。根据 CSIL 的数据,2014 年全球家具贸易以区域内贸易为主,在欧洲尤为突出。欧盟以及挪威、瑞士和冰岛,76% 的家具贸易发生在该区域内的这些国家之内,仅 24% 发生在区域外的世界其他国家。在北美地区(美国、加拿大和墨西哥),约有 27% 的家具贸易发生在这三个国家,而 73% 贸易是与该区域之外的国家。在亚太地区,约有 39% 家具贸易发生在本地区之内,特别是印度对于中国家具的进口依赖日益加重,而 61% 的贸易是与该区域之外的国家(胡延杰,2017)。

2.3.3 世界木质林产品贸易发展特点及发展趋势

因木质林产品数量单位量纲不同,世界木质林产品国际贸易发展总况只能用贸易额来分析。由于世界木质林产品出口贸易总额和进口贸易总额在理论上是一致的(实际上因为存在统计误差和在途产品,两者并不完全一致,但差额较小,可以忽略不计),在此用世界木质林产品出口贸易额来分析世界木质林产品贸易发展态势。

(1)世界木质林产品贸易在波动中上升,在世界商品贸易中的比重呈现不断下降趋势

世界木质林产品贸易与世界经济的发展密切相关,在波动中不断上升。20 世纪 70 年代以来,木质林产品贸易一直都呈上升趋势,在 20 世纪 70 年代中期、80 年代初期、90 年代初期、90 年代末至 21 世纪初、21 世纪前 10 年末期有 5 次较大波动,基本每 10 年有一次波动,但整体呈现上升的态势,而且 20 世纪 90 年代后增幅有所扩大(见图 2 - 5)。1969—2015 年世界木质林产品出口贸易额年均增速 6.74%,2015 年达到 2256.53 亿美元。

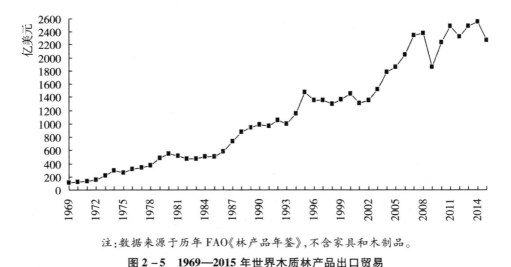

注:数据来源于历年 FAO《林产品年鉴》,不含家具和木制品。

图 2 - 5 1969—2015 年世界木质林产品出口贸易

Fig. 2 - 5 Wooden forest products exporting trade in world from 1969 to 2015

2015 年世界木质林产品进口贸易总额 2361.39 亿美元,出口贸易总额 2256.53 亿美元,进出口贸易总额 4617.91 亿美元。2015 年世界木质林产品进出

口总额占 2015 年世界商品进出口总额 1.39%,呈现不断下降趋势(2010 年 1.47%、2004 年 1.94%、2000 年 2.25%、1990 年 2.87%)。一方面反映了世界木质林产品贸易规模可能受制于有限的而且迫切需要保护的世界森林资源,另一方面反映了世界贸易中货物贸易和服务贸易构成、货物贸易中初级产品和深加工产品构成的变化。

(2)欧洲在世界木质林产品贸易中处于领先地位,亚洲增长明显较快,成为世界最主要的林产品需求中心

表 2 - 56　2015 年世界和前 20 国家木质林产品贸易额

Tab. 2 - 56　Wooden forest products trade value of the world and twenty leading countries in 2015

地区和国家	进口额 (亿美元)	比重 (%)	位次	地区和国家	出口额 (亿美元)	比重 (%)	位次
世界	2361.39			世界	2256.53		
亚洲	926.18	39.22		欧洲	1075.15	47.65	
中国	424.52	17.98	1	德国	174.11	7.72	3
日本	105.50	4.47	5	瑞典	132.64	5.88	5
印度	62.29	2.64	8	芬兰	121.24	5.37	6
韩国	56.62	2.40	9	俄罗斯	86.65	3.84	8
土耳其	38.89	1.65	16	法国	63.87	2.83	10
越南	26.32	1.11	19	奥地利	62.32	2.76	11
沙特阿拉伯	24.21	1.03	20	比利时	51.39	2.28	12
欧洲	912.09	38.63		意大利	43.88	1.94	14
德国	167.29	7.08	3	西班牙	38.71	1.72	15
英国	114.93	4.87	4	波兰	34.88	1.55	16
意大利	88.46	3.75	6	荷兰	30.39	1.35	19
法国	79.23	3.36	7	葡萄牙	27.65	1.23	20
比利时	53.83	2.28	10	北美	469.72	20.82	
波兰	43.81	1.86	13	美国	251.01	11.12	1
西班牙	43.38	1.84	14	加拿大	218.71	9.69	2
荷兰	43.12	1.83	15	亚洲	422.89	18.74	
奥地利	37.43	1.59	17	中国	151.79	6.73	4
北美	284.96	12.07		印度尼西亚	75.84	3.36	9

地区和国家	进口额（亿美元）	比重（%）	位次	地区和国家	出口额（亿美元）	比重（%）	位次
美国	236.62	10.02	2	马来西亚	33.25	1.47	17
加拿大	48.26	2.04	12	拉美	169.49	7.51	
拉美	125.33	5.31		巴西	88.00	3.90	7
墨西哥	49.60	2.10	11	智利	45.53	2.02	13
非洲	87.91	3.72		大洋洲	65.22	2.89	
埃及	26.85	1.14	18	新西兰	30.68	1.36	18
大洋洲	24.92	1.06		非洲	54.06	2.40	

注：数据来源于FAO《林产品年鉴2015》，不含家具和木制品。

表2-56显示，世界木质林产品贸易呈现明显的地区特征，欧洲、亚洲、北美是世界木质林产品贸易的主要地区，而拉美和加勒比、非洲、大洋洲的贸易量较少。欧洲在世界木质林产品贸易中处于领先地位，2015年进口占世界38.63%、出口占世界47.65%，但占世界份额有减少趋势，北美的份额在不断减小，亚洲木质林产品贸易增长较快，比重在不断增大（见表2-57），其他洲变化不大。表2-56显示，亚洲、非洲是木质林产品贸易的净进口地区，2015年亚洲净进口503.29亿美元，占据各大洲净进口的绝对份额93.70%，北美、欧洲、大洋洲、拉美和加勒比木质林产品贸易的净出口地区，其中北美、欧洲占据各大洲净出口的大部分份额，北美42.74%、欧洲37.72%，合计80.46%。

亚洲木质林产品贸易进口贸易份额增长很快，2000年进口贸易份额不足欧洲的2/3，2015年已经超过欧洲的进口份额。作为世界木质林产品进口第一大国的中国，随着经济发展水平提高和经济规模扩大，从世界木质林产品市场寻求进口的动力仍很旺盛。经济体量庞大的传统木质林产品进口国如日本、韩国也将继续依靠国际市场来满足国内木质林产品需求。人口众多、近期经济发展较快的印度、越南越来越表现出对进口木质林产品的强大需求，而传统的亚洲木质林产品出口国印度尼西亚、马来西亚等，也因为本国森林资源大量消耗而逐步变为木质林产品进口国。因此，亚洲将成为未来世界最主要的木质林产品需求中心，尤其东北亚地区成为木质林产品主要贸易地区。

表 2 – 57 2000、2010、2015 年世界各大洲木质林产品贸易额占比(%)

Tab. 2 – 57 Proportion of Continents's wooden forest products

trade value in 2000, 2010, 2015(%)

进口	2000	2010	2015	出口	2000	2010	2015
欧洲	43.96	44.43	38.63	欧洲	47.68	52.77	47.65
亚洲	28.22	34.64	39.22	北美	32.08	19.84	20.82
北美	19.83	10.6	12.07	亚洲	12.39	15.78	18.74
拉美	4.7	5.4	5.31	拉美	4.33	6.75	7.51
非洲	1.93	3.59	3.72	大洋洲	1.78	2.6	2.89
大洋洲	1.36	1.34	1.06	非洲	1.75	2.26	2.40

注:数据来源于历年 FAO《林产品年鉴》,不含家具和木制品。

(3)世界木质林产品贸易主要集中在发达区的工业化国家,发展中国家在木质林产品贸易中的地位越来越重要

表 2 – 56 列举了 2015 年木质林产品贸易进口、出口额世界排名前 20 位的国家,从表 2 – 56 也可以看出,世界木质林产品贸易主要集中在发达区的工业化国家。不计俄罗斯、波兰等转型国家,2015 年美国、德国、英国、日本、意大利、法国、韩国、比利时、加拿大、西班牙、荷兰、奥地利 12 国木质林产品贸易进口额合计 1074.67 亿美元,占世界进口贸易总额的 45.51%,美国、加拿大、德国、瑞典、芬兰、法国、奥地利、比利时、意大利、西班牙、新西兰、荷兰、葡萄牙 13 国木质林产品贸易出口额合计 1246.60 亿美元,占世界进口贸易总额的 55.24%。

仅有的排名前 20 位的几个发展中国家中,除中国之外,进口国主要是森林资源比较匮乏的木质林产品消费国,例如印度、墨西哥、土耳其、埃及,出口国则主要是森林资源比较丰富的国家,例如巴西、印度尼西亚、智利、马来西亚。2015 年中国木质林产品进口贸易额 424.52 亿美元,占世界进口贸易额 17.98%,排名世界第一,出口贸易额 151.79 亿美元,占世界出口贸易额 6.73%,排名世界第四,是发展中国家中唯一的进口、出口额均排世界前列的国家。

然而,发展中国家在木质林产品贸易中的地位越来越重要。随着发展中国家经济的快速发展和人民生活水平的日益提高,对于木质林产品的需求量迅猛增加,其中一些国家因国产的木质林产品无法满足日益增长的巨大需求,从世界各国进口木质林产品成为满足其国内需求的重要途径。表 2 – 57 显示,拉美和加勒比、非洲,不论木质林产品进口贸易额,还是出口贸易额,在世界木质林产品贸易中的比重都有明显提高,与欧洲、北美的比重不断下降的趋势形成鲜明对比。表 2

－56 显示印度、墨西哥、土耳其、埃及已经成为重要的木质林产品进口国(2015 年
分别排名第八、十一、十六、十八),巴西、印度尼西亚、智利、马来西亚已经成为重
要的木质林产品出口国(2015 年分别排名第七、九、十三、十七)。尤其印度 2014
年跃居全球第四大工业原木进口国和第四大纤维原料进口国(胡延杰,2017)。另
外,越南凭借低劳动力成本和丰富森林资源的优势,在木质林产品出口贸易方面
的影响力也在日益提升(胡延杰,2017)。

展望未来,欧美等发达国家利用其森林资源、市场、资本、管理和科技等方面
的竞争优势,在高端产品领域将继续占据制高点,并在全球技术密集型木质林产
品贸易中处于主体地位;而越南、柬埔寨、缅甸、印尼等发展中国家将主要利用劳
动力的价格优势,在木质林产品国际贸易中抢占有利位置,将成为中国的主要竞
争对手;俄罗斯、拉美、非洲和太平洋岛国等将利用其森林资源优势,进一步强化
原木出口禁令,加快产业结构调整,木质林产品生产和贸易水平有望不断提升(胡
延杰,2017)。

(4)各类木质林产品增速不等,初级产品比重不断减小,深加工产品比重不断
增大

表 2 – 58　1970—2015 年世界各种木质林产品出口额和年均增长

Tab. 2 – 58　Exporting value and average annual growth of different wooden forest products from 1970 to 2015

产品	出口额(亿美元)						年均增长(%)	
	1970	1980	1990	2000	2010	2015	1970—1990	1970—2015
出口总额	125.62	544.76	989.00	1447.36	2223.50	2256.53	10.87	6.63
原木	18.97	82.86	95.42	82.45	132.41	148.05	8.41	4.67
薪材	0.24	0.75	1.11	0.82	4.17	4.84	7.94	6.89
工业用原木	18.73	82.11	94.31	81.63	128.24	143.21	8.42	4.62
锯材	26.87	121.65	173.12	232.17	295.12	336.39	9.76	5.78
人造板	11.47	48.98	101.70	162.99	298.61	332.48	11.53	7.77
单板	2.20	8.42	13.46	23.46	28.02	27.55	9.47	5.77
刨花板	1.37	10.45	20.25	42.80	63.72	67.87	14.42	9.06
纤维板	1.39	4.25	10.04	29.71	88.51	92.84	10.40	9.79
胶合板	6.50	25.86	57.94	67.02	118.37	144.22	11.55	7.13
木片	0.60	6.71	12.12	16.10	33.36	39.97	16.23	9.79
木浆	24.98	93.70	157.94	207.20	340.47	346.96	9.66	6.02
废纸	/	/	14.57*	26.84	99.93	86.65	/	8.06*

产品	出口额（亿美元）						年均增长（%）	
	1970	1980	1990	2000	2010	2015	1970—1990	1970—2015
纸和纸板	43.33	197.55	458.83	690.28	992.11	918.59	12.52	7.02
木炭	0.11	0.54	0.89	2.22	5.95	9.55	10.83	10.34

注：数据来源于历年 FAO《林产品年鉴》。1970、1980、1990 年木片、木炭包括在原木中。1970、1980、1990 年废纸没有数据，1990 年废纸一栏为 1992 年数据，最后一栏为 1992—2015 年年均增速。

在世界木质林产品贸易额中，各类产品出口贸易额均有不同程度的增长（见表 2 - 58）。在出口贸易额增长方面，较快的是人造板和纸与纸板，而原木、锯材、单板、木浆增长不明显，低于世界木质林产品出口贸易额增长速度。废纸出口贸易增速很快，木炭、木片虽然增速很快但金额太少。总体来看，初级产品增速比较低，深加工产品增速比较高。

表 2 - 59　1970—2015 年各木质林产品出口额占世界出口总额比重　　单位：%

Tab. 2 - 59　Proportion of total world exporting value of different wooden forest products from 1970 to 2015　　　　Unit：%

产品	1970	1980	1990	2000	2010	2015
原木	14.87	15.21	9.65	5.70	5.96	6.56
薪材	0.19	0.14	0.11	0.06	0.19	0.21
工业用原木	14.68	15.07	9.54	5.64	5.77	6.35
锯材	22.43	22.33	17.50	16.04	13.27	14.91
人造板	9.57	8.99	10.28	11.26	13.43	14.73
单板	1.93	1.55	1.36	1.62	1.26	1.22
刨花板	1.00	1.92	2.05	2.96	2.87	3.01
纤维板	1.18	0.78	1.02	2.05	3.98	4.11
胶合板	5.46	4.75	5.86	4.63	5.32	6.39
木片	0.27	1.23	1.23	1.11	1.50	1.77
木浆	18.42	17.20	15.97	14.32	15.31	15.38
废纸	/	/	/	1.85	4.49	3.84
纸和纸板	34.71	36.26	46.39	47.69	44.62	40.71
木炭	0.09	0.10	0.09	0.15	0.27	0.42

注：数据来源于历年 FAO《林产品年鉴》，不含家具和木制品。1970、1980、1990 年木片、

木炭包括在原木中,1970、1980、1990 年废纸没有数据,1992 年废纸出口额占世界出口总额比重 1.39%。

表 2－59 显示,2015 年纸和纸板、锯材、木浆、人造板(胶合板、纤维板、刨花板)、原木在贸易额中所占比重较大。长期以来,纸和纸板一直占有很大的比重,近年虽然有所降低,但 2015 年仍然达到 40.71%。人造板(胶合板、纤维板、刨花板)所占比重呈上升趋势,从 1970 年的 7.64% 增长到 2015 年的 13.51%。而原木、锯材、木浆所占比重则呈现出明显下降的趋势,尤其是原木、锯材,其比重从 1970 年的 14.87%、22.43% 下降到 2015 年的 6.56%、14.91%,下降幅度较大。说明在世界木质林产品贸易中,呈现初级产品比重不断减小,深加工产品比重在不断增大的趋势。

初级产品增速比较低、深加工产品增速比较高,初级产品比重不断减小、深加工产品比重在不断增大,这种趋势还将延续。这是因为,首先,原木、锯材,乃至木浆等初级产品的发展,因直接依赖森林资源而受到制约,很多国家甚至限制、禁止原木出口;其次,各国政府,尤其是发展中国家,越来越重视国内木质林产品的加工和利用,竞相发展加工业尤其是深加工木质林产品的生产和出口贸易,以增加国内就业机会,改善林区经济条件,高附加值的深加工产品人造板、纸和纸板获得优先发展;第三,随着经济的发展和生活水平的不断提高,各国对人造板、纸和纸板等深加工产品的需求量增加更快。

表 2－60 1995—2015 年世界各种木质林产品人均消费量
Tab. 2－60 Consumption per capita of wooden forest productsfrom 1995 to 2015

产品	单位	1995	2000	2005	2010	2015
原木	立方米/人	0.600	0.554	0.543	0.493	0.511
薪材	立方米/人	0.336	0.291	0.278	0.271	0.256
工业用原木	立方米/人	0.263	0.262	0.266	0.222	0.254
锯材	立方米/人	0.075	0.070	0.066	0.057	0.062
人造板	立方米/人	0.024	0.032	0.037	0.041	0.054
单板	立方米/人	0.001	0.003	0.001	0.002	0.002
刨花板	立方米/人	0.011	0.014	0.016	0.014	0.015
纤维板	立方米/人	0.004	0.006	0.009	0.013	0.016
胶合板	立方米/人	0.009	0.010	0.011	0.012	0.021
木片	吨/人	/	/	/	/	/
木浆	吨/人	0.029	0.028	0.027	0.024	0.024

续表 2 - 60

产品	单位	1995	2000	2005	2010	2015
废纸	吨/人	0.018	0.023	0.026	0.030	0.031
纸和纸板	吨/人	0.049	0.053	0.055	0.057	0.055
木炭	吨/人	0.005	0.007	0.007	0.007	0.007

注:数据来源于历年FAO《林产品年鉴》,木片没有产量和消费量数据。消费指表观净消费量,等于产量加进口量减出口量;因此只有当这三项数据都得到之后才能计算消费量。

表 2 - 60 显示,1995—2015 年期间,原木(包括薪材、工业用原木)、锯材等初级木质林产品的人均消费量持续走低,深加工产品中,人造板人均消费量不断升高,其中纤维板人均消费量提高最快,纸和纸板人均消费量整体呈缓慢提高趋势。单板、木片、木浆都不是最终产品,属于人造板或造纸生产中的中间产品,其人均消费量可以不予考虑。世界各种木质林产品人均消费量的变化趋势预示着世界木质林产品贸易将继续走向两极分化,即初级产品贸易增速会持续低于深加工产品贸易增速,初级产品比重将不断减小,深加工产品比重将不断增大。未来传统的劳动力密集型木质林产品、资本密集型木质林产品将逐步让位于技术密集型产品(胡延杰,2017)。

(5)原木贸易在原木产量和消费量中的比重并不高,环境保护对世界木质林产品贸易的影响日益深刻和广泛,人工林产品逐渐成为世界木质林产品贸易的主体

表 2 - 61 2015 年世界各种木质林产品进口量、出口量、产量、消费量

Tab. 2 - 61 Imports, exports, output and consumption of wooden forest products in 2015

产品	单位	进口	出口	产量	消费量	出口/产量（%）	进口/消费（%）
原木	万立方米	12916.3	13175.1	371368.1	371109.3	3.55	3.48
薪材	万立方米	574.0	934.3	186596.2	186235.9	0.50	0.31
工业用原木	万立方米	12342.2	12240.8	184771.9	184873.3	6.62	6.68
锯材	万立方米	13082.9	13445.0	45225.5	44863.4	29.73	29.16
人造板	万立方米	7950.5	8567.8	39936.8	39319.6	21.45	20.22
单板	万立方米	442.4	437.1	1418.9	1424.1	30.81	31.07
刨花板	万立方米	2795.9	2854.0	11093.7	11035.5	25.73	25.34
纤维板	万立方米	2204.2	2414.4	11739.3	11529.0	20.57	19.12

产品	单位	进口	出口	产量	消费量	出口/产量（%）	进口/消费（%）
胶合板	万立方米	2508.1	2862.2	15685.1	15331.0	18.25	16.36
木片	万吨	5875.5	6542.2	/	/	/	/
木浆	万吨	5871.3	5906.9	17562.2	17526.6	33.63	33.50
废纸	万吨	5740.4	5696.5	22510.6	22554.5	25.31	25.45
纸和纸板	万吨	10552.2	11059.7	40629.5	40122.0	27.22	26.30
木炭	万吨	245.2	220.7	5216.0	5240.5	4.23	4.68

注：数据来源于 FAO《2017 林产品年鉴》，木片没有产量和消费量数据。消费指表观净消费量，等于产量加进口量减出口量；因此只有当这三项数据都得到之后才能计算消费量。

表 2－61 显示，世界木质林产品中，加工制成品国际贸易占产量或消费量的比重相对比较高，依次为木浆、锯材、纸和纸板、人造板，深加工制成品国际贸易占产量或消费量的比重相对比较高，例如胶合板、纤维板、刨花板逐次提高。但作为基本原料的原木国际贸易占产量或消费量的比重不高，2015 年世界原木出口占产量的比重只有 3.55%，世界原木进口占消费量的比重只有 3.48%，即使世所关注的工业用原木出口占产量的比重也只有 6.62%，世界原木进口占消费量的比重也只有 6.68%。尤其是薪材，贸易占产量或消费量的比重不足 0.50%，但其产量或消费量却占到原木产量或消费量的一半多。换言之，消耗森林资源、作为生产生活原料的原木，其贸易对森林破坏的影响远比原木生产对森林破坏的影响要小得多。

然而，原木贸易却受到世界环境保护潮流的深刻影响。随着世界环境的日益恶化，全球兴起环境保护热潮，对森林问题的广泛关注严重制约了建立在森林资源消耗基础之上的原木贸易。表 2－58 显示，在各种木质林产品中，1970—2015 年原木出口贸易额的年均增速是最低的，只有 4.67%。若以数量计，1970—2015 年出口量年均增速 0.69%，工业用原木出口量年均增速更低，只有 0.60%，而且增速趋缓，1990—2015 年年均增速 0.39%。原因之一是很多国家处于保护森林资源的目的限制原木出口。这在热带原木贸易中更加明显。2015 年工业用热带原木出口 1526.6 万立方米，相较于 2000 年的 1799.5 万立方米，大幅度降低，在工业用原木出口中的比重由 2000 年的 15.74% 下降到 2015 年的 12.47%。造成热带原木贸易停滞不前的很重要的一个原因是发达国家兴起抵制热带林木材产品运动，对热带木材的进口实施许可证制度，提倡保护热带森林。相反，木质加工制成品，特别是深加工产品受到环境保护问题的影响比较小,这是为什么在木质林产品贸易中初级产品增速比较低、深加工产品增速比较高,初级产品比重不断减小、深加工产品比重在不断增大的又一个原因。随着美国《雷斯法案修正案》2008年生效,欧盟《尽职调查法案》2010年颁布,环境保护对世界木质林产品贸易的影响从原木等初级产品进一步延伸到木制品、胶合板、纸和纸浆等深加工产品。林业涉及生态安全、气候变化、能源短缺等诸多国际重要议题,随着国际社会对森林问题的关注度日益提高,国际社会对木质林产品绿色贸易的要求日益增强,环境议题(例如打击非法木材及相关贸易、森林认证、环境产品声明、绿色建筑等)对木质林产品国际贸易的影响将日益加大,可以相信,环境保护对世界木质林产品贸易的影响将日益广泛和深刻,各种形式的绿色贸易壁垒将层出不穷。再加上随着很多发展中国家木质林产品出口贸易国崛起,在激烈的木质林产品出口竞争中,欧美等发达国家传统木质林产品出口大国贸易保护主义抬头,诸如劳动保障、双反、进口关税等传统贸易保护措施以及政府采购、自动配额等新型贸易保护措施等木质林产品贸易摩擦有增无减(胡延杰,2017),木质林产品贸易便利化、贸易自由化将受到严重威胁。

正是在世界森林问题日渐突出,环境保护日益加强的国际背景下,为缓解木材需求对天然林的压力,各国工业人工林的发展速度加快,木材供应正在从天然林转向人工林。如巴西从20世纪70年代开始发展工业人工林,很快就满足了巴西国内62%的工业原木需求(陈勇,2008)。2000年工业人工林面积占世界森林总面积的3%,但却满足了35%的原木需求(吴延熊等,2004)。新西兰更由于其人工林的快速发展,逐渐成长为原木出口大国,2015年工业用原木出口量为1469.1万立方米,占世界的12.00%,居世界第二位。速生、丰产、优质的人工林逐渐成为木质林产品加工的主要原材料,人工林产品逐渐成为世界木质林产品贸易的主体,未来工业人工林大发展的国家可能成为国际林产品市场新的主要贸易国。

2.4 中国木质林产品贸易发展与现状

2.4.1 中国木质林产品贸易变化趋势分析

表2-62、表2-63列示了1993—2015年中国木质林产品各类产品进出口贸易额和进出口贸易量。

单位:千美元
Unit: 10³ dollars

表 2 – 62 1993—2015 年中国木质林产品进出口贸易额

Tab.2 – 62 Importing and exporting value of China's wooden forest products from 1993 to 2015

产品	方向	1993	1994	1995	1996	1997	1998	1999	2000	2001	2002	2003	2004
原木	出口	70900	43181	47156	29296	29473	12459	8007	7937	5553	3174	2887	1959
	进口	459041	430371	368372	457780	677029	599091	1248631	1655641	1693977	2138260	2447149	2804318
锯材	出口	133007	163987	194659	194156	193842	114983	139375	179143	196860	192332	236790	219843
	进口	153075	145615	149133	180087	268110	348260	661936	982031	988518	1167462	1198789	1387144
单板	出口	13122	15282	28013	27436	43126	41550	46431	55669	69746	89297	110806	120710
	进口	75401	67677	77207	93604	168360	152635	204976	192257	95889	89383	95536	109913
特形材	出口	10060	18585	38752	58739	51408	41865	82260	99777	94361	122967	187866	278238
	进口	13958	14283	18956	6301	7156	17396	11964	7723	9236	16018	21359	15043
刨花板	出口	803	1353	2798	4694	9266	4727	6854	8879	6063	21940	20022	21394
	进口	13345	9777	11574	19971	28484	29679	50647	65595	83714	104455	113224	123197
纤维板	出口	8991	11041	12881	11081	9146	5983	5339	10213	9280	20536	20662	125121
	进口	42033	54046	59518	70054	105937	134172	206841	282882	279101	302642	320892	272725
胶合板	出口	33539	31635	39068	62286	151509	64960	123648	188958	242272	427048	495433	1249941
	进口	762163	816257	773676	643835	605492	543617	415837	436784	254445	258957	355124	384280

注:根据历年《中国林业统计年鉴》整理。

单位:千美元

表2-62　1993—2015年中国木质林产品进出口贸易额(续表)

Tab.2-62　Importing and exporting value of China's wooden forest products from 1993 to 2015(continued)　Unit: 10³ dollars

产品	方向	1993	1994	1995	1996	1997	1998	1999	2000	2001	2002	2003	2004
木制品	出口	541240	710314	907789	897455	1004967	976654	1214722	1456873	1578047	1864973	2229221	2934699
	进口	50345	70882	91516	64597	58505	84841	69821	46957	28190	26834	35366	52953
家具	出口	345347	493472	597905	697902	959138	1084662	1309540	1668491	1852066	2706327	3815513	5229343
	进口	37576	48228	32668	17453	22510	31487	24816	23078	28567	38628	60661	72706
木片	出口	62036	81935	180754	162816	154370	120906	111837	120365	105358	90730	95223	102486
	进口	401	582	395	1419	1029	1234	2525	1466	3873	6184	31878	39929
木浆	出口	1334	3288	19243	7979	8648	7342	1002	6081	2704	2373	2041	925
	进口	200824	391958	639490	768167	740830	912340	1403427	2093664	2061438	2154478	2643336	3526709
废纸	出口	-	-	-	-	-	-	-	406	20	15	37	24
	进口	-	-	-	-	-	-	-	556938	658612	732240	1231243	1726999
纸和纸制品	出口	85372	104357	156972	153332	190206	188250	175732	309266	415259	444050	599608	768335
	进口	1296316	1637478	1857337	2377298	2772442	2883838	3185898	3963171	3649500	4136723	4393027	4637510
木炭	出口	3605	7212	15365	18275	27009	26181	30323	42570	54710	56191	63494	39067
	进口	197	79	315	126	375	665	593	1553	2731	1283	2051	2809

注:根据历年《中国林业统计年鉴》整理。"-"表示数据缺失。

表2-62　1993—2015年中国木质林产品进出口贸易额(续表)

单位:千美元

Tab. 2-62　Importing and exporting value of China's wooden forest products from 1993 to 2015 (continued)　Unit: 10³ dollars

产品	方向	2005	2006	2007	2008	2009	2010	2011	2012	2013	2014	2015
原木	出口	2040	1368	1211	986	4580	10526	6768	1724	6656	8062	4140
	进口	3243540	3929266	5355834	5183259	4086518	6071094	8273132	3490359	9317352	11782087	8060231
锯材	出口	281431	356490	392669	412265	346344	342001	360493	331346	325737	298200	206795
	进口	1516885	1697715	1774871	2039427	2327863	3878172	5721322	5524195	6829924	8088849	7506603
单板	出口	128529	171508	200086	243925	172678	210865	273559	234420	235983	276757	283714
	进口	121181	118163	135718	98504	63736	88064	118568	135155	142005	183822	162113
特形材	出口	557133	731094	519003	448662	371345	433189	377244	359769	334364	355706	293881
	进口	25099	27429	21636	19774	15547	19708	29668	30988	28193	35357	41178
刨花板	出口	18396	25183	34758	45873	32712	41387	56411	66454	93181	136337	114107
	进口	115461	101730	106352	91859	88913	114283	122232	116921	127891	141666	141018
纤维板	出口	396067	635782	1085801	1094538	884401	1114253	1435693	1613657	1523620	1630949	1425474
	进口	229268	195714	168916	140415	119570	124654	107114	93740	100575	110055	108396
胶合板	出口	1879039	2910501	3577941	3400530	2523949	3402140	4339929	4795625	5033698	5813258	5487696
	进口	276681	197174	170383	167469	89042	116042	119681	119546	103104	131966	121126

注:根据历年《中国林业统计年鉴》整理。

表2-62 1993—2015年中国木质林产品进出口贸易额（续表）

单位：千美元

Tab.2-62 Importing and exporting value of China's wooden forest products from 1993 to 2015（continued） Unit：10³ dollars

产品	方向	2005	2006	2007	2008	2009	2010	2011	2012	2013	2014	2015
木制品	出口	3139195	3791812	3828644	3522246	3324597	4114612	4536235	4854951	5160484	5932432	6457198
	进口	49605	61572	70251	75033	84081	121953	156709	274723	500161	715093	763723
家具	出口	6843165	8783827	10683050	11017339	12035202	16157214	17718709	18331201	19440770	22091885	22854641
	进口	87217	117585	220383	311952	297671	387711	546457	596047	707904	888821	884025
木片	出口	92893	64321	25249	9034	887	558	726	30	57	21	102
	进口	122141	119140	158338	182490	353802	673817	1159600	1331814	1554275	1545100	1693669
木浆	出口	10728	16480	27487	6916	22351	11344	34119	12694	14008	12433	16818
	进口	3694780	4354322	5498741	6660933	6795615	8774104	11852421	10904715	11316770	12004565	12701792
废纸	出口	8	5	18	1	48	119	616	691	418	265	280
	进口	2457178	2748047	4041970	5556926	3796054	5352897	6967452	6275973	5930000	5347795	5283161
纸和纸制品	出口	1060777	1457284	1844016	2070567	6129326	7554688	10454553	11800706	14232066	15859260	17097590
	进口	4387339	4215202	4287379	4363240	3879784	4610590	5055272	4600238	4373700	4308915	4046869
木炭	出口	22501	26111	20114	22979	26065	35748	39094	44428	64472	89129	108964
	进口	6070	5922	9914	14663	17552	22952	44877	58017	62857	62022	50057

注：根据历年《中国林业统计年鉴》整理。

表 2 - 63　1993—2015 年中国木质林产品进出口贸易量

Tab. 2 - 63　Importing and exporting quantity of China's wooden forest products from 1993 to 2015

产品	方向	单位	1993	1994	1995	1996	1997	1998	1999	2000	2001	2002	2003	2004
原木	出口	立方米	154323	90764	97149	64170	63319	31926	23016	26711	17739	10957	9397	6137
原木	进口	立方米	3458815	3334577	2582601	3185482	4462311	4823042	10135683	13611746	16863751	24333043	25455467	26308522
锯材	出口	立方米	313033	365924	408860	384064	389640	258081	354591	414336	449748	448337	543013	489331
锯材	进口	立方米	1413156	934867	862990	938483	1331473	1690315	2756371	3613693	4034120	5483706	5598051	6051670
单板	出口	立方米	16318	16509	28184	26899	40625	45060	48495	53430	62324	93120	106626	110498
单板	进口	立方米	349979	232820	341638	380222	454029	538658	641292	649488	335736	286652	223395	154142
特形材	出口	吨	12794	17459	32358	43509	37379	38224	68745	80277	78006	99850	146197	221247
特形材	进口	吨	13870	14854	25861	12858	15148	34590	24799	11548	13000	23384	22566	11962
刨花板	出口	立方米	2762	3967	8347	10459	16911	10967	16865	26273	24958	51183	67463	130751
刨花板	进口	立方米	85512	55657	55232	107613	147860	156329	248146	343773	447559	589686	623999	652594
纤维板	出口	立方米	27602	38263	62642	56141	36975	19779	18577	35308	26815	80338	63556	509945
纤维板	进口	立方米	170335	236932	273448	340132	462826	572401	794880	1014513	1070243	1251646	1394223	1377045
胶合板	出口	立方米	93788	102897	129018	176834	437703	176876	422542	686991	965361	1792423	2040470	4305484
胶合板	进口	立方米	2228628	2108870	2082925	1775110	1488436	1690636	1042430	1001808	650859	636130	797810	799298

注：根据历年《中国林业统计年鉴》整理。

表2-63 1993—2015年中国木质林产品进出口贸易量（续表）

Tab.2-63 Importing and exporting quantity of China's wooden forest products from 1993 to 2015（continued）

产品	方向	单位	1993	1994	1995	1996	1997	1998	1999	2000	2001	2002	2003	2004
木制品	出口	吨	—	—	—	—	—	—	—	—	—	1300712	1593213	1983984
	进口	吨	—	—	—	—	—	—	—	—	—	27195	31660	37844
家具	出口	件	18636597	26701765	34029260	39559551	53740664	68081315	78374918	91340898	93611649	117969289	142179765	175777874
	进口	件	445562	627504	712125	481962	600136	803745	728154	624847	576391	571981	876469	851909
木片	出口	吨	797348	1215272	1897652	1848712	1948365	1570723	1600959	1854972	1771351	1559915	1137770	1094162
	进口	吨	934	6268	607	1259	2060	1522	2835	1202	3596	52271	279741	302680
木浆	出口	吨	3327	7814	28517	11794	16388	13327	1676	12829	5776	4639	3763	1504
	进口	吨	471642	788947	778617	1457572	1529007	2179198	3080230	3294418	4873085	5232622	5988591	7214995
废纸	出口	吨	—	—	—	—	—	—	—	820	201	143	228	163
	进口	吨	—	—	—	—	—	—	—	3713597	6419109	6872609	9381794	12306851
纸和纸制品	出口	吨	77302	105958	148910	119835	146108	141244	134646	263340	352519	364822	502386	576634
	进口	吨	2305216	2977301	2868379	4125104	4956593	5023409	5529826	6311911	5867244	6606778	6626430	6376108
木炭	出口	吨	7971	15191	26077	32688	45612	46842	63429	81540	97690	103759	106615	68141
	进口	吨	582	148	1655	603	1047	3153	4952	24852	31279	21839	26654	31066

注：根据历年《中国林业统计年鉴》整理。"—"表示数据缺失。

表2-63 1993—2015年中国木质林产品进出口贸易量（续表）

Tab. 2-63 Importing and exporting quantity of China's wooden forest products from 1993 to 2015 (continued)

产品	方向	单位	2005	2006	2007	2008	2009	2010	2011	2012	2013	2014	2015
原木	出口	立方米	6927	4282	3721	2825	12736	28382	14380	3569	13128	11744	12070
	进口	立方米	29367986	32152934	37132605	29569634	28059261	34347489	42325848	37892716	45159433	51194868	44569015
锯材	出口	立方米	682072	829990	763544	717475	561106	539433	544194	479847	458284	408970	288288
	进口	立方米	6054178	6153148	6557793	7181828	9935167	14812175	21606705	20669661	24042966	25739161	26597691
单板	出口	立方米	104091	143893	152746	146283	114327	158158	246914	205644	204347	255744	265447
	进口	立方米	151800	134002	130215	91894	72327	109517	200231	342983	599518	986173	998698
特形材	出口	吨	424922	518926	363790	310052	251560	302159	254144	247267	225281	212089	176867
	进口	吨	13127	16523	13755	12333	7953	10513	13442	14108	11818	16072	21624
刨花板	出口	立方米	95035	141658	179824	193171	124944	165527	86786	216685	271316	372733	254430
	进口	立方米	633972	541102	524918	374137	446543	539368	547030	540749	586779	577962	638947
纤维板	出口	立方米	1376697	1968316	3056768	2382562	2031141	2569456	3291031	3609069	3068658	3205530	3014850
	进口	立方米	1137113	924481	702512	504505	452979	400071	306210	211524	226156	238661	220524
胶合板	出口	立方米	5583972	8303695	8715903	7185060	5634800	7546940	9572461	10032149	10263412	11163086	10766786
	进口	立方米	589120	413429	304098	293937	179178	213672	188371	178781	154695	177765	165884

注：根据历年《中国林业统计年鉴》整理。

表2-63 1993—2015年中国木质林产品进出口贸易量（续表）

Tab.2-63 Importing and exporting quantity of China's wooden forest products from 1993 to 2015 (continued)

产品	方向	单位	2005	2006	2007	2008	2009	2010	2011	2012	2013	2014	2015
木制品	出口	吨	2009708	2304919	2207534	1750049	1563994	1858712	1876915	1865571	1935606	2175183	2269553
	进口	吨	39018	47047	52585	60187	39734	43652	55484	198006	445186	670641	760350
家具	出口	件	211601212	248149710	280364654	242633034	247470421	298327198	289157492	286991126	287405234	316268837	327246688
	进口	件	863112	1290094	2468740	3147981	3298999	4361353	5497244	6368316	7384560	9845973	10191956
木片	出口	吨	880655	596242	214540	73014	7247	5342	5094	69	69	42	85
	进口	吨	871274	895437	1139607	1056387	2766012	4631704	6565328	7580364	9157137	8850785	9818990
木浆	出口	吨	20456	32007	50781	10628	35045	14433	31520	19504	22759	18393	25441
	进口	吨	7520149	7881293	8383914	9460349	13578483	11299952	14354611	16380763	16781790	17893771	19791810
废纸	出口	吨	30	24	108	4	220	621	2853	2067	923	661	631
	进口	吨	17036170	19623353	22562110	24205826	27501707	24352214	27279353	30067145	29236781	27518476	29283876
纸和纸制品	出口	吨	790907	1145650	1457278	1356450	4802753	5157993	5997827	6444274	7622315	8520484	8358720
	进口	吨	5465318	4604689	4208691	3735959	3495948	3536533	3477712	3254368	2971246	2945544	2986103
木炭	出口	吨	37497	46652	42643	50976	54922	63398	67463	64192	75550	80373	74075
	进口	吨	43013	39406	75003	136266	156678	175518	188697	167655	209273	219758	172780

注：根据历年《中国林业统计年鉴》整理。

2.4.1.1　中国木质林产品贸易额变化趋势分析

1993—2015 年中国木质林产品进口额、出口额、净进口额变化趋势和环比增速变化趋势见图 2-5、图 2-6。

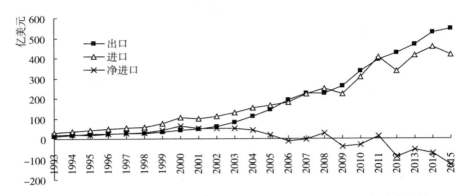

图 2-5　1993—2015 年中国木质林产品进口、出口、净进口贸易额变化趋势

Fig. 2-5　Importing, exportingand net importing value of China's wooden forest products from 1993 to 2015

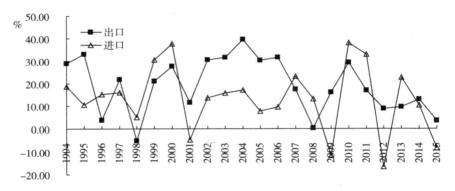

图 2-6　1993—2015 年中国木质林产品进口、出口环比增速变化趋势

Fig. 2-6　Importing and exporting value rising rate of China's wooden forest products from 1994 to 2015

图 2-5 显示,1993—2015 年中国木质林产品进口、出口额均呈现快速增长趋势。1993—2015 年,年均增速分别为 18.45%、12.52%,均超过同期世界木质林产品进口、出口额增长速度。图 2-6 显示,1998 年受亚洲金融危机影响,中国木质林产品进口、出口额环比增速下降至低点。随着经济复苏,2000 年迅速回升至高点,2001 年又落至低点,但中国加入 WTO 后迅速回升至 2004 年的高点,其后有所回落。2008 年受国际金融危机影响,再次降至低点,其后回升至 2010 年高点。受

国际国内经济状况影响,近几年增速波动较大,整体呈下滑状态,2015年中国木质林产品出口543.51亿美元,出口增速仅为3.52%,进口415.64美元,比2014年下降8.34%,为负增长。

图2-5显示,1993—2005年中国木质林产品一直处于贸易逆差状态,2006开始出现贸易顺差,除2008年、2011年短暂出现贸易逆差外,贸易顺差呈现不断扩大态势,2015年贸易顺差高达127.87亿美元。

2.4.1.2　中国木质林产品贸易量变化趋势分析

因数量单位量纲不同,中国木质林产品贸易量需要分产品分析。1993—2015年中国木质林产品分产品进口量、出口量、净进口量变化趋势见图2-7、图2-8、图2-9。

(1)原木

1998年以前,中国原木进口量还比较小,增速也比较缓慢,到1998年原木进口482.30万立方米。受1998年特大洪灾影响,1999年原木进口猛增至1013.57万立方米,其后进入高速增长时期,2007年达到一个高峰,3713.26万立方米。受2008年金融危机影响,原木进口一度下滑至2009年2805.93万立方米,2011年回升至4232.58万立方米,2012年小幅下跌,2013年回升,2014年达到历史高峰5119.49万立方米,2015年再次下跌至4456.90万立方米。总体来看,1993—2015年中国原木进口呈现快速增长趋势,年均增速12.32%。原木是中国进口数量最多的木质林产品。根据FAO《林产品年鉴2015》,以数量计,2015年中国原木进口量占世界原木进口量36.60%,是世界第一大原木进口国。

受国内森林资源匮乏和中国限制原木出口政策影响,中国原木出口量一直很小,呈现一路下滑走势。1993年为15.43万立方米,2015年只有1.21万立方米,主要是进口原木转口出口。

1993—2015年中国原木一直保持净进口的态势,原木净进口变化与原木进口变化的态势一致,1993—2015年年均增速12.55%,2015年净进口4455.69万立方米。

(2)锯材

1993—2015年,中国锯材进口呈现快速增长势头,年均增速14.27%,高于中国原木进口。中国锯材进口往往在世界经济发生危机后出现一次跳跃式增长(1999年、2010年),近年来增速回落,2015年达到历史高峰2659.77万立方米。锯材是中国进口数量最多的木质林产品之一。根据FAO《林产品年鉴2015》,以数量计,2015年中国锯材进口量占世界锯材进口量21.05%,是世界第一大锯材进口国。

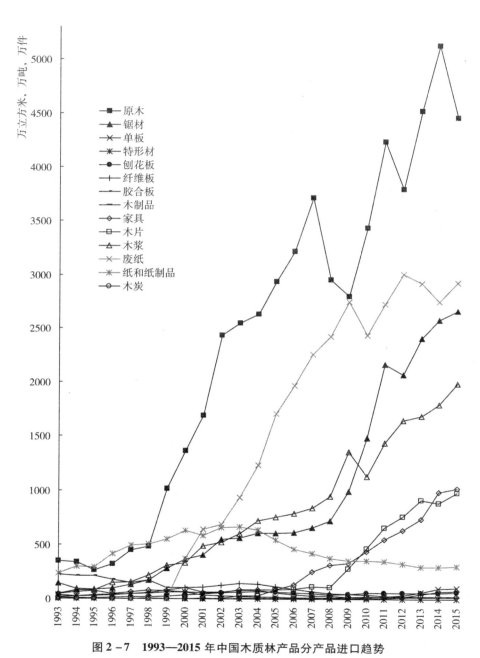

万立方米，万吨，万件

- ■ 原木
- ▲ 锯材
- ✕ 单板
- ✱ 特形材
- ● 刨花板
- ＋ 纤维板
- — 胶合板
- — 木制品
- ◇ 家具
- ☐ 木片
- △ 木浆
- ✕ 废纸
- ✳ 纸和纸制品
- ○ 木炭

图 2 - 7　1993—2015 年中国木质林产品分产品进口趋势

Fig. 2 - 7　Importing quantity trend of China's each wooden forest products

from 1993 to 2015

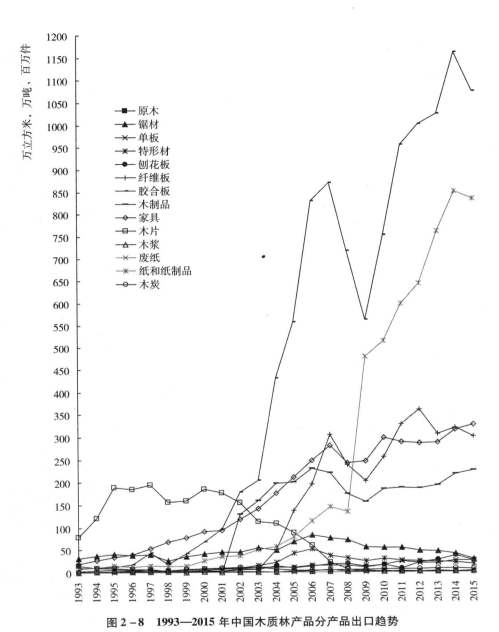

图 2 - 8 1993—2015 年中国木质林产品分产品出口趋势

Fig. 2 - 8 Exporting quantity trend of China's each wooden forest products

from 1993 to 2015

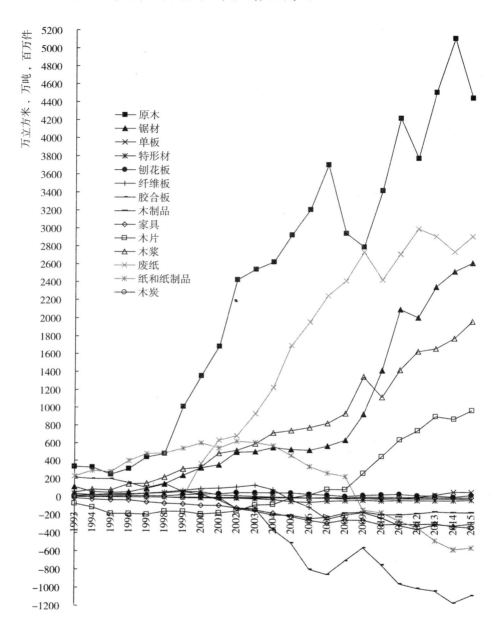

图 2 - 9　1993—2015 年中国木质林产品分产品净进口量趋势

Fig. 2 - 9　Net importing quantity trend of China's each wooden forest products
from 1993 to 2015

　　同原木一样,中国实行了限制锯材出口的政策,中国锯材出口相对进口一直量比较小。以 2006 年为分界点,由波动上升转为逐步下降。1993 年中国锯材出口 31.30 万立方米,2006 年达到历史高峰 83.00 万立方米,2015 年只有 28.83 万立方米。

1993—2015 年中国锯材一直保持净进口的态势,锯材净进口变化与锯材进口变化的态势基本一致,1993—2015 年中国锯材净进口年均增速 15.52% ,2015 年净进口 2630.94 万立方米。

（3）单板

1993—2015 年中国单板进口呈现一个"N"形,1993 年进口 35.00 万立方米,2000 年升至高点 64.95 万立方米,迅速回落,2009 年降至历史低点 7.23 万立方米,其后高速回升至 2014 年的 98.62 万立方米,2015 年微量增长至 99.87 万立方米。1993—2015 年中国单板进口年均增速 4.88%。根据 FAO《林产品年鉴2015》,以数量计,2015 年中国单板进口量占世界单板进口量 27.03% ,是单板进口世界第一大国。

中国单板出口则基本保持上升势头,由 1993 年的 1.63 万立方米,上升至2015 年的 26.54 万立方米,年均增速 13.52% ,其中 2002、2010 年增速都有一个跳升,增速加快。根据 FAO《林产品年鉴2015》,以数量计,2015 年中国单板出口量占世界单板出口量 6.15% ,是单板出口世界第四大国。

1993—2015 年中国单板净进口走势与单板进口变化的态势基本一致,其中2006—2011 年为净出口,但净出口量比较小。总体上中国仍是一个单板净进口国,2015 年中国单板净进口 73.33 万立方米。

（4）胶合板

1993—2015 年中国胶合板进口基本是大幅下降后转为缓慢下降的过程,1993—2009 年降速较快,年均降速 14.58% ;其后降速放缓,年均降速 1.28%。整体下降还是很快的,由 1993 年的 222.86 万立方米下降至 2015 年的 16.59 万立方米,年均降速 11.14%。根据 FAO《林产品年鉴2015》,以数量计,2015 年中国胶合板进口量占世界胶合板进口量 4.70% ,是世界胶合板进口第六大国。

胶合板出口则相反,整体呈现高速上升势头,年均增速 24.06%。中国胶合板出口 1999 年起进入一个快速上升通道,2007 年达到高点 871.59 万立方米,受2008 年金融危机影响,胶合板出口 2008 年大幅下落,2009 年降到最低点 563.48万立方米,2010 年迅速回升,2014 年达到历史高点 1163.31 万立方米,2015 年小幅回落至 1076.68 万立方米。胶合板是中国出口数量最多的木质林产品之一。根据 FAO《林产品年鉴2015》,以数量计,2015 年中国胶合板出口量占世界胶合板出口量 39.67% ,是世界胶合板出口第一大国。

自 2001 年起,中国胶合板由以前的净进口转为净出口,并一直保持净出口的态势。1993—2015 年中国胶合板净出口变化与中国胶合板出口变化的态势基本一致。2015 年净出口 1060.09 万立方米。

（5）刨花板

1993—2015 年中国刨花板进口也呈现一个"N"形，1993 年进口 5.57 万立方米，2004 年快速增长至高点 65.26 万立方米，然后回落至 2008 年历史低点 37.41 万立方米，其后回升至 2015 年 63.89 万立方米。1993—2015 年中国刨花板进口年均增速 9.57%。根据 FAO《林产品年鉴 2015》，以数量计，2015 年中国刨花板进口量占世界刨花板进口量 2.90%，是刨花板进口世界第八大国。

中国刨花板出口整体呈现快速上升态势，1993—2015 年年均增速 22.83%，但波动较大。1993 年中国刨花板出口只有 0.28 万立方米，2015 年达到 25.44 万立方米，均远远小于进口量。

1993—2015 年中国刨花板贸易处于净进口状态，变化趋势与刨花板进口变化趋势类似，但波动更大。2015 年净进口 38.45 万立方米。

（6）纤维板

1993—2015 年中国纤维板进口呈现一个倒"U"形，经历了一个快速上升然后再快速下降的过程。1993 年进口 17.03 万立方米，快速增长至历史高点 2003 年的 139.42 万立方米，然后回落至 2012 年历史低点 21.15 万立方米，其后微量波动至 2015 年 22.05 万立方米。1993—2015 年中国纤维板进口年均增速 1.18%。根据 FAO《林产品年鉴 2015》，以数量计，2015 年中国纤维板进口量占世界纤维板进口量 1.63%，中国纤维板进口排名世界第十九。

1993—2015 年中国纤维板出口可以分为三个阶段，1993—2003 年出口量不大，从 2.76 万立方米波动上升至 6.36 万立方米，2004 年起进入出口高速增长期，2007 年达到 305.68 万立方米，其后处于波动状态，但波幅趋小，2015 年中国纤维板出口 301.49 万立方米。1993—2015 年中国纤维板出口年均增速 23.78%。在三板中，纤维板出口数量和速度仅次于胶合板。根据 FAO《林产品年鉴 2015》，以数量计，2015 年中国纤维板出口量占世界纤维板出口量 12.49%，是世界纤维板出口第二大国。

1993—2015 年中国纤维板贸易经历了一个由净进口转变为净出口的过程。1993—2003 年净进口量不断上升，2004 年后开始下降，2005 年由净进口转变为净出口，其后在波动中进出口量不断攀升，2015 年净出口 279.43 万立方米。

（7）木浆

1993—2015 年中国木浆进口基本处于单边增长状态，只有 1995、2010 年出现过环比下降，1993 年进口 47.16 万吨，2015 年快速增长至 1979.18 万吨，年均增速

18.51%。木浆也是中国进口数量最多的木质林产品之一。根据 FAO《林产品年鉴 2015》,以数量计,2015 年中国木浆进口量占世界木浆进口量 35.02%,是世界木浆进口第一大国。

中国木浆出口量一直很微小。1993 年仅出口 0.33 万吨,到 2015 年也不过 2.54 万吨,1993—2015 年年均增速 9.69%,但波动较大,以 2004 年为界,前后有两次波动由大趋缓的阶段。

中国木浆贸易一直保持净进口的态势,木浆净进口变化与木浆进口变化的态势基本一致,2015 年净进口 1976.64 万吨。

(8)纸和纸制品

1993—2015 年中国纸和纸制品进口也呈现一个倒"U"形,经历了一个波动中快速上升然后再快速下降的过程。1993 年进口 230.52 万吨,波动中快速增长至历史高点 2003 年的 662.64 万立方米,然后快速回落至 2009 年低点 349.59 万吨,其后波动下降至 2015 年 298.61 万吨。1993—2015 年中国纸和纸制品进口年均增速 1.18%。纸和纸制品也是中国进口数量最多的木质林产品之一。根据 FAO《林产品年鉴 2015》,以数量计,2015 年中国纸和纸制品进口量占世界纸和纸制品进口量 4.26%,是世界纸和纸制品进口第六大国。

1993—2015 年中国纸和纸制品出口在 2008 年以前增长一直比较缓慢,2009 年以后进入一个快速增长阶段。1993 年中国纸和纸制品出口仅 7.73 万吨,1999 年增至 13.46 万吨,2000 年后增速加快,2007 年达到 145.73 万吨,经过 2008 年小幅下挫之后,2009 年起进入一个高速增长时期,2014 年到达历史高点 852.05 万吨,2015 年小幅回落至 835.87 万吨,1993—2015 年中国纸和纸制品出口年均增速 23.72%。纸和纸制品是中国出口数量最多的木质林产品之一。根据 FAO《林产品年鉴 2015》,以数量计,2015 年中国纸和纸制品出口量占世界纸和纸制品出口量 6.02%,是世界纸和纸制品出口第六大国。

中国纸和纸制品贸易经历了一个由净进口转变为净出口的过程,2002 年是拐点,净进口 624.20 万吨,其后一路下滑,2009 年由净进口转变为净出口,2015 年净出口 537.26 万吨。

(9)废纸

《中国林业统计年鉴》中,1993—1999 年没有中国废纸贸易的统计数据,因此对废纸的分析从 2000 年开始。

2000—2015 年中国废纸进口呈现一路快速攀升趋势,2010 年开始有些波动,2010 年进口废纸 371.36 万吨,2015 年达到 2928.39 万吨,中国废纸进口年均增速 14.76%。废纸也是中国进口数量最多的木质林产品之一。根据 FAO《林产品年鉴 2015》,以数量计,2015 年中国废纸进口量占世界废纸进口量 52.06%,是世界废纸进口第一大国。

作为世界废纸进口第一大国,中国废纸出口量一直十分微小,2015 年仅仅出口 0.06 万吨。

这样,中国废纸贸易呈现绝对进口的局面,其变化趋势几乎与中国废纸进口一模一样。2015 年中国废纸净进口 2928.32 万吨。

(10)木片

1993—2001 年中国木片进口很少,1993 年只有 0.09 万吨,到 2001 年也只有 0.36 万吨,2002 年猛增至 5.23 万吨,快速增长到 2008 年的 105.64 万吨,2009 年开始进入一个高速增长阶段,最终 2015 年达到 981.90 万吨,也成为中国木质林产品进口的大宗产品。1993—2015 年中国木片进口年均增速 52.34%,是中国进口增速最快的木质林产品。根据 FAO《林产品年鉴 2015》,以数量计,2015 年中国木片进口量占世界木片进口量 30.45%,是世界木片进口第二大国。

1993—2001 年中国木片出口呈现一个拖尾的"M"形。1993 年中国木片出口 79.73 万吨,升至 1997 年的高点 194.84 万吨,1998 年回落至 157.07 万吨,2000 年回升至 185.50 万吨,其后一路迅速下滑至 2009 年 0.72 万吨,到 2015 年只有 0.01 万吨,几乎相当于没有出口。1993—2015 年中国木片出口年均降速 34.01%,是中国出口降速最快的木质林产品。显然这与中国造纸工业迅速发展而国内造纸原料极度匮乏有关。

进口猛增、出口猛减,使中国迅速从一个木片净出口国转化为一个木片净进口国,呈现净进口一路上扬的态势。2005 年是临界点,2015 年中国木片净进口 981.89 万吨,几乎等于中国当年木片进口量。

(11)木炭

在中国木质林产品贸易中,木炭应该说是一个最小的产品。1993 年中国木炭进口 0.06 万吨,上升至 1999 年 0.50 万吨,2000 年开始进口增幅加快,2006 年达到 3.94 万吨,2007 年开始进口增幅更快,2014 年达到历史高点 21.98 万吨,2015 年大幅回落至 17.28 万吨。1993—2015 年中国木炭进口呈年均增速 29.53%。根据 FAO《林产品年鉴 2015》,以数量计,2015 年中国木炭进口量占世界木炭进口量 8.77%,是世界木炭进口第二大国。

1993—2003 年,中国木炭出口呈迅速上升状态,由 1993 年的 0.80 万吨快速增长到 2003 年的历史高点 10.66 万吨,其后迅速下滑至 2005 年的 3.75 万吨,其后波动回升至 2014 年的 8.04 万吨,2015 年小幅回落至 7.41 万吨。1993—2015 年中国木炭出口年均增速 10.66%。根据 FAO《林产品年鉴 2015》,以数量计,

2015年中国木炭出口量占世界木炭出口量2.54%,木炭出口排名世界第十三。

1993—2015年中国木炭贸易经历了一个由净出口转变为净进口的过程,2002年是拐点,净出口8.19万吨,其后净出口减少,2005年由净出口转变为净进口,2014年净进口13.94万吨,2015年回落至9.87万吨。

(12)木制品

《中国林业统计年鉴》中,1993—2001年没有中国木制品贸易的统计数据,因此对木制品的分析从2002年开始。FAO《林产品年鉴》没有木制品贸易数据。

2002—2011年中国木制品进口呈现缓慢攀升态势,由2002年的2.72万吨波动增长至2011年的5.55万吨,2012年开始进入大幅增长阶段,2015年进口木制品76.03万吨,2002—2015年中国木制品进口年均增速29.20%。

2002—2006年中国木制品出口呈现大幅增长状态,由2002年130.07万吨迅速增长至2006年的230.49万吨,2007年后一路下滑至2009年的156.40万吨,其后缓慢回升至2015年的226.96万吨。2002—2015年中国木制品出口年均增速4.38%。中国木制品也一直是中国木质林产品出口的大宗产品。根据UN COMTRADE数据,在占比最大的建筑用木工制品出口贸易中,以金额计,中国居世界第四(石小亮等,2015)。

这样,进口增速快、出口增速慢,尽管中国木制品一直保持较大量的净出口状态,净出口呈现波动减少的趋势。2015年中国木制品净出口150.92万吨。

(13)家具

FAO《林产品年鉴》也没有家具贸易数据。根据位于意大利的家具行业研究协会CSIL的统计数据,2014年全球家具贸易总额约为1360亿美元,家具进口大国包括美国、德国、法国、英国和日本,而家具出口大国包括中国、意大利、德国、波兰和美国(胡延杰,2017),中国早已取代意大利成为全球家具第一大出口国。

1993—2015年中国家具进口呈现快速增长态势,根据增速大体可分为两个阶段。1993—2005年属于波动中低速增长阶段,由1993年的44.56万件增长到2005年的86.31万件,年均增速5.66%;2006年开始进入一个高速增长期,2015年达到1019.20万件,年均增速28.00%。1993—2015年中国家具进口年均增速14.57%。

1993—2015年中国家具出口也呈现快速增长态势,根据增幅大体也可分为两个阶段。1993—2007年属于高速增长阶段,由1993年的1863.66万件增长到2007年的28036.47万件,年均增速21.37%;2008年开始进入一个波动低速增长期,年均增速1.95%,2015年达到32724.67万件。1993—2015年中国家具出口年均增速13.26%。

1993—2015年中国家具一直保持较大量的净出口状态,净出口也呈现快速增长态势,其变化趋势与出口变化趋势类似,2015年中国家具净出口31705.47万件。

（14）特形材

特形材在中国木质林产品贸易中也是一个小品类。FAO《林产品年鉴》也没有特形材的贸易数据。

1993—2015 年中国特形材进口呈现波动上升、波动下降再波动上升的态势，整体呈缓慢上升状态。1993 年中国进口特形材 1.39 万吨，1998 年升至历史高点 3.46 万吨，到 2009 年下降至只有 0.80 万吨，其后回升至 2015 年的 2.16 万吨。1993—2015 年中国特形材进口年均增速只有 2.04%。

1993—2015 年中国特形材出口呈现增速加快然后大幅下降状态，整体呈较快上升状态。1993 年中国出口特形材 1.28 万吨，2002 年升至 9.98 万吨，其后迅速升到历史高点 2006 年的 51.89 万吨，其后大幅回落至 2015 年的 17.69 万吨。1993—2015 年中国特形材出口年均增速 12.68%。

中国特形材贸易基本保持净出口状态，净出口变化趋势基本与出口变化趋势相似，2015 年中国特形材净出口 15.52 万吨。

通过以上分析，可以发现，中国属于原料型木质林产品进口国和加工型产品出口国，整体上是木质林产品进口国。原料型林产品如原木、锯材、木浆、废纸、木片，出口量极少，进口量相当大，且进口量呈逐年上升趋势，是中国进口数量最多的木质林产品。深加工型产品，如胶合板、纤维板、纸和纸板、家具、木制品，大多经历了由净进口转变为净出口的过程，胶合板最早（2001 年），其次是纤维板（2005 年），第三是纸和纸制品（2009 年），家具、木制品则长期是中国的出口优势产品，是中国出口数量最多的木质林产品。

2.4.2　中国木质林产品贸易发展现状分析

根据《2016 中国林业发展报告》，2015 年，中国木质林产品进出口贸易总额为 979.60 亿美元，其中，出口 562.98 亿美元，进口 416.62 亿美元，贸易顺差为 146.36 亿美元（原国家林业局，2016）。2015 年中国木质林产品进出口贸易额见表 2-64。2015 年中国木质林产品进出口贸易量见表 2-65。

表 2-64　2015 年中国木质林产品进出口贸易额

Tab. 2-64　Value of import and export of China's wooden forest products in 2015

产品	进口额（亿美元）	出口额（亿美元）	贸易总额（进口+出口）（亿美元）	净贸易额（进口-出口）（亿美元）
原木	80.60	0.04	80.64	80.56
锯材	75.07	2.07	77.13	73.00

产品	进口额 （亿美元）	出口额 （亿美元）	贸易总额（进口＋ 出口）（亿美元）	净贸易额（进口－ 出口）（亿美元）
单板	1.62	2.84	4.46	-1.22
特形材	0.41	2.94	3.35	-2.53
刨花板	1.41	1.14	2.55	0.27
纤维板	1.08	14.25	15.34	-13.17
胶合板	1.21	54.88	56.09	-53.67
木制品	7.64	64.57	72.21	-56.93
家具	8.84	228.55	237.39	-219.71
木片	16.94	0.00	16.94	16.94
木浆	127.02	0.17	127.19	126.85
废纸	52.83	0.00	52.83	52.83
纸和纸制品	40.47	170.98	211.44	-130.51
木炭	0.50	1.09	1.59	-0.59

注：根据国家林业局《2016中国林业发展报告》整理。

表2-65 2015年中国木质林产品进出口贸易量
Tab. 2-65 Importing and exporting quantity of China's wooden forest products in 2015

产品	单位	进口量	出口量	贸易总量 （进口＋出口）	净贸易量 （进口－出口）
原木	万立方米	4456.90	1.21	4458.11	4455.69
锯材	万立方米	2659.77	28.83	2688.60	2630.94
单板	万立方米	99.87	26.54	126.41	73.33
特形材	万吨	2.16	17.69	19.85	-15.52
刨花板	万立方米	63.89	25.44	89.34	38.45
纤维板	万立方米	22.05	301.49	323.54	-279.43
胶合板	万立方米	16.59	1076.68	1093.27	-1060.09
木制品	万吨	76.03	226.96	302.99	-150.92
家具	万件	1019.20	32724.67	33743.86	-31705.47
木片	万吨	981.90	0.01	981.91	981.89
木浆	万吨	1979.18	2.54	1981.73	1976.64
废纸	万吨	2928.39	0.06	2928.45	2928.32
纸和纸制品	万吨	298.61	835.87	1134.48	-537.26
木炭	万吨	17.28	7.41	24.69	9.87

注：根据国家林业局《2016中国林业发展报告》整理。

当前的中国木质林产品贸易具有以下特点：

（1）进口原材料、出口制成品，加工贸易特征明显

由表2-64、表2-65可以发现，2015年，净贸易量方向一致的产品中，净进口产品为原木、锯材、刨花板、木片、木浆、废纸，除刨花板外，全部属于木质原材料类的初级产品；净出口产品为特形材、纤维板、胶合板、木制品、家具、纸和纸制品，全部属于制成品类的深加工产品。可以明显看出当前的中国木质林产品贸易呈现进口原材料、出口制成品的特征。这反映了中国木材工业和造纸工业属于加工贸易模式。

单板、木炭本身应属于木质原材料类的初级产品，表现为数量上是净进口产品，同样反映了进口原材料的特征，但金额上是净出口产品，反映了中国出口的单板、木炭具有高附加值特征，属于产品类别内的深加工产品，说明了即使是产业内贸易，中国木质林产品贸易也是具有进口原材料、出口制成品的加工贸易特征。

（2）产品进口结构和出口结构均高度集中

按金额计，2015年中国木质林产品进口以木浆、原木、锯材、废纸、纸和纸制品为主，5种产品所占份额达到90.46%（见图2-10）。2015年中国木质林产品出口以家具、纸和纸制品、木制品、胶合板为主，4种产品所占份额达到95.48%，如果加上纤维板，5种产品所占份额达到98.11%（见图2-11）。可见，中国木质林产品产品进口结构和出口结构均高度集中，而出口结构比进口结构更加集中。

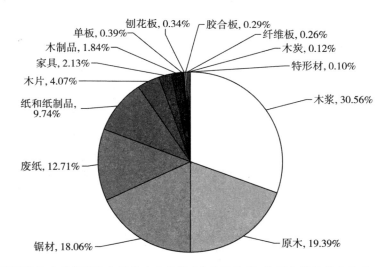

注：根据国家林业局《2016中国林业发展报告》数据计算，总额为所列产品的进口额合计。

图2-10　2015年中国木质林产品进口结构

Fig. 2-10　The import structure of China's wooden forest products in 2015

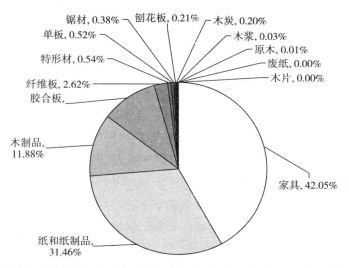

注:根据国家林业局《2016 中国林业发展报告》数据计算,总额为所列产品的出口额合计。

图 2－11 2015 年中国木质林产品出口结构

Fig. 2－11 The export structure of China's wooden forest products in 2015

进口集中于木浆、原木、锯材等初级木材产品(3 种产品合计 68.01%)十分容易招致国际社会对中国大量进口木材会引发非法采伐和森林破坏的指责;出口集中于家具、纸和纸制品、木制品、胶合板(4 种产品合计 95.48%)反映了中国在这几种产品上具有较大的比较优势,但容易引起产业内企业间产品出口的过度竞争。

(3)产品进口市场结构和出口市场结构均相对集中

从市场结构看,中国木质林产品进出口市场相对集中,且集中度有所提高(原国家林业局,2016)。2015 年,按贸易额排序,中国前 5 位进口贸易伙伴依次为美国 17.05%、加拿大 10.86%、俄罗斯 9.71%、巴西 6.38%、印度尼西亚 6.15%,合计 50.15%,比上年前 5 位进口贸易伙伴的总份额提高了 2.33 个百分点;前 5 位出口贸易伙伴依次为美国 27.00%、日本 6.32%、中国香港 5.89%、英国 5.23%、澳大利亚 3.78%,合计 48.22%,比上年前 5 位出口贸易伙伴的总份额提高了 2.36 个百分点。

如果分产品来看,中国主要进、出口木质林产品的进口市场结构和出口市场结构则显得更加集中。

表2-66　2015年中国木质林产品主要进口市场和出口市场

Tab. 2-66　The main import and export markets of China's wooden

forest products in 2015

产品	计算方式	前5位市场	合计（%）	比上年（%）
原木	进口量	新西兰24.16%、俄罗斯23.82%、美国9.25%、巴布亚新几内亚7.10%、澳大利亚6.36%	70.69	+1.27
针叶原木	进口量	新西兰35.65%、俄罗斯29.89%、美国11.77%、澳大利亚8.25%、加拿大7.77%	93.33	+2.88
阔叶原木	进口量	巴布亚新几内亚21.80%、所罗门群岛15.32%、俄罗斯11.23%、赤道几内亚4.53%、美国4.03%	56.91	+3.04
锯材	进口量	俄罗斯35.51%、加拿大21.26%、泰国11.48%、美国10.30%、智利2.56%	81.11	+1.46
锯材	出口量	日本43.37%、韩国17.75%、美国10.67%、德国2.67%、越南2.48%	76.94	-10.78
针叶锯材	进口量	俄罗斯48.15%、加拿大31.87%、智利3.89%、芬兰3.51%、美国3.39%	90.81	+0.59
阔叶锯材	进口量	泰国33.51%、美国23.56%、俄罗斯11.25%、加蓬3.79%、菲律宾3.47%	75.58	+3.85
特形材	出口额	美国37.15%、日本16.96%、新加坡14.13%、英国9.85%、加拿大7.64%	85.73	+1.09
单板	进口额	越南44.02%、俄罗斯18.40%、美国6.37%、中国台湾3.09%、乌克兰2.34%	74.22	+0.68
单板	出口额	印度16.89%、越南11.67%、韩国10.35%、日本8.40%、墨西哥6.14%	53.45	+2.23
胶合板	进口额	马来西亚26.53%、印度尼西亚15.27%、俄罗斯14.88%、芬兰9.16%、中国台湾7.54%	73.38	-2.20
胶合板	出口额	美国25.08%、英国6.47%、阿拉伯联合酋长国5.83%、日本5.70%、菲律宾4.86%	47.94	+3.00
纤维板	进口额	德国21.67%、新西兰19.25%、澳大利亚12.27%、比利时10.02%、瑞士6.76%	69.97	+4.92
纤维板	出口额	美国21.40%、伊朗7.53%、沙特阿拉伯6.29%、加拿大6.03%、俄罗斯5.31%	46.56	-8.01
刨花板	进口额	罗马尼亚24.22%、马来西亚22.47%、泰国17.73%、德国8.33%、加拿大8.33%	81.08	+6.63
刨花板	出口额	印度17.57%、埃及9.29%、阿拉伯联合酋长国7.13%、中国台湾5.08%、美国4.78%	43.85	-0.66
家具	进口额	意大利22.95%、越南17.90%、德国10.48%、波兰9.43%、美国6.23%	66.99	+0.72

产品	计算方式	前 5 位市场	合计（%）	比上年（%）
家具	出口额	美国 34.55%、英国 5.91%、中国香港 5.58%、日本 5.24%、新加坡 4.72%	56.00	+ 3.70
木制品	出口额	美国 27.89%、日本 11.14%、英国 5.73%、德国 4.59%、荷兰 3.54%	52.89	- 1.90
木浆	进口额	加拿大 21.42%、巴西 19.23%、美国 12.02%、印度尼西亚 10.75%、智利 9.41%	72.83	+ 1.10
废纸	进口额	美国 45.33%、英国 11.99%、日本 11.02%、加拿大 5.21%、荷兰 4.33%	77.88	- 1.26
纸和纸制品	进口额	美国 22.27%、日本 12.12%、瑞典 10.67%、中国台湾 6.68%、韩国 5.96%	57.70	- 1.73
纸和纸制品	出口额	美国 17.83%、中国香港 7.33%、日本 6.11%、澳大利亚 4.38%、越南 3.53%	39.18	+ 1.58
木片	进口额	越南 40.31%、澳大利亚 30.73%、泰国 11.24%、印度尼西亚 10.01%、智利 4.66%	96.95	+ 1.30

注:根据国家林业局《2016 中国林业发展报告》整理。

表 2 - 66 显示的是 2015 年中国主要进出口木质林产品前 5 位进口市场和出口市场,可以发现,中国主要进、出口木质林产品的进口市场结构和出口市场结构均更加集中,而且大多数的集中度比上年有所提高。较高的进口市场集中度会形成对某些出口国家的依赖,可能导致贸易条件恶化,尤其是对原木、锯材的高进口市场集中度,还会招致出口国以保护森林资源为由的出口限制,特别是阔叶原木、阔叶锯材很多来自英国环境调查署(EIA)所谓非法采伐高风险国家,更容易招致引起这些国家非法采伐频发的指责;较高的出口市场集中度容易引起与进口国的贸易摩擦,容易遭遇各种非关税壁垒。两者均会存在较大的贸易风险,威胁中国林业产业安全。

(4)进出口贸易规模大,占世界木质林产品贸易比重高

根据第 2.4.1.2 节的分析,中国是世界第一大木浆进口国、世界第一大原木进口国、世界第一大锯材进口国、世界第一大废纸进口国、世界第一大单板进口国、世界第二大木炭进口国、世界第二大木片进口国、世界第六大纸和纸制品进口国、世界第六大胶合板进口国、世界第八大刨花板进口国,中国是世界第一大家具出口国、世界第一大胶合板出口国、世界第二大纤维板出口国、世界第四大单板出口国、世界第六大纸和纸制品出口国,尽管缺乏足够的国际的数据资料,估计中国

至少是世界第三大木制品出口国。

根据《2015 中国林业发展报告》,2014 年,中国木质林产品进出口贸易总额为 997.93 亿美元,出口 543.38 亿美元,进口 454.55 亿美元,贸易顺差为 88.83 亿美元(原国家林业局,2015)。根据《2016 中国林业发展报告》,2015 年,中国木质林产品进出口贸易总额为 979.60 亿美元,比 2014 年下降 1.84%;其中,出口 562.98 亿美元,比 2014 年增长 3.61%,进口 416.62 亿美元,比 2014 年下降 8.34%,贸易顺差为 146.36 亿美元,比 2014 年扩大 64.76%(原国家林业局,2016)。不管进出口贸易总额、进口贸易额、出口贸易额还是贸易差额,中国都位居世界前列。

根据 FAO《林产品年鉴 2015》,2015 年中国木质林产品进出口贸易总额 576.31 亿美元,占世界木质林产品贸易总额 12.48%,排名世界第一位;出口 151.79 亿美元,占世界木质林产品出口总额 6.73%,排名世界第四位;进口 424.52 亿美元,占世界木质林产品进口总额 17.98%,排名世界第一位;贸易逆差为 272.73 亿美元,排名世界第一位(与《2015 中国林业发展报告》数据差异原因主要由于 FAO 数据不包括家具和木制品)。据此,中国是名副其实的木质林产品贸易世界第一大国。

中国木质林产品贸易规模大、占世界比重高,自然成为世界关注的重点,在有关林产品贸易尤其是进口贸易可能诱发非法采伐、对世界森林资源造成威胁的争论中,中国自然处于风口浪尖,备受国际社会指责。中国木质林产品贸易规模大、占世界比重高,也意味着中国木质林产品贸易不能再走单纯依靠规模扩张的"外延式发展"道路,要走效益为先的"内涵发展"道路。

(5)贸易条件恶化,进口贸易产品价格上升,出口贸易产品附加值低

贸易条件(Terms of Trade)是用来衡量在一定时期内一个国家出口相对于进口的盈利能力和贸易利益的指标,反映该国的对外贸易状况,一般以价格贸易条件指数(NBTT,Net Barter Terms of Trade)表示,即出口价格指数/进口价格指数 ×100%。

按金额计,2015 年中国木质林产品进口以木浆、原木、锯材、废纸、纸和纸制品为主,5 种产品所占份额达到 90.46%;出口以家具、纸和纸制品、木制品、胶合板、纤维板为主,5 种产品所占份额达到 98.11%。不妨拿这几个产品来分析。由于中国木浆、原木、锯材、废纸出口量极少,用 NBTT 表现贸易条件并不合适,可以用前后期的价格变化来代替。中国家具、纸和纸制品、木制品、胶合板、纤维板进口量虽然远小于出口量,但也居世界前列,可以用 NBTT 表示贸易条件。

表 2 - 67 1993—2015 年中国木浆、原木、锯材、废纸进口平均价格变化

Tab. 2 - 67 Average import price of China's wood pulp, roundwood, sawnwood, recovered paper from 1993 to 2015

产品	单位	1993	1995	2000	2005	2010	2015	2015 比 1993
木浆	美元/吨	132.72	142.64	121.63	110.44	176.76	180.85	1.36
原木	美元/立方米	108.32	172.81	271.75	250.55	261.82	282.23	2.61
锯材	美元/立方米	425.80	821.32	635.52	491.32	776.47	641.77	1.51
废纸	美元/吨	—	—	149.97	144.23	219.81	180.41	1.20*

注:根据历年国家林业局《中国林业发展报告》计算。废纸 2000 年前没有数据,最后一栏为 2015 年与 2000 年的废纸进口平均价格之比。"—"表示数据缺失。

由表 2 - 67 可以发现,中国木浆、原木、锯材、废纸进口平均价格在 1993—2015 年期间尽管有些波动,但总体进口平均价格是在不断提高的,尤其原木进口平均价格增长较快,说明中国主要进口的这几类木质林产品的贸易条件长期来看是恶化的。2015 年这四类产品进口额占中国木质林产品进口额的 80.72%。

表 2 - 68 1993—2015 年中国家具、纸和纸制品、木制品、胶合板、纤维板贸易条件变化

Tab. 2 - 68 NBTT of China's furniture, paper and paperboard, woodwork, plywood, fiberboard from 1993 to 2015

产品	1993	1995	2000	2005	2010	2015	2015 比 1993
家具	0.22	0.38	0.49	0.32	0.61	0.81	3.66
纸和纸制品	1.96	1.63	1.87	1.67	1.12	1.51	0.77
木制品	—	—	1.45*	1.23	0.79	2.83	1.95*
胶合板	1.05	0.82	0.63	0.72	0.83	0.70	0.67
纤维板	1.32	0.94	1.04	1.43	1.39	0.96	0.73

注:根据历年国家林业局《中国林业发展报告》计算。木制品 2002 年前没有数据,表中木制品 2000 年一栏为 2002 年数据,最后一栏为 2015 年与 2002 年的 NBTT 之比。"—"表示数据缺失。

由表 2 - 68 可以发现,2015 年中国家具、胶合板、纤维板的贸易条件小于1,说明中国家具、胶合板、纤维板出口产品附加值低,尤其中国胶合板、纤维板的贸易条件 1993—2015 年期间还在不断恶化。这三个产品占据了 2015 年中国木质林产品出口额的 54.77%。2015 年中国纸和纸制品、木制品的贸易条件大于1,但中国纸和纸制品的贸易条件 1993—2015 年期间也处于恶化的态势。只有木制品的贸易条件大于1,虽然经历了一个贸易条件不断恶化的过程,但 2011 年开始进入贸

易条件改善的通道。也就是说,产品附加值低的产品占到 2015 年中国木质林产品出口额的 54.77%,贸易条件恶化的产品占 2015 年中国木质林产品出口额的 86.23%。

因此,提高出口贸易产品附加值,努力改善中国木质林产品的贸易条件是今后中国林业产业的重要任务,否则将陷入有贸易规模却没有贸易利得的危险境地。

2.5　本章小结

掌握世界和中国森林资源的状况及其特点和演变趋势,掌握世界和中国木质林产品贸易的变化趋势和特点,是本研究的基础。

全球森林面积不断减少是不争的事实,尤其热带森林减少严重,天然林特别是原生林面积迅速减少,确实对世界环境造成了巨大威胁。但也应注意到,全球森林面积减少趋势趋缓。全球一半以上的森林用于生产木材和非木质林产品,但所生产的木材中真正用于贸易的比重却不高。世界木质林产品贸易与世界经济的发展密切相关,在波动中一直都呈上升趋势,环境保护对世界木质林产品贸易的影响日益深刻和广泛,而中国是世界木质林产品贸易第一大国,尤其中国是世界木质林产品进口贸易第一大国,特别是中国是世界第一大木浆进口国、世界第一大原木进口国、世界第一大锯材进口国、世界第一大单板进口国、世界第二大木片进口国,即中国是世界第一大木材进口国,无疑会容易产生中国木材大量进口可能引起世界森林资源破坏的联想,为此中国受到国际舆论"世界森林资源的黑洞"的指责,面临部分国际舆论的压力。

那么中国木质林产品贸易对外依存程度究竟如何呢? 尤其是中国木材资源进口依存度究竟如何呢? 中国木质林产品贸易与国际非法采伐及相关贸易之间是否存在着必然联系? 中国木质林产品贸易对世界森林资源究竟有何影响? 这些都是亟待回答的问题。从下一章起,本研究将对这些问题一一回答。

第3章

中国木质林产品贸易对外依存度算法研究及其测算评估

3.1 问题的提出

近些年来,随着国民经济的快速发展及国家对林业产业的重视和支持,中国木质林产品贸易日趋繁荣,贸易额已跃居世界首位,林业产业在国民经济中的地位和作用越来越重要。但中国森林资源总量相对不足,加之国家政策对森林采伐的限制,原木、锯材、木浆等木质林产品大量依赖进口以满足林业产业发展的需要。随着中国成为世界第一大木材进口国和第二大木材消耗国,更被部分国际舆论指责为"世界森林资源的黑洞"。其次,中国也是木质林产品出口大国,进口原材料很多用于胶合板、家具、木制品等木质林产品的加工制造,再大量出口到国际市场,形成对国际市场的严重依赖,在目前世界经济低迷的情况下,极易受到别国贸易壁垒的限制,面临着越来越大的风险。

通常,这种依赖程度可以用外贸依存度这一指标表示。然而,尽管国内目前对于国家整体外贸依存度的研究比较成熟,但在产业层面对中国木质林产品依存度的研究还处于初级阶段,对木质林产品外贸依存度的计算还没有统一的口径。目前研究中由于计算方法的不同使结果存在很大差异,直接影响到对木质林产品对外贸易依存程度的正确判断,进而影响到相关贸易政策的制定。如何针对不同用途,合理地测算和评价中国木质林产品外贸依存度成为评估中国木质林产品贸易现状、分析产业安全性、制定政策并指导林业产业长远发展的重要问题。

3.2　现有中国木质林产品外贸依存度相关研究

关于中国木质林产品外贸依存度的现有研究中,对木质林产品外贸依存度的定义及计算方法存在较大分歧,导致测算结果差异明显。以研究中涉及比较多的2005年作为对照,国家林业局(2006)在《中国林业发展报告》中指出,在2005年3.26亿立方米的木材产品市场总供给中,进口原木和其他木质林产品折合木材产量为1.21亿立方米,对外材的依存度为37.26%。林凤鸣(2007)认为如果将全部木材产品进口量合在一起统按原木当量折算,则2005年国内木材市场对外材的依存度已近50%。程宝栋等(2007)认为,木材资源供给的对外依存度即为进口木材资源(折合为原木量)占国内总木材资源供给的比例,根据《中国林业发展报告》数据计算的结果显示,中国木材资源供给的对外依存度逐年上升,由2000年的38.30%迅速上升至2005年的56.31%,其国内总木材资源供给没有具体解释。陈勇(2008)在基于木材安全的中国林产品对外依存度研究中,把所有进口(出口)林产品按原木当量折算成原木,然后求进口(出口)原木占木材总供给量的比率,其中木材总供给量采用全国森林资源消耗总量推算的商品材供给作为国内资源供给,再加上当年从国外进口的林产品折合原木当量作为国外资源供给得到;研究显示1996—2006年间,基于中国林业统计数据,中国林产品进口依存度呈持续增长的态势,但后期增长速度有所放缓,其测算结果与程宝栋等(2007)一致,同期出口依存度也迅猛增加;但其在国际对比研究中,还将进口依存度和出口依存度累加成为中国林产品对外依存度进行分析,对中国木质林产品进口依存度和出口依存度也给出了不同的计算结果,例如2005年中国林产品进口依存度为67.0%,与此前的56.31%形成数据差异,但未解释原因,应是其使用联合国粮食及农业组织(FAO)数据引起,也未说明国际对比研究中使用的计算方法;还利用中国林业统计数据,对原木、锯材、人造板(胶合板、纤维板、刨花板)以及废纸、纸浆、纸和纸板等分产品研究了进口、出口对外依存度的变化情况,计算方法应为某产品进口量或出口量/(该产品国内产量 + 进口量 - 出口量)。王建国等(2010)用经济活动总量(即国内总产出和进口之和)代替GDP构造外贸依存度新公式,来反映一国经济活动总量对国内和国际市场的依赖程度,基于非竞争型投入产出模型,利用国家统计局《中国2007年投入产出表》,测算了2005年中国木材及其制品业和木浆、纸及其制品、印刷出版业两个与林业相关部门的进口依存度45.4%、44.1%(同期中国进口依存度26.4%)。程宝栋(2011,2012)在进行我国木材安全分析与评价时,用进口对外依存度反映一国木材供给对国外市场的依赖,公式为:对外依存度=进口量/(国内产量-出口量+进口量),利用中国林业统计数据计算的结果显示,我国林产品进口依存度从1995年23.3%上升至2009年68.2%,其中2005年为62.9%,据分析,公式中的国内产量、进口量、出口量均指原木。张开明(2014)在对中国进口俄罗斯木质林产品的依存度进行测算时,将木质林产品进口依存度定义为该林产品净进口量在该林产品年消费量中所占的比重,利用联合国粮食及农业组织(FAO)数据,分产品对原木、锯材和纸浆的计算结果表明,中国对俄罗斯木质林产品进口依存度不断升高,而过高的木质林产品进口依存度并不利于中国林业产业结构的发展和整体升级。宋维明(2014)虽然认为木材资源供给的对外依存度即为进口木材资源(折合为原木量)占国内总木材资源供给的比例,但其选取国内原木产量作为国产木材资源供给量,选取原木、锯材和木浆的进口量按照一定比例折算成原木当量作为进口木材资源供给量,合计为国内木材资源总供给,得到1993—2012年中国木材资源的进口依存度,结果显示1993—2002中国木材资源进口依存度快速上升,2003年后处于波动下降,2005年在63%左右,2012年接近60%。

综上所述,现有中国木质林产品外贸依存度研究,首先是结果差异很大,以2005年为例,有37.26%、50%、56.31%、67.0%、44.1%~45.4%、62.9%等不同的结果;其次,有不同的叫法,如对外材的依存度、木材资源供给的对外依存度、林产品对外依存度等;第三,有的是从林产品总体研究,有的是分产品研究,有的只计算进口依存度,有的进口、出口乃至进出口依存度都算;第四,大多弃用使用价值量的传统算法,主要使用原木折算法,也有使用产品数量法的;第五,虽然在总体研究中大多采用折算法,但计算公式差异很大,主要表现在公式的分母界定不同,有用总供给的,也有用总消费的,涉及原木产量,有直接用国内木材产量数据的,也有用森林资源消耗总量推算的,很多研究没有给出各类林产品折合原木量的具体的折算系数,即使给出了,相互之间差异也很大;第六,使用的数据来源不一样,基本分为利用中国林业统计数据和联合国粮食及农业组织(FAO)数据两类。这对科学认识中国木质林产品外贸依存度,形成很大困扰。尤其是从现有研究中基本可以得出一个结论,中国木质林产品外贸依存度比较高而且处于不断升高的态势,更说明这是一个不仅在科学上而且在实践层面都需要迫切需要解决的问题。下文将根据外贸依存度指标使用情景就中国木质林产品外贸依存度传统算法、原木折算法、产品数量法分析,区分不同算法反映的信息及用途,从而准确认识中国木质林产品外贸依存度的水平及变化情况。

3.3 木质林产品外贸依存度的传统算法探讨及其测算评估

3.3.1 木质林产品外贸依存度的传统算法

外贸依存度是指一个国家在一定时期(通常为一年)内进出口总额与其国内生产总值之比,反映了一国国民经济发展对进出口的依赖程度,可进一步分为进口贸易依存度和出口贸易依存度。这种传统算法实际上是一种价值量算法。关于外贸依存度算法的研究表明,传统算法存在分子与分母不匹配的固有缺陷(郭羽诞,2004;王建国,匡王番,2010),没有考虑到 GDP 规模和构成、汇率、加工贸易、地下经济等因素的影响(郭羽诞,2004;彭建平,2010;崔大沪,2004),也提出了很多对传统算法的修订算法,如购买力平价法、货物贸易替代法、出口增加值代替出口额法(郭羽诞,2004)、经济活动总量代替 GDP 法(沈利生,2003)等。应用传统算法对木质林产品外贸依存度进行计算时,公式应为:木质林产品外贸依存度 = 一国木质林产品进出口贸易总额/国内林业生产总值,分别用进口木质林产品贸易额和出口木质林产品贸易额在国内林业生产总值中所占的比重来表示进口贸易依存度和出口贸易依存度。但这种简单套用无法计算。这是因为目前统计上并没有国内林业生产总值的数据。陈勇(2008)就指出各国国内林业生产总值的数据不易获得,也难于对各国林产品对外依存度比较,这是为什么在中国木质林产品外贸依存度研究中普遍弃用传统算法的根本原因。

3.3.2 使用林业产业总产值替代对传统算法的修订和测算

一个解决办法是使用林业产业总产值替代。由于林业产业总产值不仅包括增加值,还包括原材料的转移价值,因此使用林业产业总产值替代计算的结果会比使用国内林业生产总值明显偏低。根据《中国统计年鉴》(2005)提供的 2000—2004 年工业增加值和工业总产值数据以及《中国统计年鉴》(2015)提供的 2012 年投入产出直接消耗系数表的数据估算,使用总产值替代增加值计算的外贸依存度要低 70%左右。使用总产值替代,实际上解决了外贸依存度传统算法中被诟病的分子是总额、分母是增加值的分子与分母不匹配的局限性,导致过高估计外贸依存度问题(王建国,匡王番,2010),可以更准确地反映外贸依存度。采用按此方法计算中国 2000—2015 年木质林产品外贸依存度、进口依存度和出口依存度的结果如表3－1第5－7列所示。

表3－1 2000—2015年中国木质林产品外贸依存度(修订的传统算法)

Tab. 3－1 The dependence on foreign trade of China's wooden forest products
by using the revised traditional measuring method from 2000 to 2015

年份	木质林产品进口贸易额(亿元)	木质林产品出口贸易额(亿元)	林业产业总产值(亿元)	使用林业产业总产值替代修订算法			考虑产业构成的修订算法		
				外贸依存度(%)	进口依存度(%)	出口依存度(%)	外贸依存度(%)	进口依存度(%)	出口依存度(%)
2000	853.48	343.94	3555.47	33.68	24.00	9.67	/	/	/
2001	814.27	383.42	4090.48	29.28	19.91	9.37	/	/	/
2002	924.83	500.09	4634.24	30.75	19.96	10.79	/	/	/
2003	1071.84	657.99	5860.33	29.52	18.29	11.23	85.35	52.88	32.46
2004	1254.45	918.07	6892.91	31.52	18.20	13.32	86.63	50.02	36.61
2005	1337.90	1182.22	8458.74	29.79	15.82	13.98	74.88	39.75	35.13
2006	1426.07	1512.39	10652.22	27.59	13.39	14.20	59.50	28.87	30.62
2007	1674.45	1691.13	12533.42	26.85	13.36	13.49	59.58	29.64	29.94
2008	1729.74	1548.47	14406.41	22.76	12.01	10.75	51.68	27.27	24.41
2009	1503.90	1767.49	17493.73	18.70	8.60	10.10	41.46	19.06	22.40
2010	2054.95	2262.95	22779.02	18.96	9.02	9.93	41.02	19.52	21.50
2011	2601.25	2521.14	30597.00	16.74	8.50	8.24	36.12	18.34	17.78
2012	2118.00	2679.51	39450.91	12.16	5.37	6.79	28.19	12.45	15.75
2013	2545.08	2877.70	47315.44	11.46	5.38	6.08	26.83	12.59	14.24
2014	2799.93	3225.26	54032.94	11.15	5.18	5.97	27.10	12.59	14.51
2015	2588.77	3385.22	59362.71	10.06	4.36	5.70	25.63	11.11	14.52

数据来源:木质林产品进出口贸易额(单位:千美元)数据来自2001—2016年《中国林业发展报告》,并根据历年《中国统计年鉴》中汇率(年平均价)数据折算为人民币。林业产业总产值数据来自2000—2015年《中国林业统计年鉴》,由于2000—2002年统计数据不全,考虑产业构成的修订算法中未计算外贸依存度。

可以看出,表3－1的测算结果与现有研究结果相比是偏低的。例如2005年中国木质林产品进口依存度15.82%,明显低于现有研究进口依存度37.26% ~ 62.9%的区间。据笔者分析,问题出在林业产业总产值的产业构成上。

3.3.3 考虑林业产业总产值中产业构成的修订算法和测算

一方面,2000—2015年,中国林业一、二、三产业的产值结构发生巨大变化,

2000 年为 67：29：4,2015 年为 34：50：16,将与木质林产品贸易无关的第三产业计入显然造成测算结果虚低。另一方面,即使在林业一、二产业内部,也有些亚类与木质林产品贸易无关,这也造成测算结果虚低。为此,参照世界银行使用货物进出口额/货物 GDP(第一、二产业 GDP)的方法修正外贸依存度传统算法的思路,剔除林业三产,并进一步剔除林业一、二产业内部无关亚类,仅保留一产中的"木材采运"部分,二产中的"木材加工和木、竹、藤、棕、苇制品制造""木、竹、藤家具制造""木、竹、苇浆造纸和纸制品""木质工艺品和木质文教体育用品制造"部分,测算结果见表 3 - 1 第 8 ~ 10 列。结果显示 2005 年中国木质林产品外贸依存度为 85.35%,其中进口依存度 39.75%,出口依存度 35.13%;2015 年中国木质林产品外贸依存度为 25.63%,其中进口依存度 11.11%,出口依存度 14.52%。考虑林业产业总产值中产业构成的修订算法的测算结果(表 3 - 1 第 8 ~ 10 列)与使用林业产业总产值替代的传统算法的测算结果(表 3 - 1 中第 5 ~ 7 列)相比,指标值明显变大,2005 年中国木质林产品进口依存度为 39.75%,处于现有研究进口依存度 37.26% ~ 62.9% 的区间,测算结果得到明显改进。尤其与王建国等(2010)基于非竞争型投入产出模型运用价值量法测算的中国木材及其制品业和木浆、纸及其制品、印刷出版业两个与林业相关部门的进口依存度 45.4%、44.1% 相比,数值差异不大,因此具有了比较符合现实的指示性意义,但相对于使用非竞争型投入产出模型测算,计算难度要小很多。表 3 - 1 的测算结果还显示,2000—2015 年间中国木质林产品外贸依存度呈明显的下降趋势,这一结果很难被业界认可,但笔者认为,这可能正是运用价值量算法的价值所在,它给我们提供了另外一种信息,即尽管中国木质林产品进出口额在不断增长,但在扩大内需战略的指引下,中国林业产业发展不再高度依赖对外贸易,进入内生增长阶段,2008 年世界金融危机更是加速了这一进程。

3.3.4　关于传统算法测算木质林产品外贸依存度的研究结论

作为国际上测算外贸依存度的通用算法,使用传统算法对木质林产品外贸依存度进行测算有助于与国家整体或其他行业进行比较分析;由于传统算法使用价值量计算,避免了不同林产品数量量纲不一致的问题,有利于从行业整体上把握木质林产品外贸依存度状况。中国商务部产业损害调查局(2008)《加入世贸组织六年来中国产业安全状况评估》构建的中国产业安全状况评估指标体系中,使用了进口依存度、出口依存度指标,界定为本行业进口、出口总额或交货值/本行业销售总额或销售产值总额(杨红强,2011),实际上就是价值量算法即传统算法,基本相当于笔者提出的考虑林业产业总产值中产业构成的修订算法,因此木质林产品外贸依存度的传统算法不能简单摒弃,关键是不能脱离中国林业产业发展的实际,简单套用传统算法。若采用传统算法研究木质林产品外贸依存度,应该使用考虑林业产业总产值中产业构成的修订算法。即木质林产品进口、出口依存度 = 木质林产品进口、出口贸易额/依据产业构成修订的林业产业总产值。这种修订算法主要应用于与国家整体或其他行业进行横向的比较分析,应用于林业产业外贸依存度时间序列变化趋势的纵向分析。

在产品层面、企业层面,如果采用以进口、出口总额为分子,销售总额和产值总额为分母的价值量算法,只要有数据支持,这种传统算法仍是有意义的,甚至比产品数量法更能表达产品或企业的实际外贸依存度,它从价值角度显示出对进、出口的依赖程度,而价值活动是以盈利为目的的一个产业或企业发展的核心。

3.4 木质林产品外贸依存度的原木折算法探讨及其测算评估

3.4.1 原木折算法在中国木材产业安全研究中的适用研究和测算评估

3.4.1.1 原木折算法在中国木材产业安全研究中的适用研究

在中国木材产业安全研究中,外贸依存度作为衡量贸易安全的重要指标被诸多学者关注(杨红强,2011)。从现有研究可以看出,原木折算法主要应用于中国木材资源供给进口依存度的研究,如国家林业局(2006)、林凤鸣(2007)、程宝栋等(2007,2011,2012)、陈勇(2008)、宋维明(2014)。基本的算法是把所有进口木质林产品按原木当量折算成原木,然后求其占木材总供给量的比率。但陈勇(2008)在基于木材安全的中国林产品对外依存度研究中,还运用原木折算法计算了中国林产品出口依存度,甚至在国际对比研究中,还将进口依存度和出口依存度累加成为中国林产品对外依存度进行分析,而在其构建木材安全评估体系时,将"木材(含木制品)进口量占总消费比重"作为木材安全评价二级指标"外材依存"的4个三级指标之一。因此有必要先讨论一下原木折算法在中国木材产业安全研究中的适用问题。

木材产业的安全涉及进出口贸易时无非是木材原材料供给的安全和产品对外销售的安全。多年来中国依靠大量进口来自国外的原料型木材满足林业产业发展需要,因此木材原材料供给安全问题确实是存在的。但木材原材料供给不仅涉及原木,由于替代原木作用,还涉及锯材、木浆等初级木质林产品,以及其他类型的木质林产品。由于所有木质林产品都可以归结为由原木加工而成,因此运用原木折算法计算的木材资源供给进口依存度来表达木材资源供给安全,是合理的,正如国家林业局(2006)、林凤鸣(2007)、程宝栋等(2007,2011,2012)、宋维明(2014)所做的一样。

近年来中国很多木质林产品大量出口,形成对国际市场的严重依赖,木材产业也确实存在产品对外销售的安全。但在涉及产品对外销售的安全时,就不能使用原木折算法了,因为木材产业对出口的依赖,不是对原木出口的依赖,而是对制成品出口的依赖。因此用原木折算法计算出口依存度是没有意义的,同理用原木折算法计算所谓的进口依存度和出口依存度累加的中国木质林产品对外依存度也是没有意义的。由于不同木质林产品的数量单位不一样,只有到产品层面,才可以使用产品数量法(即该木质林产品出口量在该木质林产品产量中所占的比重)计算的该木质林产品出口依存度来表达该木质林产品的生产对出口的依存程度,是无法使用产品数量法计算整个木材产业的出口依存程度的。因此,木材产业对出口的依赖,只能使用价值法计算的出口依存度来表达,以解决不同木质林产品数量量纲不一致的问题。这正说明了传统的价值量算法不能简单弃用,说明了本研究提出的使用考虑林业产业总产值中产业构成的修订算法是具有现实应用意义的,有利于从行业整体上把握木材产业出口依存度状况(具体见表3-1第10列)。

3.4.1.2 使用原木折算法对中国木材资源供给进口依存度的测算

在现有研究中,即使同是使用原木折算法测算中国木材资源供给进口依存度,不同研究者的测算结果也差异很大。原因是什么呢? 笔者认为,首先是因为在把所有进口木质林产品按原木当量折算成原木时使用的原木当量系数不同,其次是木质林产品统计的口径范围不同,第三是对国内木材资源总供给的算法不同。

(1)目前,中国还没有相关木质林产品统一的原木当量系数,不同的折算系数显然会使计算结果存在较大差异。表3-2列举了国家林业局在《中国林业发展报告》历年使用的折算系数,程宝栋(2007)、陈勇(2008)在研究中使用的原木当量系数。林凤鸣(2007)、宋维明(2014)没有提供其研究中使用的原木当量折算系数。杨红强(2011)还按HS代码给出过国际热带木材组织、欧洲阔叶材联合会、粮农组织、地球之友等国际组织曾经使用的原木当量参数,但仅仅提到而未应用,涉及种类很复杂,也没有明确转换因子单位,因此表3-2没有列示,在此仅仅指出部分转换因子为原木1、锯材1.82、单板1.9、刨花板1.4、纤维板1.8、密度板2、胶合板2.3、木制品类2-3、家具2、木屑1.15、木炭2,整体与程宝栋(2007)比较相近。

表 3 - 2　不同研究中原木当量系数对比

Tab. 3 - 2　The equivalent coefficients of wooden forest products in conversing

log volume of the different researches

产品	国家林业局	程宝栋(2007)	陈勇(2008)
原木	1 立方米/立方米	1 立方米/立方米	1 立方米/立方米
锯材	1.3 立方米/立方米	1.74 立方米/立方米	1.43 立方米/立方米
单板	2.5 立方米/立方米	1.9 立方米/立方米	
特形材	2.2 立方米/吨		
刨花板	1.5 立方米/立方米	2.0 立方米/立方米	1.6 立方米/立方米
纤维板	1.8 立方米/立方米	2.0 立方米/立方米	1.8 立方米/立方米
胶合板	2.5 立方米/立方米	2.3 立方米/立方米	2 立方米/立方米
木制品	1.25 立方米/吨		
家具	0.11 立方米/件		
木片	1.8 立方米/吨		
木浆	3 - 4 立方米/吨	3.9 立方米/吨	4.5 立方米/吨
废纸	2.6 立方米/吨	3.9 立方米/吨	4.05 立方米/吨
纸和纸制品	2.8 立方米/吨	4.5 立方米/吨	3.6 立方米/吨
木炭	6 立方米/吨		

（2）从表 3 - 2 中也可以看出，现有研究在折算时对木质林产品统计的口径范围不同。程宝栋（2007）、陈勇（2008）提供的原木当量系数有很多缺项，可能没有计入统计范围，宋维明（2014）则只选取国内原木产量，原木、锯材和木浆进口量作为计算依据，不同的口径范围势必会造成测算结果的不同。

（3）国家林业局在 2016 年《中国林业发展报告》中，将国内木材资源总供给称为木材产品市场总供给，由国内商品材产量，农民自用材和烧柴产量，进口原木及其他木质林产品折合木材，木质刨花板和纤维板折合木材，上年库存、超限额采伐等形式形成的木材供给构成（原国家林业局，2016），2005 年为 32597.75 万立方米（原国家林业局，2006）。林凤鸣（2007）没有提供其所谓国内木材市场的计算方法和数据。程宝栋（2007）没有明示其所使用的国内总木材资源供给的算法，但据反向分析 2005 年应为 29040.61 万立方米，比国家林业局数字稍低。陈勇（2008）则采用全国森林资源消耗总量推算的商品材供给作为国内资源供给，再加上当年从国外进口的林产品折合原木当量作为国外资源供给，由此得出中国林产品总供给量，但其并没有给出每年的中国林产品总供给量数据，而且他也承认此种计算方法的不足之处是所得数据为每次全国森林资源清查期间的 5 年平均数，在统计上存在一定的时间差,缺乏及时性。宋维明(2014)则选取国内原木产量作为国产木材资源供给量,选取原木、锯材和木浆进口量的原木折算量作为进口木材资源供给量,合计为国内总木材资源供给,但没有给出具体数据。

这样,我们就找到了为什么同是使用原木折算法测算中国木材资源供给进口依存度,不同研究者的测算结果差异很大的原因。

理论上,正如宋维明(2014)所做的一样,一国国内木材资源总供给应该等于该国原木产量与进口木质林产品折合成原木当量的和(假定没有库存或历年的库存量类似),但就中国的林业统计数据而言,却难以使用这种获得国内木材资源总供给的方法。因为中国林业统计数据中,国内商品材产量(即木材产量)虽然指的是原木和薪材(不符合原木标准的木材),但并不包括农民自用材和烧柴产量、超限额采伐量,也不包括木质刨花板和纤维板折合木材量,这样国内原木产量就大大低于真正的国产木材资源供给量,例如《中国林业发展报告》给出的 2015 年原木产量 6546.35 万立方米和薪材产量 671.86 万立方米,合计国内商品材产量(即木材产量)7218.21 万立方米,但其计算的国产木材资源供给量为 28514.98 万立方米(原国家林业局,2016),差距极大。所以在利用中国林业统计数据时,不能采用一国国内木材资源总供给应该等于该国原木产量与进口木质林产品折合成原木当量的和的算法。只有在利用 FAO《林产品年鉴》的数据进行国际比较时,才可以使用这种算法(《林产品年鉴》中 2015 年中国原木产量 33968.30 万立方米)(FAO,2017)。由于林凤鸣(2007)、程宝栋(2007)没有提供其所谓国内木材市场或国内总木材资源供给的计算方法和数据,陈勇(2008)提出了采用全国森林资源消耗总量推算的商品材供给作为国内资源供给的方法,但在统计上缺乏及时性,程宝栋(2011,2012)虽然给出了类似宋维明(2014)的计算公式,但却使用的是原木的进出口量。因此,国家林业局《中国林业发展报告》对国内木材资源总供给的测算数据相对要完整和可靠。

综合分析,在使用原木折算法测算中国木材资源供给进口依存度时,本研究采用国家林业局《中国林业发展报告》的原木当量系数(见表 3-2 第 2 列)、统计口径范围(见表 3-2 第 1 列)和木材产品市场总供给数据,依据公式中国木材资源供给进口依存度 = 中国进口木质林产品折合原木量/木材产品市场总供给,对中国木材资源供给进口依存度进行纵向比较分析。表 3-3 第 4 列即是根据历年国家林业局《中国林业发展报告》给出的数据计算的中国木材资源供给进口依存度。由于 2001—2002 年《中国林业发展报告》数据不全,所以表 3-3 只计算了2002—2015 年中国木材资源进口外贸依存度。

表3-3 2002—2015年中国木材资源供给进口依存度的纵向比较(调整的原木折算法)

Tab. 3 - 3 China's import dependence of timber resourcessupply from 2002 to 2015 by using the adjusted log conversion method

年份	进口木质林产品折合原木量(万立方米)	木材产品市场总供给(万立方米)	木材资源进口依存度(%)	废纸进口折合成原木量(万立方米)	扣除废纸的进口依存度(%)
2002	9445.88	18787.15	50.28	1786.88	45.05
2003	9758.93	22413.00	43.54	2439.27	36.65
2004	10903.94	30669.02	35.55	3199.78	28.05
2005	12146.88	32597.75	37.26	4429.40	27.40
2006	12822.46	33709.96	38.04	5102.07	26.99
2007	15520.69	38273.80	40.55	5866.15	29.79
2008	15524.3	37131.58	41.81	6293.51	29.93
2009	18436.62	42234.49	43.65	7150.44	32.17
2010	18356.08	43189.92	42.50	6331.58	32.62
2011	22375.12	50003.99	44.75	7092.63	35.61
2012	23496.7	49491.59	47.48	7817.46	37.42
2013	24943.46	52247.42	47.74	7601.56	38.84
2014	25859.61	53945.91	47.94	7154.80	39.98
2015	26655.82	55170.80	48.32	7613.81	40.04

数据来源:2003—2016年《中国林业发展报告》。

根据《中国林业发展报告》数据测算的结果(表3-3第4列)显示,2002—2015年中国木材资源供给进口依存度呈现先下降再上升的趋势,2005年以后总体上平缓增长,近年来木材进口依存度趋于稳定,保持在48%的水平。但笔者认为,这个数据是虚高的。原因在于《中国林业发展报告》将废纸进口也折算为原木量,而实际上废纸作为回收重复利用产品并不实际消耗原木。如果将废纸进口折合原木量在进口木质林产品折合成原木和木材产品市场总供给中扣除,得到的中国木材资源进口外贸依存度见表3-3第6列所示,同样是呈现先下降再上升的趋势,2007年以后总体上平缓增长,2015年大约40%,数值明显降低。而《中国林业发展报告》给出的中国木材资源供给进口依存度在现有研究中是最低的,这说明现有研究对中国木材资源供给进口依存度的估计是偏高的。中国木材资源供给对进口的依赖既没有想象的那么高,依赖程度也没有加速提高,换言之,中国木材产业安全并没有受到一些专家学者所估计的那么高的威胁。

我们注意到,表3-3给出的中国木材资源供给进口依存度呈现先下降再平缓上升的趋势,与表3-1考虑产业构成的修订算法给出的2003—2015年间中国木质林产品外贸依存度呈明显的下降趋势不同。正如前面所分析的,这两种趋势并不是矛盾的,它再一次说明中国林业产业已经走过了过度依赖对外贸易增长获得增长的阶段,在扩大内需战略的指引下,中国林业产业进入内生增长阶段。

由于衡量外贸依存度水平并没有确切的统一标准,要从产业安全角度判断中国木质林产品外贸依存度水平是否偏高,还要将中国置于国际背景之下与其他国家进行比较分析(陈勇,2008)。

3.4.1.3 使用原木折算法对中国木材资源供给进口依存度的横向比较

对中国木材资源供给进口依存度进行时间序列上的纵向分析可以反映中国对于国外进口木材的依赖程度及发展变化情况,说明进口木材对中国林业发展的重要程度。为进一步认识中国木材资源供给进口依存度的现实水平,还需与世界上其他木质林产品贸易大国的外贸依存度情况进行横向比较。

根据FAO《林产品年鉴2015》,选择2015年世界上木质林产品进口额均在80亿美元以上的6个国家(依次为中国424.52亿美元、美国236.62亿美元、德国167.29亿美元、日本105.50亿美元、英国114.93亿美元、意大利88.46亿美元,这6个国家总进口额占全球的48.16%),也是除中国外进口木质林产品最多的5个国家(FAO,2017),测算各国木材资源供给进口依存度。鉴于数据可得性和可比性,参考宋维明(2014)的计算方法,将木材供给量定义为国内原木产量与进口木质林产品折合成原木当量的和,近似替代各国木材供给量,这样,各国木材资源供给进口依存度=该国进口木质林产品折合原木量/(该国原木产量+该国进口木质林产品折合原木量)。折算系数采用国家林业局的原木当量系数设定,数据来源为FAO《林产品年鉴2015》,统计范围为原木、锯材、单板、胶合板、刨花板、纤维板、木浆、纸和纸板。各国木材资源供给进口依存度计算结果见表3-4。

表3-4 2015年中国木材资源供给进口依存度的横向比较(原木折算法)

Tab.3-4 China's import dependence of timber resourcessupply compared with other countries in 2015 by using the log conversion method

国别	原木产量 (万立方米)	进口木质林产品折合 原木量(万立方米)	木材供给量 (万立方米)	木材资源供给进口依存度(%)
中国	33968.30	16924.07	50892.37	33.25
美国	41291.70	10058.04	51349.74	19.59

国别	原木产量（万立方米）	进口木质林产品折合原木量（万立方米）	木材供给量（万立方米）	木材资源供给进口依存度（%）
德国	5561.30	7154.99	12716.29	56.27
日本	2132.80	3160.84	5293.64	59.71
英国	1055.00	3589.18	4644.18	77.28
意大利	505.20	4038.40	4543.60	88.88

数据来源:根据联合国粮食及农业组织《林产品年鉴2015》数据计算。

表3－4计算结果显示,中国的木材资源供给进口依存度明显低于意大利、英国、日本、德国等木质林产品进口大国,但也显著高于美国,在世界主要木质林产品进口国中处于中等偏下的水平,体现出中国对进口木材的依赖还处在比较合理的区间,目前中国对进口木材资源的依赖程度对中国林业产业安全的影响并不比大多数主要木质林产品进口国大,中国林业产业的发展还是相对安全的。依此口径计算的2015年中国木材资源供给进口依存度33.25%,与表3－3给出的扣除废纸的2015年中国木材资源供给进口依存度40.04%差异并不大,有利于国际间的比较,但与表3－3给出的未扣除废纸的2015年中国木材资源供给进口依存度48.32%差异较大,也说明在测算中国木材资源供给进口依存度时扣除废纸还是合理的。

但需要注意的是,表3－4显示,尽管中国木材资源供给进口依存度在国际比较中并不高,但进口木材的绝对数量却远远大于世界上大多数其他主要木质林产品进口国,显示出中国林业产业发展对国际木材市场的依赖具有相当大的风险。通过国际对比可以发现,仅仅用木材资源供给进口依存度评价中国林业产业安全存在很大的局限性,还应考虑木材资源进口绝对数量及其在世界木材资源进口数量中的比重和其他相关指标。

3.4.1.4 关于原木折算法测算木材资源供给进口依存度的研究结论

综上所述,原木折算法适用于木材资源供给进口依存度的研究,不适于出口依存度和进出口贸易依存度的研究。将木质林产品折算成原木时使用的原木当量系数不同、木质林产品统计的口径范围不同、对国内木材资源总供给的算法不同,是导致同是使用原木折算法测算中国木材资源供给进口依存度但不同研究者的测算结果差异很大的原因。本研究建议在测算中国木材资源供给进口依存度进行纵向比较分析时,统一采用国家林业局《中国林业发展报告》的原木当量系数,但进口木质林产品的统计口径范围应扣除进口废纸,国内木材资源总供给应在《中国林业发展报告》提供的木材产品市场总供给数据中扣除废纸进口折合原木量,即中国木材资源供给进口依存度=(中国进口木质林产品折合原木量－中国进口废纸折合原木量)/(木材产品市场总供给－中国进口废纸折合原木量);以此测算的中国木材资源供给进口依存度既没有想象的那么高,依赖程度也没有加速提高。在使用原木折算法对中国木材资源供给进口依存度的国际横向比较中,统一采用国家林业局的原木当量系数,鉴于数据可得性和可比性,统一使用FAO《林产品年鉴》的统计范围和数据,具有比较高的可靠性,此时各国木材资源供给进口依存度=该国进口木质林产品折合原木量/(该国原木产量＋该国进口木质林产品折合原木量);以此测算的中国木材资源供给进口依存度与世界主要林产品进口国相比较还处在比较合理的区间,但仅仅用木材资源供给进口依存度评价中国林业产业安全存在很大的局限性,还应结合其他相关指标,科学客观地对中国木材资源安全状况进行判断。

3.4.2 原木折算法在木材消费对外依存度中的算法探讨和测算评估

3.4.2.1 原木折算法在木材消费对外依存度中的算法探讨

随着中国成为世界第一大木材进口国和第二大木材消耗国,中国常被一些国际组织指责为"毁林"的罪魁祸首和"世界森林资源的黑洞"。那么事实是不是这样呢?根据前面测算的中国木材资源供给进口依存度、木材资源进口量是不是就可以说明中国在木质林产品消费中耗用了那么高或者说那么多国外木材呢?显然不是。因为一方面中国在大量进口原木、锯材、木浆等木质林产品的同时,还存在大量的木质林产品出口,例如中国是胶合板、家具、木制品等木质林产品的最大出口国。中国木质林产品贸易总体上表现为进口原木、锯材、木浆等原材料,利用这些原材料加工成胶合板、家具、木制品等产成品出口,表现出明显的加工贸易的特点(宋维明,2014)。加工贸易问题的存在使中国木材资源供给进口依存度不能反映中国木材消费的对外依存度,因此不能简单使用中国木材资源供给进口依存度来表示中国木材消费对外依存度。

张开明(2014)在对中国进口俄罗斯木质林产品的依存度进行测算时,将木质林产品依存度定义为该林产品净进口量在该林产品年消费量中所占的比重。这一算法可以反映出木质林产品实际消费有多少依赖于进口数量。但需要指出的是,张开明(2014)的方法是按产品数量法分产品进行测算,无法反映中国总体上木材资源消费对外依存情况。为此需要使用原木折算法来解决由于不同木质林产品量纲不同而不能测算总体木材资源消费对外依存情况的问题。笔者将木材消费对外依存度定义为木材净进口量占中国木材消费总量的比重,也可以称为木材消费净进口依存度。算法是木材净进口量/木材消费总量 =(进口原木及其他木质林产品折合原木量 – 出口原木及其他木质林产品折合原木量)/(木材产品市场总需求 – 出口原木及其他木质林产品折合原木量)。实际上,木材产品市场总供给和总需求是基本一致的,历年《中国林业发展报告》中提供的木材产品市场总供给和木材产品市场总需求数值差异很小。

3.4.2.2 使用原木折算法对中国木材消费净进口依存度的测算

在使用原木折算法测算中国木材消费净进口依存度时,本研究采用国家林业局《中国林业发展报告》的原木当量系数(见表 3 – 2 第 2 列)、统计口径范围(见表 3 – 2 第 1 列)和木材产品市场总需求数据,即中国木材消费净进口依存度 =(进口木质林产品折合原木量 – 出口木质林产品折合原木量)/(木材产品市场总需求 – 出口木质林产品折合原木量),对中国木材消费净进口依存度进行纵向比较分析。表 3 – 5 第 7 列即是根据历年国家林业局《中国林业发展报告》给出的数据计算的中国木材消费净进口依存度。由于 2001—2002 年《中国林业发展报告》国内木材产品市场总需求的数据缺失,所以表 3 – 5 计算从 2002 年开始。

表 3 – 5   2002—2015 年中国木材消费净进口依存度的纵向比较(调整的原木折算法)

Tab. 3 – 5   China's net import dependence of timber consumption from 2002 to 2015 by using the adjusted log conversion method

年份	进口木质林产品折合原木量(万立方米)	出口木质林产品折合原木量(万立方米)	木质林产品净进口折合原木(万立方米)	木材产品市场总需求(万立方米)	木材消费量(万立方米)	木材消费净进口依存度(%)	废纸净进口折合原木(万立方米)	扣除废纸的木材消费净进口依存度(%)
2002	9445.88	1058.53	8387.35	18340.43	17281.90	48.53	1786.84	42.60
2003	9758.93	2151.84	7607.09	22843.00	20691.16	36.76	2439.21	28.31
2004	10903.94	3941.58	6962.36	30710.47	26768.89	26.01	3199.74	15.96
2005	12146.88	4900.37	7246.51	32576.10	27675.73	26.18	4429.40	12.47
2006	12822.46	6248.70	6573.76	33738.83	27490.13	23.91	5102.07	6.57
2007	15520.69	6888.49	8632.20	38249.42	31360.93	27.53	5866.12	10.85
2008	15524.30	5833.94	9690.36	37144.73	31310.79	30.95	6293.51	13.58
2009	18436.62	6473.18	11963.44	42189.48	35716.30	33.50	7150.39	16.85
2010	18356.08	7788.33	10567.75	43177.04	35388.71	29.86	6331.41	14.58
2011	22375.12	8580.00	13795.12	49991.91	41411.91	33.31	7091.89	19.53
2012	23496.70	8855.68	14641.02	49491.59	40635.91	36.03	7816.92	20.79

续表 3 – 5

年份	进口木质林产品折合原木量（万立方米）	出口木质林产品折合原木量（万立方米）	木质林产品净进口折合原木（万立方米）	木材产品市场总需求（万立方米）	木材消费量（万立方米）	木材消费净进口依存度（%）	废纸净进口折合原木（万立方米）	扣除废纸的木材消费净进口依存度（%）
2013	24943.46	9173.65	15769.81	52247.42	43073.77	36.61	7601.32	23.03
2014	25859.61	10165.05	15694.56	53945.91	43780.86	35.85	7154.63	23.32
2015	26655.82	9942.08	16713.74	55170.80	45228.72	36.95	7613.64	24.19

数据来源:2003—2016 年《中国林业发展报告》。

表 3 – 5 第 7 列测算的结果显示,2002—2015 年中国木材消费净进口依存度呈现先下降再上升的趋势,2007 年以后呈波动性平缓增长,与表 3 – 3 第 4 列中国木材资源进口外贸依存度相比趋势类似,但数值明显要低,2015 年仅为 36.95%,比同口径的中国木材资源进口外贸依存度 48.32% 低 11 个百分点,差异比较大。这充分说明不能使用中国木材资源供给进口依存度来表示中国木材消费对外依存度。

同样,如果扣除并不实际消耗原木的废纸,得到的中国木材消费净进口依存度见表 3 – 5 第 9 列所示,明显比未扣除废纸的中国木材消费净进口依存度大幅降低,2015 年仅仅为 24.19%,低了 12 个多百分点,比同口径的扣除废纸的中国木材资源进口外贸依存度 40.04% 低近 16 个百分点。可见,中国木材消费对外材的依赖程度远远没有国际社会所指责的那么高。这还可以通过国际对比加以判断。

3.4.2.3　使用原木折算法对中国木材消费净进口依存度的横向比较

为进一步认识中国木材消费净进口依存度在国际上的水平,根据 FAO《林产品年鉴 2015》,选择 2015 年联合国粮食及农业组织(FAO)统计的全球木质林产品贸易进口额除中国外排名世界前五的国家,其木质林产品进口额均超过 80 亿美元,而且经测算它们均为木材净进口国。鉴于数据可得性和可比性,将一国木材消费量定义为该国国内原木产量与该国木质林产品净进口量折合成原木当量的和,近似替代各国木材消费量,这样,各国木材消费净进口依存度 =(该国进口木质林产品折合原木量 – 该国出口木质林产品折合原木量)/(该国原木产量 + 该国进口木质林产品折合原木量 – 该国出口木质林产品折合原木量)。折算系数采用国家林业局的原木当量系数设定,数据来源为 FAO《林产品年鉴 2015》,统计范围为原木、锯材、单板、胶合板、刨花板、纤维板、木浆、纸和纸板。各国木材消费净进口依存度计算结果见表 3 – 6。

表3-6 2015年中国木材消费净进口依存度的横向比较(原木折算法)

Tab. 3-6 China's net import dependence of timber consumption compared with other countries in 2015 by using the log conversion method

国别	原木产量 (万立方米)	进口木质林产 品折合原木量 (万立方米)	出口木质林产 品折合原木量 (万立方米)	木质林产品净 进口折合原木 量(万立方米)	木材消费量 (万立方米)	木材消费净进 口依存度 (%)
中国	33968.30	16924.07	5413.47	11510.60	45478.90	25.31
美国	41291.70	10058.04	8251.64	1806.40	43098.10	4.19
德国	5561.30	7154.99	6456.15	698.84	6260.14	11.16
日本	2132.80	3160.84	643.83	2517.01	4649.81	54.13
英国	1055.00	3589.18	389.29	3199.89	4254.89	75.20
意大利	505.20	4038.40	1210.31	2828.09	3333.29	84.84

数据来源:根据联合国粮食及农业组织《林产品年鉴2015》数据计算。

表3-6计算结果显示,在国际口径数据下,2015年中国的木材消费净进口依存度25.31%,远低于英国、意大利、日本等大量进口木材资源用于满足国内需求的国家,但又远远高于同样是林产加工大国的美国、德国,在世界主要木质林产品进口国中处于中等水平。由于FAO《林产品年鉴》中,没有将木质家具、木制品列入统计,而中国木质林产品出口结构中,木质家具、木制品比例很大,中国是世界上最大的木质家具、木制品出口国,所以中国实际的木材消费净进口依存度还要低,即表3-5第9列给出的扣除废纸的2015年中国木材消费净进口依存度24.19%还是比较能反映中国木材消费对外材的依赖程度的。可见中国"大进大出,两头在外"的木质林产品加工贸易模式很容易导致中国木材资源进口外贸依存度虚高而实际的木材消费净进口依存度并不高的结果,而中国木材资源进口外贸依存度虚高极易招致国际社会的指责。对比表3-6和表3-5可以发现,各国的木材消费净进口依存度普遍低于各国的木材资源进口外贸依存度,而其中德国、美国、中国木材消费净进口依存度大大低于木材资源进口外贸依存度。这说明国际上普遍采用的木材资源供给进口依存度,并不能反映一国实际用于国内消费的木材比例。上述计算结果也有力地回击了一些国际组织对中国的指责。

但需要注意的是,表3-6显示,尽管中国木材消费净进口依存度在国际比较中并不高,但净进口木材的绝对数量却远远大于世界上大多数其他主要木质林产品进口国,甚至比美国、日本、德国、英国、意大利净进口木材的总和还多,这反映出为什么中国会成为被指责的对象。实际上,2015年,日本的人口不到中国的1/10,若按人口同规模计算其净进口木材量,则是中国的2.4倍;2015年,中国的人口大约是美国、日本、德国、英国、意大利的2倍,中国用净进口木材量仅仅略高于这5国的净进口木材量。因此,用净进口木材的绝对数量是世界最大来指责中国为“毁林”的罪魁祸首和“世界森林资源的黑洞”,也是不合理的。

3.4.2.4 关于原木折算法测算木材消费净进口依存度的研究结论

综上所述,不能简单使用木材资源供给进口依存度来表示木材消费对外材的依赖程度,原木折算法特别适用于木材消费净进口依存度的测算。在使用原木折算法对中国木材消费净进口依存度测算时,应当统一采用国家林业局《中国林业发展报告》的原木当量系数,但进出口木质林产品的统计口径范围应扣除废纸,国内木材消费量应在《中国林业发展报告》提供的木材产品市场总需求数据减去出口原木及其他木质林产品折合原木量的基础上,进一步扣除废纸净进口折合原木量,即中国木材消费净进口依存度=[进口木质林产品折合原木量−出口木质林产品折合原木量−(进口废纸折合原木量−出口废纸折合原木量)]/[木材产品市场总需求−出口木质林产品折合原木量−(进口废纸折合原木量−出口废纸折合原木量)];以此测算的中国木材消费对外材的依赖程度远远没有国际社会所指责的那么高。在使用原木折算法对中国木材消费净进口依存度的国际横向比较中,统一采用国家林业局的原木当量系数,鉴于数据可得性和可比性,统一使用FAO《林产品年鉴》的统计范围和数据,各国木材消费净进口依存度=(该国进口木质林产品折合原木量−该国出口木质林产品折合原木量)/(该国原木产量+该国进口木质林产品折合原木量−该国出口木质林产品折合原木量);以此测算的木材消费净进口依存度与世界主要木质林产品进口国相比较处于中等水平。也就是说,中国被一些国际组织指责为“毁林”的罪魁祸首和“世界森林资源的黑洞”,是有失偏颇的。

3.5 木质林产品外贸依存度的产品数量法探讨及其测算评估

3.5.1 产品数量法在木质林产品外贸依存度计算中的算法和适用研究

产品数量法实际上是外贸依存度传统价值量算法转为物质量算法的一种变形,分子为某产品的进口量或出口量,分母为该产品产量或(产量+进口量)或(产量+进口量−出口量)。由于产量、进口量、出口量都属于总额意义,避免了外贸依存度传统算法被诟病的分子是总额、分母是增加值的分子与分母不匹配的局限性(王建国,匡王番,2010),实际上与传统算法中用总产值替代增加值进行修订的算法类似,做到了分子分母的经济意义能相匹配。但产品数量法相对于传统算法最大的问题是由于不同产品的数量量纲不同,它只能用于某一类产品外贸依存度的计算,而不能将不同数量量纲的产品归总起来计算。

在对中国木质林产品外贸依存度的现有研究中,可以发现产品数量法也得到了应用。陈勇(2008)在基于木材安全的中国林产品对外依存度研究中,利用中国林业统计数据,对原木、锯材、人造板(胶合板、纤维板、刨花板)以及废纸、纸浆、纸和纸板等分产品研究了进口、出口对外依存度的变化情况,计算方法应为某产品进口量或出口量/(该产品国内产量 + 进口量 - 出口量);在其构建木材安全评估体系时,将"主要林产品出口与产量的对比"作为木材安全评价二级指标"外材依存"的4个三级指标之一。张开明(2014)在对中国进口俄罗斯木质林产品的依存度进行测算时,将木质林产品进口依存度定义为该林产品净进口量在该林产品年消费量中所占的比重,利用联合国粮食及农业组织(FAO)数据,分产品对原木、锯材和纸浆的中国对俄罗斯进口依存度进行了计算。然而对中国木质林产品分产品外贸依存度的计算,分子、分母到底应该是用什么指标呢?

笔者认为,在计算某产品的出口依存度时,分子应该为该产品出口量,分母应该为该产品国内产量,它表达了该产品的产量中有多少依赖出口,涉及进入国际市场的风险,可用于研究该产品的出口贸易安全,正如陈勇(2008)在其构建木材安全评估体系时,将"主要林产品出口与产量的对比"作为木材安全评价二级指标"外材依存"的4个三级指标之一;在计算某产品的进口依存度时,分子应该为该产品进口量,分母应该为该产品国内消费量即(产量 + 进口量 - 出口量),它表达了该产品的国内消费中有多少依赖进口,为国内实现进口替代指明方向。但像陈勇(2008)在计算木质林产品出口依存度时使用某产品出口量/(该产品国内产量 + 进口量 - 出口量),也就是某产品出口量/该产品国内消费量,是没有逻辑上的合理性和实际的经济意义;而其在计算木质林产品进口依存度时使用某产品进口量/(该产品国内产量 + 进口量 - 出口量),也就是某产品进口量/该产品国内消费量,是正确的。张开明(2014)受研究对象所限,没有考虑木质林产品出口依存度问题,但其对木质林产品进口依存度的算法却有问题,其某林产品出口依存度 = 该林产品净进口量/该林产品年消费量的公式可以转化为(该林产品进口量 - 该林产品出口量)/[该林产品进口量 + (该林产品产量 - 该林产品出口量)] = (该林产品进口量 - 该林产品出口量)/(该林产品进口量 + 该林产品产量中用于国内消费的部分),可见分母表达了该林产品的国内消费构成,但分子却不是国内消费构成中消费的进口量,显然也是没有逻辑上的合理性和实际的经济意义。由于在使用产品数量法测算时进口依存度和出口依存度的分母有显著差异,而且其用途也不一样,为避免歧义,本研究将它们分别称为消费的进口依存度和生产的出口依存度。

但是不是所有木质林产品都可以计算分产品的生产的出口依存度和消费的进口依存度呢?首先,没有或很少出口的产品,就没有必要计算该产品生产的出口依存度,例如中国就没有必要计算原木、锯材等的生产的出口依存度;同样,没有或很少进口的产品,也没有必要计算该产品消费的进口依存度,例如中国就没有必要计算废纸的消费的进口依存度。其次,有些产品不适合计算分产品的生产的出口依存度和消费的进口依存度。以消费的进口依存度为例,一些产品的进口可以互相转换,例如原木进口少了,可以锯材进口多一些,分产品计算消费的进口依存度没有实质意义,例如根据张开明(2014)利用联合国粮食及农业组织(FAO)数据得出的2003—2012年中国进口俄罗斯原木、锯材进口依存度数据(尽管其算法有问题,但因为中国对俄罗斯并没有或很少原木、锯材的出口,因此实际上其计算的进口依存度结果等于消费的进口依存度),中国进口俄罗斯原木进口依存度从4.26%直升至2007年7.72%,2007年锯材进口依存度则从2005年的高点降至4.94%,2008年后中国进口俄罗斯原木进口依存度大幅走低直至2012年的2.58%,但同期中国进口俄罗斯的锯材进口依存度却升至2012年的8.84%(张开明,2014),呈现此消彼长的状况,这是由于俄罗斯在2007、2008、2009、2010年连续大幅上调原木出口关税(程宝栋,2009;王兰会,刘俊昌,2011)同时对木材加工出口提供税收优惠(孙顶强等,2006),导致中国进口俄罗斯原木、锯材的此消彼长,作者却没有注意到这一点,对原木和锯材来说,可能合并起来研究更合适,但由于数量量纲问题,又需要折算,这又回到原木折算法上去了。反过来,如果计算俄罗斯的原木、锯材生产的出口依存度,也存在同样此消彼长的问题。最后,一些产品的进出口量数据、产量数据缺失或不可靠。例如联合国粮食及农业组织(FAO)的数据中没有木制品、家具等的进出口量数据和产量数据,中国林业统计数据中虽然有木制品、家具、单板、木片、特形材、木炭等的进出口量数据但缺乏产量数据,而且家具的进出口量数据单位是件,十分粗略。即使有进出口量数据和产量数据,但因为是中间产品,产量数据也很不可靠,例如联合国粮食及农业组织(FAO)的数据中的单板,因为在制造胶合板过程中原木切成单板就直接制造胶合板了,根本不计入单板产量,导致单板产量失真,2015年全世界单板产量只有1418.90万立方米,但全世界胶合板产量却达到15685.10万立方米(FAO,2017),根本不在一个数量级。因此,并不是所有木质林产品都适合计算分产品的生产的出口依存度和消费的进口依存度。

3.5.2 使用产品数量法对中国主要木质林产品外贸依存度的测算评估

这样,就中国而言,使用产品数量法能够测算的木质林产品外贸依存度就屈指可数了。表3-7列举了2000—2015年中国人造板、纸和纸板生产的出口依存度。结果显示,2000—2015年,刨花板生产的出口依存度处于波动状态,一直处于比较低的水平,2015年只有1.25%;纤维板则呈现先上升后下降的状态,2007年最高11.20%,此后缓慢下降至2015年的4.56%,也不高;胶合板也是先上升后下降,2007年最高30.43%,此后迅速下降至2009年的12.66%,再缓慢下降至2015年的6.51%,可以说胶合板在2004—2008年期间曾经出现严重依赖出口贸易的局面,但近年来胶合板生产的出口依存度应该说已经降至比较安全的水平,然而其巨大的出口量仍蕴藏极大的出口贸易风险;纸和纸板呈现波动上升、然后波动下降再上升的状态,2014年达到历史高点6.50%,2015年回落至6.02%,应该说生产的出口依存度也不算高,但出口量基本呈现一路迅速增长的趋势,可以说出口贸易风险在不断增大,应当引起警惕。综合来看,中国这几个木质林产品生产的出口依存度并不高,大部分产量还是用于满足国内需求,对国外市场依赖程度并不大,但胶合板尤其是纸和纸板的出口贸易安全还是有必要加以持续关注。

表3-7 2000—2015年中国人造板、纸和纸板生产的出口依存度的测算

Tab. 3-7 **The production export dependence of China's wood - based panels, paper and paperboard from 2000 to 2015**

年份	刨花板			纤维板			胶合板			纸和纸板		
	出口量(万立方米)	产量(万立方米)	出口依存度(%)	出口量(万立方米)	产量(万立方米)	出口依存度(%)	出口量(万立方米)	产量(万立方米)	出口依存度(%)	出口量(万立方米)	产量(万立方米)	出口依存度(%)
2000	2.63	286.77	0.92	3.53	514.43	0.69	68.70	992.54	6.92	71.83	3050.00	2.36
2001	2.50	344.53	0.72	2.68	570.11	0.47	96.54	904.51	10.67	79.95	3200.00	2.50
2002	5.12	369.31	1.39	8.03	767.42	1.05	179.24	1135.21	15.79	85.47	3780.00	2.26
2003	6.75	547.41	1.23	6.36	1128.33	0.56	204.05	2102.35	9.71	129.09	4300.00	3.00
2004	13.08	642.92	2.03	50.99	1560.46	3.27	430.55	2098.62	20.52	124.78	4950.00	2.52
2005	9.50	576.08	1.65	137.67	2060.56	6.68	558.40	2514.97	22.20	193.90	5600.00	3.46
2006	14.17	843.26	1.68	196.83	2466.6	7.98	830.37	2728.78	30.43	341.00	6500.00	5.25
2007	17.98	829.07	2.17	305.68	2729.85	11.20	871.59	3561.56	24.47	461.00	7350.00	6.27
2008	19.32	1142.23	1.69	238.26	2906.56	8.20	718.51	3540.86	20.29	403.00	7980.00	5.05

年份	刨花板			纤维板			胶合板			纸和纸板		
	出口量(万立方米)	产量(万立方米)	出口依存度(%)	出口量(万立方米)	产量(万立方米)	出口依存度(%)	出口量(万立方米)	产量(万立方米)	出口依存度(%)	出口量(万立方米)	产量(万立方米)	出口依存度(%)
2009	12.49	1431.00	0.87	203.11	3488.56	5.82	563.48	4451.24	12.66	405.00	8640.00	4.69
2010	16.55	1264.20	1.31	256.95	4354.54	5.90	754.69	7139.66	10.57	433.00	9270.00	4.67
2011	8.68	2559.39	0.34	329.10	5562.12	5.92	957.25	9869.63	9.70	509.00	9930.00	5.13
2012	21.67	2349.55	0.92	360.91	5800.35	6.22	1003.21	10981.17	9.14	513.00	10250.00	5.00
2013	27.13	1884.95	1.44	306.87	6402.1	4.79	1026.34	13725.19	7.48	611.00	10110.00	6.04
2014	37.27	2087.53	1.79	320.55	6462.63	4.96	1163.31	14970.03	7.77	681.00	10470.00	6.50
2015	25.44	2030.19	1.25	301.49	6618.53	4.56	1076.68	16546.25	6.51	645.00	10710.00	6.02

数据来源:人造板产量及出口量来源于《中国林业统计年鉴》2000—2015;纸和纸板产量及出口量来源于《中国造纸工业年度报告》2000—2015。

表 3 - 8 列举了 2000—2015 年中国人造板、纸和纸板消费的进口依存度。结果显示,2000—2015 年,刨花板消费的进口依存度从 2002 年的阶段高峰 13.94% 一路波动深滑至 2011 年的 2.10%,此后缓慢回升至 2015 年的 3.09%;纤维板则从 2000 年的 16.57% 一路下滑到 2012 年的 0.39%,此后相对稳定,2015 年只有 0.35%;胶合板与纤维板类似,从 2000 年的 9.78% 一路下滑到 2013 年的 0.12%,此后相对稳定,2015 年只有 0.11%;纸和纸板则从 2000 年的 16.70% 一路下滑到 2015 年的 2.77%。综合来看,中国这几个木质林产品消费的进口依存度很低,进口产品只是为了满足部分短缺品种和满足高层次消费需求,相比之下,刨花板、纸和纸板消费的进口依存度略高些,值得注意的是,刨花板近年来消费的进口依赖程度有提高趋势,不像其他产品进口量呈下降趋势,进口量有回升趋势,最大可能的原因是国产的刨花板质量水平还比不上进口产品,不能满足国内需求尤其是高端需求,这实际上给中国刨花板工业提出了要求和改进的方向。

表3-8　2000—2015年中国人造板、纸和纸板消费的进口依存度的测算

Tab.3-8　The consumption import dependence of China's wood-based panels, paper and paperboard from 2000 to 2015

年份	刨花板			纤维板			胶合板			纸和纸板		
	出口量（万立方米）	产量（万立方米）	出口依存度（%）	出口量（万立方米）	产量（万立方米）	出口依存度（%）	出口量（万立方米）	产量（万立方米）	出口依存度（%）	出口量（万立方米）	产量（万立方米）	出口依存度（%）
2000	34.38	318.52	10.79	101.45	612.35	16.57	100.18	1024.02	9.78	597.14	3575.31	16.70
2001	44.76	386.79	11.57	107.02	674.45	15.87	65.09	873.06	7.45	562.24	3682.29	15.27
2002	58.97	423.16	13.94	125.16	884.55	14.15	63.61	1019.58	6.24	636.94	4331.47	14.70
2003	62.40	603.06	10.35	139.42	1261.40	11.05	79.78	1978.08	4.03	634.71	4805.62	13.21
2004	65.26	695.10	9.39	137.70	1647.17	8.36	79.93	1748.00	4.57	614.00	5439.22	11.29
2005	63.40	629.97	10.06	113.71	2036.60	5.58	58.91	2015.48	2.92	524.00	5930.10	8.84
2006	54.11	883.20	6.13	92.45	2362.22	3.91	41.34	1939.75	2.13	441.00	6600.00	6.68
2007	52.49	863.58	6.08	70.25	2494.42	2.82	30.41	2720.38	1.12	401.00	7290.00	5.50
2008	37.41	1160.33	3.22	50.45	2718.75	1.86	29.39	2851.75	1.03	358.00	7935.00	4.51
2009	44.65	1463.16	3.05	45.30	3330.74	1.36	17.92	3905.68	0.46	334.00	8569.00	3.90
2010	53.94	1301.58	4.14	40.01	4137.60	0.97	21.37	6406.33	0.33	336.00	9173.00	3.66
2011	54.70	2605.41	2.10	30.62	5263.64	0.58	18.84	8931.22	0.21	331.00	9752.00	3.39
2012	54.07	2381.96	2.27	21.15	5460.60	0.39	17.88	9995.83	0.18	311.00	10048.00	3.10
2013	58.68	1916.50	3.06	22.62	6117.85	0.37	15.47	12714.32	0.12	283.00	9782.00	2.89
2014	57.80	2108.05	2.74	23.87	6165.94	0.39	17.78	13824.50	0.13	282.00	10071.00	2.80
2015	63.89	2068.64	3.09	22.05	6339.10	0.35	16.59	15486.16	0.11	287.00	10352.00	2.77

数据来源：人造板进口量来源于《中国林业统计年鉴》2000—2015；纸和纸板进口量来源于《中国造纸工业年度报告》2000—2015。消费量＝产量＋进口量－出口量，产量、出口量的数据参见表3-7。

对比表3-7和表3-8的数据，中国刨花板的产量在人造板中是最低的，而且近年来产量处于下滑状态，出口量下降幅度最大，而进口量在人造板中是最高的；中国纤维板的产量近年来也增速趋缓，出口乏力。刨花板和纤维板生产并不直接以原木为原材料，主要以采伐剩余物、造材剩余物、加工剩余物和回收废料为原料，是人造板工业绿色发展的方向，虽然原料来源广泛，但国内的木质类原料短缺也是限制刨花板和纤维板产量的重要原因。因此，积极进行工业人工林建设，保证均一性原料来源的数量和质量，可能是突破刨花板和纤维板产量瓶颈，特别是提高刨花板产量和质量的重要途径。

3.5.3　关于产品数量法测算木质林产品外贸依存度的研究结论

产品数量法实际上是外贸依存度传统价值量算法转为物质量算法的一种变形,做到了分子分母的经济意义相匹配,但只能用于量纲相同的某一类产品外贸依存度的计算。在计算某产品的出口依存度时,公式为该产品出口量/该产品国内产量,它表达了该产品的产量中有多少依赖出口,可用于研究该产品的出口贸易安全,本研究称之为生产的出口依存度;在计算某产品的进口依存度时,公式为该产品进口量/(该产品产量＋进口量－出口量),它表达了该产品的国内消费中有多少依赖进口,为国内实现进口替代指明方向,本研究称之为消费的进口依存度。但由于各产品进出口具体情况不同、产品相互替代性、数据缺失或不可靠等原因,并不是所有木质林产品都适合计算分产品的生产的出口依存度和消费的进口依存度。对中国人造板、纸和纸板生产的出口依存度和消费的进口依存度的测算表明,这几种木质林产品生产的出口依存度并不高,大部分产量还是用于满足国内需求,对国外市场依赖程度并不大,但胶合板尤其是纸和纸板的出口贸易安全还是有必要加以持续关注;这几种木质林产品消费的进口依存度也很低,进口产品只是为了满足部分短缺品种和满足高层次消费需求,但刨花板对国外进口依赖程度相对较高,最大可能的原因是国产的刨花板质量还不够高、原料来源的数量和质量存在问题。

3.6　本章小结

近年来中国木质林产品外贸依存度问题受到很多学者的关注,但由于对林产品外贸依存度的定义及计算方法存在较大分歧,统计口径、数据来源等原因,导致测算结果差异明显,直接影响到对中国木质林产品对外贸易依存程度的正确判断,进而影响到相关贸易政策、产业政策的制定。

传统价值量算法作为国际上测算外贸依存度的通用算法,在运用于木质林产品外贸依存度测算时,避免了不同木质林产品数量量纲不一致的问题,有利于从行业整体上把握木质林产品外贸依存度状况,有助于与国家整体或其他行业进行比较分析,不能简单摒弃,但应该使用考虑林业产业总产值中产业构成的修订算法。传统价值量算法也可进行分产品的外贸依存度测算。

原木折算法适用于木材资源供给进口依存度和木材消费净进口依存度的测算。建议在测算中国木材资源供给进口依存度和木材消费净进口依存度进行纵向比较分析时,统一采用国家林业局《中国林业发展报告》的原木当量系数,但进口、出口木质林产品的统计口径范围应扣除废纸折合原木量,国内木材资源总供给、国内木材消费量应在《中国林业发展报告》提供的木材产品市场总供给和木材产品市场总需求数据中扣除废纸折合原木量,以此测算的中国木材资源供给进口依存度和木材消费净进口依存度既没有现有研究显示得那么高,依赖程度也没有加速提高。在使用原木折算法对中国木材资源供给进口依存度和木材消费净进口依存度的国际横向比较中,建议统一采用国家林业局的原木当量系数,统一使用FAO《林产品年鉴》的统计范围和数据,以此测算的中国木材资源供给进口依存度和木材消费净进口依存度,与世界主要木质林产品进口国相比较处于中等水平。中国被一些国际组织指责为"世界森林资源的黑洞",是有失偏颇的。特别注意的是不能使用木材资源供给进口依存度简单替代木材消费净进口依存度。

产品数量法实际上是传统价值量算法转为物质量算法的一种变形,做到了分子分母的经济意义相匹配,但只能用于量纲相同的某一类产品外贸依存度的计算,适用于计算产品生产的出口依存度和产品消费的进口依存度,可用于研究产品的出口贸易安全,指示产品进口替代方向,但并不是所有木质林产品都适合计算分产品的生产的出口依存度和消费的进口依存度。对中国人造板、纸和纸板生产的出口依存度和消费的进口依存度的测算表明,这几种木质林产品生产的出口依存度并不高,但胶合板尤其是纸和纸板的出口贸易安全还是有必要加以持续关注;这几种木质林产品消费的进口依存度很低,但刨花板对进口依赖程度相对较高,最大可能的原因是国产的刨花板质量还不够高、原料来源的数量和质量存在问题。

表3-9 中国木质林产品对外贸易依存度算法表

Tab. 3-9 The measuring methods of dependence on foreign trade of

China's wooden forest products

指标名称	算法	使用条件	统计口径和数据来源	原木当量系数	计算公式
木质林产品进口依存度	传统价值量算法	历史比较与国家行业比较	中国林业发展报告	/	木质林产品进口贸易额/依据产业构成修订的林业产业总产值
木质林产品出口依存度					木质林产品出口贸易额/依据产业构成修订的林业产业总产值

指标名称	算法	使用条件	统计口径和数据来源	原木当量系数	计算公式
中国木材资源供给进口依存度	原木折算法	历史比较	中国林业发展报告	中国林业发展报告	（进口木质林产品折合原木量 – 进口废纸折合原木量）/（木材产品市场总供给 – 进口废纸折合原木量）
		国际比较	FAO林产品年鉴		该国进口木质林产品折合原木量/（一国原木产量 + 进口木质林产品折合原木量）
中国木材消费净进口依存度		历史比较	中国林业发展报告		［进口木质林产品折合原木量 – 出口木质林产品折合原木量 –（进口废纸折合原木量 – 出口废纸折合原木量）］/［（木材产品市场总供给 – 出口木质林产品折合原木量 –（进口废纸折合原木量 – 出口废纸折合原木量）］
		国际比较	FAO林产品年鉴		（一国进口木质林产品折合原木量 – 出口木质林产品折合原木量）/（该国原木产量 + 进口木质林产品折合原木量 – 出口木质林产品折合原木量）
产品生产的出口依存度	产品数量法	历史、产品间与国际比较	中国林业发展报告	/	某木质林产品出口量/该产品国内产量
产品消费的进口依存度					某木质林产品进口量/（该产品产量 + 进口量 – 出口量）

在中国木质林产品外贸依存度的测算上，不同算法反映不同的信息，有不同的适用范围，有不同的数据要求，在使用时要针对实际研究问题和具体用途谨慎选择，从而科学地测算中国木质林产品外贸依存度，正确认识和判断中国木质林产品外贸依存的实际水平。本研究的测算结果显示，总体上，中国木质林产品的外贸依存度处在一个相对安全、合理的变化范围内，尚且没有对林业产业安全形成实际威胁，中国林业经济发展和国内消费对出口市场的依赖程度和进口木材、木质林产品的依赖程度也并不算高。

第4章

中国木质林产品贸易与国际非法采伐、森林资源保护关系研究

4.1 非法采伐及相关贸易问题与世界森林资源保护

4.1.1 森林问题

森林是地球上陆地生态系统的主体,具有固碳释氧、涵养水源、防风固沙、保持水土、净化空气、调节小气候、保护生物多样性、维护地球生态平衡等多种生态环境功能,是人类赖以生存的环境的重要组成部分。然而,森林作为一种自然资源,还具有重要的经济功能,为人类提供以木材为代表的各种经济产品,在人类的生存和发展过程中,一直面临着被掠夺和被破坏的命运。据估计,在过去5000年里全世界累计损失了18亿平方千米的森林面积,平均每年净损失36万平方千米的森林(Williams,2002)。工业革命以来,森林损失加快,据估计地球上消失了近1/3的森林(FAO,2012)。20世纪50年代以来,由于全球生态环境危机日益加剧,森林的生态环境功能的重要性更加突出,森林问题(Forest Issues)逐渐成为国际社会和各国政府政策议题的优先领域,1976年联合国贸易和发展会议第四次会议后签订《国际热带木材协定》(International Tropical Timber Agreement,ITTA),1985年成立ITTA执行机构国际热带木材组织(ITTO),致力于促进热带森林资源的保护和可持续管理、利用及贸易。1992年在联合国环境与发展大会(The United Nations Conference on Environment and Deve-lopment,UNCED)上,参与国就全球森林公约议题意见分歧明显,但仍通过了有关森林保护的非法律性文件《关于森林问题的原则声明》(The Declaration of Principles on Forests,全称为《关于所有类型森林的管理、保存和可持续开发的无法律约束力的全球协商一致意见权威性原则声明》)。为了努力消除分歧,继联合国可持续发展委员会(Commission on Sustain-able Development,CSD)1994年成立政府间森林问题工作组(International Panel on

Forests,IPF,1995—1997)、1997 年进而设立政府间森林问题论坛(International Forum on Forests,IFF,1997—2000)后,2000 年联合国成立了联合国森林论坛(United Nations Forum on Forests,UNFF),持续展开森林问题对话,2007 年最终达成了《非法律约束力的关于所有类型森林的文书》(the Non-legally Binding Instrument on All Types of Forests,NLBI),力图推进可持续森林管理,通过保护、恢复、植树造林和重新造林,扭转世界各地森林丧失的趋势、防止森林退化(刘金龙等,2013)。继1971 年由西班牙倡议、欧洲农业联盟大会一致通过并经联合国粮食及农业组织(Food and Agriculture Organization,FAO)确认,决定 1972 年起每年 3 月 21 日为"世界林业节",2012 年第 67 届联合国大会决定每年 3 月 21 日为"国际森林日"(World Forest Day),号召世界各国从 2013 年开始举办纪念活动,目的是要唤起世界各国更加重视保护和发展森林资源,推进全球性植树运动,积极维护生态安全,共同应对气候变化(农夫,2017)。在各方的共同努力下,21 世纪以来,全球森林面积开始出现减少趋势趋缓的迹象。2011 年《世界森林状况》显示,全球森林损失面积由 20 世纪 90 年代的每年 1600 万平方千米降到了 2000—2010 年期间的每年 1300 万平方千米,减去森林更新和人工林,森林面积的年净减少量从约 600 万平方千米降到了 500 万平方千米。根据《2015 年全球森林资源评估报告》,2010—2015 年期间,全球森林面积年均损失 760 万平方千米,每年净减少 330 万平方千米,森林面积每年净损失率已从 1990 年代的 0.18% 减缓到 2010 年到 2015 年间的0.08%。尽管森林面积减少趋势趋缓,却仍是减少的,森林破坏、森林保护和可持续发展问题仍始终是国际社会关注的热点问题,在国际政治、外交、经济、社会发展和环境保护,乃至文化传承等领域都是讨论的重要议题。

　　森林砍伐和森林退化的内在原因有很多。第四届政府间森林问题论坛报告指出,在联合国政府间森林问题论坛(IFF)的商议过程中,国际社会一致认为森林砍伐及森林退化的根本原因是相互关联的,并且本质上属于社会经济范畴。原因与解决方法都因各国情况而异。森林砍伐及森林退化的根本原因包括:(1)贫困;(2)缺乏稳定的土地所有制;(3)国内法律和司法制度对依赖森林生活的本地居民和地方社区的权利及需求认识不足;(4)缺乏跨部门的政策;(5)低估了森林产品及生态系统服务的价值;(6)缺乏参与;(7)缺乏有效管理;(8)缺乏一个支持推进可持续森林管理的经济环境;(9)非法贸易;(10)缺乏能力;(11)缺乏有利的国际国内环境;(12)国家政策扭曲了市场的作用,并鼓励林地用作其他用途(IFF,2000)。

　　尽管森林砍伐和森林退化的内在原因有很多,但联合国粮食及农业组织(FAO)认为,主要受两个现实因素影响:(1)种树需要很长时间。在世界上很多地区,肥沃的土地较为稀缺,因而与生产周期长的森林经营相比,种植农作物收获时间更为迅速、收益也更大,这就需要将土地转为农业、放牧或果园等其他用途。一个引发伦理上的争议,也受到广泛关注的倾向就是:与未来几代人的需求相比,人类更注重满足当代人的需求。(2)森林的许多益处并不具有市场价值。对于绝大多数森林提供的生态系统服务(像碳储存以及有助于提供清洁水源)来说,市场不存在,没有地方来买卖。此外,许多森林砍伐带来的负面后果(或代价),如温室气体(GHG)排放和水土流失,没有核定其经济代价,或通过市场或其他机制赔偿。市场的正负外部性在森林问题决策中有重要影响,但众所周知这些因素很难量化,并且对于它们的价值,人们也很难达成一致(FAO,2012)。

4.1.2 非法采伐及相关贸易问题

随着木质林产品国际贸易的发展,在森林资源相对比较丰富的很多发展中国家,对经济利益的追求催生了大量的非法木材采伐现象,直接对这些国家乃至全球森林可持续发展构成了威胁,成为造成森林退化和破坏的重要原因。据世界自然基金会(WWF)和世界银行(World Bank)估计,全球65%的森林受到非法采伐的直接威胁(WWF,2005),每年非法木材贸易额达300亿~1000亿美元,占全部木材国际贸易的15%~30%(ICPO,2012),由于非法木材采伐及相关贸易导致全球林产品的价格下降了7%~16%(美国林业及纸业协会,2004)。很多国际组织和发达国家认为非法木材采伐及相关贸易是世界原始森林资源消失的主要原因之一。非法采伐问题多发生于那些森林资源相对比较丰富但森林治理薄弱、管理透明度低的发展中国家。研究表明,非法采伐不仅使政府丧失相关财政收入,造成地区乃至国家经济的损失,损害了经济竞争的公平性和正常秩序,破坏了法律的严肃性、公平性和透明性,还导致原住居民权益受到侵害、犯罪活动增加和居民贫困,更直接导致森林退化和减少,引发森林碳汇减少、水土流失、生物多样性丧失等一系列次生环境问题,严重危害全球生态环境(韩沐洵等,2013;姜凤萍,2013;王邱文等,2015)。因此,木材非法采伐及相关贸易问题不仅成为近年来国内外学者研究的前沿和重点,更成为目前国际社会共同关注的热点、焦点,打击非法采伐及相关贸易得到各国尤其是各种国际环境保护组织的重视,列入了国际森林问题的议程,越来越多的国家加入了打击非法采伐及相关贸易的全球性治理行动,以实现对世界森林资源的保护和森林的可持续发展。

在面对如何控制木材非法采伐及相关贸易的时候,首要问题是如何界定"非法采伐"的概念。至今世界上还不存在关于非法采伐的一个统一的定义。首先,由于各国法律法规有很大差异,对非法采伐定义有很大不同,其次,在非法采伐多发的一些主要木材出口国,由于法律制度不完善和执法能力低,确定木材采伐是否非法比较困难(孙顶强等,2006)。美国林纸协会提出,非法采伐是指偷盗木材或原木;在公园、保护区或类似的区域砍伐;在虽经政府批准但是通过舞弊获得的区域砍伐(孙久灵等,2009)。Mir等(2003)将非法采伐定义为"不符合国家法律规定的森林经营方案,没有森林机关颁发的正式采伐牌照,或者没有按照现行林业法律授权的操作从事森林、原木采伐"(姜凤萍,2013)。在中国,非法采伐主要是指违反国家有关森林、木材采伐、运输、加工、开发利用等涉及林业方面的法律、法规、部门违章造成森林、林木和林地资源破坏及影响林业经营管理的行为(孙久灵等,2011)。

本研究采用George White(2006)、付建全(2010)的相关定义:非法采伐和相关贸易既包含了发生在木材生产阶段的木材非法采伐行为,也包括以非法采伐的木材或相关产品为对象进行的贸易活动;非法采伐是指违反资源国有关森林采伐、运输、加工、利用和林产品贸易方面的法律、法规的行为,包括违反国际公约的行为;相关非法贸易是指以非法采伐的木材或相关产品为对象进行的贸易活动,分两种情况:①非法产品的合法贸易,即将非法采伐木材或相关产品通过各种途径获得合法贸易手续后进行的贸易行为;②非法产品非法贸易,即违反贸易方面法律法规,直接将非法采伐木材或相关产品进行贸易的行为,如走私行为。

同样,对"合法木材"确定一个全球一致的定义也是非常困难的(付建全,2010)。在此引用比较早提出和得到广泛认可的欧盟《森林执法、施政和贸易行动计划》(Forest Law Enforcement, Governance and Trade,简称FLEGT)关于合法木材的定义:①依法划定采伐区域,遵守法律限定的采伐权限;②遵守一切相关的林业法规,包括环境、劳工和社区福利方面的要求;③遵守税法、进出口关税、特许经营权费,以及其他与木材采伐和贸易相关的费用规定;④如果新的采伐权影响了土地和资源的原有权属和使用权关系,应当尊重原有权属和使用权;⑤遵守贸易和出口程序的要求(IUCN,2008)。

4.1.3　中国迅猛增长的木质林产品贸易与非法采伐及相关贸易、世界森林资源破坏相关联问题

中国近年来面临关于非法采伐及相关贸易的国际舆论压力,这源于中国迅猛增长的木质林产品贸易。

作为世界木质林产品贸易大国,尤其是世界木质林产品进口贸易大国,在非法采伐及相关贸易问题争论的声浪中,中国成为国际社会关于非法采伐及相关贸易问题热议的焦点。近20年来,中国木质林产品贸易额增长迅猛,根据《中国林

业发展报告》数据,2000—2011年由141.85亿美元猛增到809.60亿美元,年均增长率达17.16%,远远超过国民经济发展速度和同期中国进出口贸易额增长速度。即使近几年增长速度有所放缓,2011—2014年年均增长率也有7.22%,2014年仍达到997.93亿美元,2011—2014年年均增长率14.95%。2015年中国木质林产品贸易额首次下滑1.84%,有979.60亿美元(原国家林业局,2016)。中国木质林产品贸易额占世界木质林产品贸易额的比重,从2000年的2.51%增长至2011年的8.42%(韩沐洵等,2013)。根据UN Comtrade的统计,2014年世界范围内木质林产品贸易额为4370亿美元,如果按国家林业局公布的2014年木质林产品进出口贸易总额为997.93亿美元(原国家林业局,2015),简单计算,2014年中国木质林产品贸易额占世界木质林产品贸易额的比重高达22.84%。按照FAO的统计口径(不含家具和木制品),2015年中国木质林产品进口贸易占世界比重17.98%,出口贸易占世界比重6.73%,进出口贸易占世界比重12.48%(FAO,2017)。中国木质林产品进口贸易占世界比重高居世界第一,对原木、锯材、木浆等以直接消耗森林资源为特征的木质原材料进口数量的急剧增加,尤其是由于中国从非洲、东南亚、俄罗斯等被认为是非法采伐严重的地区和国家进口了原木与锯材,使中国近年来面临关于非法采伐及相关贸易的国际舆论压力。

4.1.4 中国面临非法采伐及相关贸易问题、世界森林资源破坏的声讨和压力

国际环保组织以及美国、欧盟、日本、澳大利亚等发达国家纷纷对中国在非法采伐及相关贸易问题上发难,指责中国是非法木材的集散地,是"毁林"的罪魁祸首和"世界森林资源的黑洞"。2005年美国农业部外国农业事务署曾估计中国约30%的木材和同等比重的木制品与非法采伐及相关贸易有关(唐帅等,2011)。2007年绿色和平组织(Greenpeace)发表《最后的印茄木——非法采伐如何把天堂雨林推向毁灭》报告,指出非法采伐及相关贸易对印茄木和热带雨林造成了极大的破坏,大量非法采伐的原木和锯材流向中国这个热带雨林木材的最大市场(唐帅等,2011)。2012年英国环境调查署(EIA)发布《毁灭的欲望——中国的非法木材贸易》报告,认为中国不仅是目前世界上最大的木材及林产品进口国、消费国和出口国,更是全球最大非法木材贸易国,涉及非法采伐及相关贸易的比例达到50%,中国对国内森林资源的严格保护滋长了一个依靠进口原材料来维持的"巨大而贪婪"的木材加工业,认为中国近年来木材进口需求迅速和巨大的增长导致一些国家非法采伐及相关贸易问题长久得不到解决(英国环境调查署,2012)。国际社会在非法采伐及相关贸易问题上对中国的不利舆论接连不断,中国木质林产

品贸易及木材产业的迅猛发展遭到质疑,国际形象受到损害。那么,中国木质林产品贸易与国际非法采伐及相关贸易之间是否存在着必然联系?中国木质林产品贸易对世界森林资源究竟有何影响?发达国家频频指责中国木质林产品贸易的原因除了关注世界森林、关注生态环境以外,是否还有其他原因?中国又该如何应对国际社会的舆论?基于此,本章以最近发布的 EIA 报告内容为讨论基础,围绕中国木质林产品贸易与国际非法采伐及相关贸易、与世界森林资源保护的相关性展开分析,试图回答这些问题,以正视听,并就此提出相关建议。

4.2　中国木质林产品贸易与国际非法采伐相关性的探讨

4.2.1　中国进口木材与多数非法采伐高风险国家的非法采伐没有必然联系

2012 年 EIA 报告指出中国有近一半的进口木材来自非法林木资源,认为中国急剧增长的木材需求导致一些国家非法采伐现象频发、森林生态系统遭到破坏(英国环境调查署,2012)。那么事实是不是这样呢? EIA 报告中提到了 17 个非法采伐高风险国家(具体名单见参见表 4－4),我们不妨考察一下中国究竟有多少木材来源于这些国家,中国从这些国家进口木材数量占这些国家出口木材数量比重又有多大,这些国家的森林资源又有何变化。为方便分析和比较,这里选取最能代表木材进口的原木和锯材,时间段也控制在较为接近的2011 年。

根据 UN comtrade 数据库统计,2000—2011 年中国原木、锯材进口量确实不仅量大而且增速很快。数据显示,中国原木进口量由 1361.18 万立方米增长到4232.10 万立方米,中国锯材进口量由 606.76 万立方米增长到 2155.46 万立方米(韩沐洵等,2013)。表 4－1、表 4－2 分别显示了 2011 年中国原木进口主要来源国出口中国原木数量及占中国原木进口总量的比重和占该国出口原木总量的比重。表 4－1、表 4－2 中所列国家是按中国对各国进口原木、锯材的数量或者说按占中国进口总量的比重由高到低排列,所列国家合计占中国原木、锯材进口总量分别占 91.53%、90.42%。表 4－1、表 4－2 中总共涉及 8 个 EIA 报告列出的所谓非法采伐高风险国家,用＊特别标示。

表 4-1　2011 年中国原木进口主要来源国出口中国原木数量及相关占比

Tab. 4-1　The amount and proportion of roundwood exporting to China from China's main roundwood

国家	中国从该国进口原木数量（万立方米）	中国从该国进口原木数量占中国原木进口总量的比重（%）	该国出口原木总量（万立方米）	中国从该国进口原木数量占该国出口原木总量的比重（%）
俄罗斯*	1406.51	33.23	2092.26	67.22
新西兰	824.33	19.48	1278.61	64.47
美国	488.69	11.55	1191.64	41.01
巴布亚新几内亚*	279.90	6.61	327.10	85.57
加拿大	246.12	5.82	596.49	41.26
所罗门群岛*	177.43	4.19	205.01	86.55
澳大利亚	157.64	3.72	206.85	76.21
缅甸*	68.76	1.62	222.90	30.85
刚果（金）*	62.10	1.47	72.36	85.82
乌克兰	56.12	1.33	300.89	18.65
马来西亚*	55.16	1.30	331.48	16.64
法国	51.13	1.21	558.90	9.15

注：根据 UN comtrade 数据库计算；* 表示 EIA 报告列出的所谓非法采伐高风险国家。

表 4-2　2011 年中国锯材进口主要来源国出口中国锯材数量及相关占比

Tab. 4-2　The amount and proportion of sawnwood exporting to China from China's main sawnwood import source countries in 2011

国家	中国从该国进口原木数量（万立方米）	中国从该国进口原木数量占中国原木进口总量的比重（%）	该国出口原木总量（万立方米）	中国从该国进口原木数量占该国出口原木总量的比重（%）
加拿大	686.61	31.85	3347.00	20.51
俄罗斯*	607.33	28.18	1955.09	31.06
美国	268.02	12.43	695.22	38.55
泰国*	159.41	7.40	370.62	43.01

国家	中国从该国进口原木数量（万立方米）	中国从该国进口原木数量占中国原木进口总量的比重（%）	该国出口原木总量（万立方米）	中国从该国进口原木数量占该国出口原木总量的比重（%）
印度尼西亚*	80.52	3.74	83.32	96.63
智利	42.86	1.99	271.04	15.81
新西兰	41.02	1.90	192.04	21.36
德国	25.50	1.18	732.46	3.48
马来西亚*	23.40	1.09	208.47	11.23
罗马尼亚	14.21	0.66	310.38	4.58

注：根据 UN comtrade 数据库计算；* 表示 EIA 报告列出的所谓非法采伐高风险国家。

首先，"中国有近一半的进口木材来自非法林木资源"的说法是不准确的。表 4 - 1 显示，在 2011 年中国进口原木中有 48.42% 来自 6 个 EIA 所谓非法采伐高风险国家，这 6 个国家中有 4 个国家出口中国原木数量超过了这些国家出口原木总量的 60% 以上，甚至有 3 个国家高达 85% 以上。表 4 - 2 显示，2011 年中国进口锯材中有 40.41% 来自 4 个 EIA 所指非法采伐高风险国家，虽然有 3 个国家出口中国锯材量占该国同期锯材出口总量的比重并不高，但印度尼西亚高达 96.63%。报告将这些国家非法采伐产生的原因和责任全部推到中国头上是缺乏根据的。例如，表 4 - 1、表 4 - 2 显示，2011 年中国从马来西亚进口原木、锯材仅分别占马来西亚同期原木、锯材出口量的 16.64%、11.23%，显而易见，中国进口木材因素并不是其木材出口或者生产的主要因素，因此与其国内的非法采伐与中国进口其木材无甚关联。对于中国原木或锯材进口量占其出口量比重较大、同时是 EIA 所谓的非法采伐高风险的其他 7 个国家，可以认为中国大量进口木材因素可能引发这些国家非法采伐现象频发，致使其森林生态系统遭到破坏，但却不能说中国从这些国家进口的木材都是非法采伐木材，因为非法采伐高风险，并不意味着这些国家国内所有的木材采伐都是非法的，也就是说，"中国有近一半的进口木材来自非法林木资源"的说法是失实、不准确的。

其次，除了这 8 个国家外，EIA 报告中认为的其他 9 个非法采伐高风险国家中，其非法采伐与中国木材进口之间也不存在必然联系。表 4 - 3 列示了 2011 年中国从其他 9 个 EIA 所谓的非法采伐高风险国进口原木、锯材量及其占各出口国原木、锯材出口总量的比重，基本按中国从各国进口木材数量由大到小排序。

表4-3　2011年中国对部分EIA所谓非法采伐高风险国家的原木、锯材进口量及相关占比

Tab. 4-3　The amount and proportion of roundwood and sawnwood exporting to China from some illegal harvesting high risk countries called by EIA in 2011

国别	中国从该国进口数量（万立方米）		中国从该国进口数量占中国进口总量比重(%)		该国出口总量（万立方米）		中国从该国进口数量占该国出口总量比重(%)	
	原木	锯材	原木	锯材	原木	锯材	原木	锯材
喀麦隆*	33.37	6.56	0.79	0.30	58.23	39.99	57.31	16.40
莫桑比克	23.00	12.12	0.54	0.56	1142.03	4648.79	2.01	0.26
老挝*	10.79	5.70	0.25	0.26	33.07	11.37	32.63	50.13
秘鲁	0.00	6.29	0.00	0.29	0.3	63.62	0.00	9.89
利比里亚*	4.78	0.04	0.11	0.00	7.38	/	64.77	/
柬埔寨	1.00	1.40	0.02	0.06	/	/	/	/
塞拉利昂*	1.58	0.02	0.04	0.00	1.96	0.05	80.61	40.00
哥伦比亚	0.20	0.58	0.01	0.03	2.99	8	6.69	7.25
马达加斯加	0.65	0.08	0.02	0.00	/	2.37	/	3.38

注:根据 UN comtrade 数据库计算,"/"表示数据缺失,*表示中国从该国进口数量占该国出口总量比重较大。

表4-3显示,2011年中国从这9个国家进口的原木、锯材量是很少的,甚至可以说是微乎其微的。这9个国家全部加起来对中国的原木出口只有75.37万立方米,占中国原木进口只有1.78%;对中国的锯材出口更只有32.79万立方米,占中国锯材进口1.50%。换言之,中国的木材进口并不依赖这9个EIA所谓非法采伐高风险国家。而且在这9个国家中,只有4个国家(塞拉利昂、利比里亚、喀麦隆、老挝)对中国的原木、锯材出口量占其原木、锯材出口总量的比重相对较高,只能说中国木材进口在一定程度上拉动了这4个国家的木材出口。另外5国中,柬埔寨有没有原木、锯材出口数据暂且不予讨论,剩余的4个所谓非法采伐高风险国,它们对中国木材的出口量占其木材出口总量的比重很小:秘鲁对中国锯材出口量占其出口总量不足10%,对中国原木出口量占其出口总量的比重甚至为0;哥伦比亚对中国原木、锯材出口量占其出口总量均不足8%;马达加斯加对中国锯材出口量也仅占其出口总量的3.38%;莫桑比克对中国出口的原木仅占该国原木出口总量的2.01%,对中国出口的锯材更是只占0.26%。这就是说,所谓的EIA非法采伐高风险国家,有的对中国原木或锯材出口占其出口比重较大,有的比重较小,发生在这些国家的非法采伐与中国从

这些国家进口木材没有必然联系,中国不应该背热带地区国家非法采伐现象频发、森林生态系统遭到破坏的"黑锅"。

第三,从 EIA 所谓非法采伐高风险国的森林资源变化情况与中国从这些国家进口木材数量变化的对比来看,中国木材进口与其中一些国家的非法采伐之间也没有相关性。表 4-4 罗列了 EIA 报告中所提到的全部 17 个非法采伐高风险国家 2010 年相对 2000 年森林面积的变化与同期中国从这些国家进口木材数量变化情况,按照这些国家森林面积变化大小由低到高排序。

表 4-4 2000—2010 年 EIA 所谓非法采伐高风险国家森林面积变化与中国对该国原木和锯材进口量变化对比

Tab. 4-4 The comparison between changes of forest area in the illegal harvesting high risk countries EIA and changes of China's roundwood and sawnwood importing from these countries in 2000—2010

国别	森林面积（万平方千米）		森林面积变化（%）	中国从该国进口原木、锯材折合原木（万立方米）		折合原木变化（%）
	2010 年	2000 年		2010 年	2000 年	
喀麦隆	1991.6	2385.8	-16.52	45.96	22.90	100.70
所罗门群岛	221.3	253.6	-12.74	145.61	9.03	1512.51
印度尼西亚	9443.2	10498.6	-10.05	53.71	208.85	-74.28
缅甸	3177.3	3441.9	-7.69	56.43	77.80	-27.47
巴布亚新几内亚	2872.6	3060.1	-6.13	248.64	75.80	228.02
俄罗斯	80909	85139.2	-4.97	1971.25	615.15	220.45
刚果(金)	2241.1	2206.0	1.59	50.12	0.86	5727.91
秘鲁	6799.2	6521.5	4.26	10.82	0.53	1941.51
马来西亚	2045.6	1929.2	6.03	127.04	301.29	-57.83
马达加斯加	1255.3	1172.7	7.04	4.15	0.61	580.33
柬埔寨	1009.4	933.5	8.13	3.51	1.48	137.16
哥伦比亚	6049.9	4960.1	21.97	2.78	0.01	27700.00
利比里亚	432.9	348.1	24.36	0.07	29.23	-99.76
老挝	1575.1	1256.1	25.40	12.99	1.47	783.67
莫桑比克	3902.2	3060.1	27.52	33.39	3.86	765.03
泰国	1897.2	1476.2	28.52	183.79	47.06	290.54
塞拉利昂	272.6	105.5	158.39	1.43	0.01	14200.00

注:各国森林面积来源于《世界森林状况2001》《世界森林状况2011》,中国从各国进口原木、锯材折合原木根据 UN comtrade 数据库数据计算,其中锯材按1:1.3的比例折合成原木。

表4－4显示,喀麦隆、所罗门群岛、巴布亚新几内亚、俄罗斯等4国的森林面积2010年比2000年出现减少现象,中国从这些国家进口的木材量(原木、锯材折合原木合计)2010年比2000年确实大幅增加,显示二者有一定的关联;但中国从印度尼西亚、缅甸2国进口木材量2010年比2000年大幅减少,而这2国的森林面积2010年比2000年仍然减少,显示中国是否从其进口木材与其森林资源的破坏没有什么关联;马来西亚、利比里亚2国对中国的木材出口2010年比2000年大幅减少,同期这2国森林面积增加,显示二者存在一定的关联;但中国从哥伦比亚、塞拉利昂、刚果(金)、秘鲁、老挝、莫桑比克、马达加斯加、泰国、柬埔寨等9国进口木材量2010年比2000年增加,尤其是从哥伦比亚、塞拉利昂、刚果(金)进口木材量数十倍增长,而同期这些国家的森林面积还在不断增加,尤其是哥伦比亚、塞拉利昂2010年比2000年森林面积大幅增长,说明中国从这9国进口木材并未破坏这些国家的森林资源。综上所述,从EIA所谓非法采伐高风险国的2000—2010年森林面积变化与中国从这些国家进口木材数量变化对比来看,17个国家中有11个国家的森林面积变化与中国从这些国家进口木材没有关系,也就是说中国从这11个国家进口木材并不是这些国家森林资源变化的原因。还有2个国家(马来西亚、利比里亚),中国大幅减少了对其木材进口,但其非法采伐仍然大量发生。即使另外4个国家(喀麦隆、所罗门群岛、巴布亚新几内亚、俄罗斯),也不能肯定地说其森林面积减少一定是由于向中国出口木材引起的,这和它们还同时向其他国家出口木材以及其国内复杂的政治、经济、生态等因素有关。因此,中国进口木材与EIA所谓非法采伐高风险国的非法采伐之间没有必然联系。

4.2.2　中国进口木材的合法性与木材生产国森林治理水平、贸易监管水平有较大关系

由表4－1可知,新西兰、美国、加拿大、澳大利亚是中国最主要的原木进口来源国,2011年中国从这4个发达国家进口原木量合计占中国原木进口总量的40.57%,而且中国从这4个国家进口原木量分别达到这4个国家出口原木总量的40%以上,新西兰、澳大利亚更高达64.47%、76.21%,但这4个国家不存在非法采伐问题;表4－3显示,莫桑比克、马达加斯加、哥伦比亚、秘鲁等4个EIA非法采伐高风险国对中国的木材出口量占这4个国家木材出口总量的比重很小,但这4个国家依然是EIA认定的所谓非法采伐高风险国。这一方面说明中国木材进口与木材出口国(生产国)的非法采伐缺乏相关性,另一方面又说明木材出口国(生产国)非法采伐的根源在于木材生产国的森林治理水平。

　　大多数发展中国家或者说转型国家的森林治理水平普遍较低,是导致其国内非法采伐丛生的原因所在。中国从这些国家进口木材,很容易被误解为是引起这些国家非法采伐的原因。以转型国家俄罗斯为例,由于俄罗斯森林可持续经营管理和木材进出口监管法律法规不够完善,木材流通市场缺乏秩序、监管不足,木材出口更是贪渎丛生、监管不力,导致非法采伐及相关贸易比较严重(韩沐洵等,2013)。据调查,在俄罗斯远东地区,一些人迹罕至的原始森林被大量非法采伐,在集材和运材过程中原木损耗严重,估计非法采伐量达40%~50%,被滥砍乱伐后的永冻层出现了严重的生态系统退化(孙顶强等,2006)。而在俄罗斯非法采伐比较严重的情况下,据 UN comtrade 统计数据显示,2000 年中国自俄罗斯进口的原木593.09 万立方米,至 2006 年不断猛增到2330.339 万立方米,其后受俄罗斯限制原木出口、屡次提高原木出口关税的影响,中国自俄罗斯进口的原木量有所下滑,2011 年仍达到1406.51 万立方米,仍占中国原木进口总量的33.23%,是中国最大的原木进口来源国。这样,中国从俄罗斯进口木材很容易被误解为是引起俄罗斯非法采伐的原因。

　　再以发展中国家印度尼西亚为例。根据 UN comtrade 统计数据,印度尼西亚是 2011 年中国进口锯材第五大来源国、出口中国锯材数量占印度尼西亚出口锯材总量96.63%。有研究显示,印度尼西亚的实际木材采伐量超过其林业部门允许采伐量75%(中国木材网,2010),绝大部分未申报的出口木材来源于在没有监督或不符合可持续采伐水平或违反森林保护区、禁止采伐区规定而进行的非法采伐,造成破坏生态环境的严重问题(Brack 等,2002)。大量调查证实,非法采伐木材通过非法途径走私到其他国家,或者通过伪造文件通过合法途径出口到其他国家。例如,2004 年马来西亚海关数据显示只有 115 万立方米的原木出口到中国,但中国海关数据却显示从马来西亚进口了原木 272 万立方米(章轲,2006),对比可以发现,其中 157 万立方米中国从马来西亚进口的原木大多是在印度尼西亚采伐所得,然后使用伪造文件佯装成马来西亚的原木,合法出口到中国(付建全,2010)。当然,马来西亚也被 EIA 认为是非法采伐高风险国家。中国作为印度尼西亚、马来西亚这两个国家的主要木材进口国,中国的木材进口自然会被认为是引发这两个国家非法采伐的原因。

　　然而,在木材进口过程中,仅仅依靠木材进口国是难以避免非法来源的木材转变成具有合法手续的木材出口到木材进口国的。对于木材进口国而言,进口的木材到底是否是非法采伐的木材、是否来自禁伐的森林很难辨别。如前所述,中国海关看到的可能是木材经销商通过贿赂出口国政府官员获得的合法的木材出口手续,木材进口国很难发现、查证这些具有合法手续但属于非法来源的木材,这种表面上是合法木材贸易但本质是非法木材及贸易,对任何木材进口国来说都是难以控制的(韩沐洵等,2013)。中国避免不了,发达国家也是一样。因此,中国进口木材的合法性与木材生产国(出口国)在采伐过程中和出口贸易过程中的相关法律制度不健全、监督管理严重不足有着密切和直接的关系,根源在于木材生产国(出口国)森林治理水平低、木材出口国贸易监管不力。实际上,打击非法采伐及相关贸易的关键在于从源头规避非法采伐的发生,提高世界主要木材生产国的森林执法能力。当然也需要各国各级政府和国际组织共同合作、共同努力的共同责任,才能取得抑制非法采伐及相关贸易的实际效果。

4.2.3 中国木质林产品"大进大出,两头在外"的加工贸易模式容易形成与国际非法采伐有直接联系的假象

21世纪初,随着中国加入世界贸易组织(WTO),广阔的国外市场骤然打开,凭借劳动力资源的优势,随着民营经济兴起和外国资本与技术的投入,中国木材工业和造纸工业获得了突飞猛进的发展,在胶合板、木制品、木制家具、造纸等行业迅速跻身为世界生产大国(韩沐洵等,2013),甚至成为世界胶合板出口第一大国、世界木制品出口第一大国、家具出口第一大国(程宝栋等,2012)、世界纸和纸板出口第一大国(中国造纸协会,2012)。出口产品主要流向美国、日本、欧洲等发达国家和地区。

表4-5、表4-6是根据2011年《中国林业统计年鉴》数据计算的中国各种进口、出口木质林产品折合成原木及所占比重。EIA报告为2012年,为方便分析和比较,因此,时间段控制在较为接近的2011年。

表4-5 2011年中国木质林产品进口量及折合原木量与比重

Tab. 4-5 The amount and proportion of conversing log volume
of imports of China's wooden forest products in 2011

产品	单位	进口量	原木折算系数	进口折合原木量(万立方米)	占比(%)
原木	万立方米	4232.58	1	4232.58	19.74
锯材	万立方米	2160.67	1.3	2808.87	13.10
特型材	万吨	1.34	2.2	2.96	0.01
单板	万立方米	20.02	2.5	50.06	0.23
刨花板	万立方米	54.70	1.5	82.05	0.38
纤维板	万立方米	30.62	1.8	55.12	0.26
胶合板	万立方米	18.84	2.5	47.09	0.22

产品	单位	进口量	原木折算系数	进口折合原木量（万立方米）	占比（%）
木制品	万吨	5.55	1.25	6.94	0.03
木家具	万件	549.72	0.11	60.47	0.28
木片	万吨	656.53	1.8	1181.76	5.51
木浆	万吨	1435.46	3.3	4737.01	22.09
废纸	万吨	2727.94	2.6	7092.63	33.07
纸和纸制品	万吨	347.77	2.8	973.76	4.54
木炭	万吨	18.87	6	113.22	0.53

注：根据2011年《中国林业统计年鉴》和2012年《中国林业发展报告》的数据计算。

表4－6　2011年中国木质林产品出口量及折合原木量与比重

Tab. 4－6　The amount and proportion of conversing log volume of

exports of China's wooden forest products in 2011

产品	单位	出口量	原木折算系数	出口折合木材量（万立方米）	占比（%）
原木	万立方米	1.44	1	1.44	0.02
锯材	万立方米	54.42	1.3	70.75	0.85
特型材	万吨	25.41	2.2	55.91	0.67
单板	万立方米	24.69	2.5	61.73	0.74
刨花板	万立方米	8.68	1.5	13.02	0.16
纤维板	万立方米	329.10	1.8	592.39	7.11
胶合板	万立方米	957.25	2.5	2393.12	28.71
木制品	万吨	187.69	1.25	234.61	2.81
木家具	万件	28915.75	0.11	3180.73	38.16
木片	万吨	0.51	1.8	0.92	0.01
木浆	万吨	3.15	3.3	10.40	0.12
废纸	万吨	0.29	2.6	0.74	0.01
纸和纸制品	万吨	599.78	2.8	1679.39	20.15
木炭	万吨	6.75	6	40.50	0.49

注：根据2011年《中国林业统计年鉴》和2012年《中国林业发展报告》的数据计算。

表4－5显示，2011年中国进口原木、锯材折合原木量为7041.45万立方米，但表4－6显示，2011年中国出口各类木质林产品折合原木量达到8335.65万立

方米,即使扣除几乎不使用进口原木、锯材的纸和纸制品及废纸、木炭,折合原木量也达到6615.01万立方米。显而易见,很多中国进口的原木、锯材等原料型木质林产品,在经过国内加工后转化为各种木质制成品后,再大量出口到国外市场(例如出口木制品、家具、胶合板,三者折合原木量5808.46万立方米),并没有在国内消费,呈现"大进大出,两头在外"的加工贸易模式。可以简单计算一下,假定中国进口原木、锯材全部用于木制品、家具、胶合板的生产,可以发现出口木制品、家具、胶合板折合原木量占进口原木、锯材折合原木量的82.49%,真正用于国内消费的有1232.99万立方米,占比只有17.51%。因此,中国仅仅是木质林产品全球加工贸易产业链上的中间一环,中国大量进口原木、锯材等原料型产品,然后大量加工成木制品、家具、胶合板等制成品,再大量出口到国外市场的生产贸易格局,是在国际专业化分工过程中资源优化配置导致的必然结果(韩沐洵等,2013),而如果只看到"大量进口→大量加工"的表面现象,没有看到其后的"大量加工→大量出口",那就十分容易得出偏颇的结论。因此,中国"大进大出,两头在外"的木质林产品加工贸易模式容易造成与国际非法采伐有直接联系的假象。

　　笔者认为,中国在世界木质林产品生产、贸易、消费的流转过程中,只是一个世界木质林产品"加工厂"或者说"生产车间",在市场需求导向为主的世界市场格局中,是处于从属地位的,利润极其微薄,却对木材生产国的经济发展以及木质林产品进口国消费者以低廉的价格获得高质量的消费做出了巨大贡献。如果中国放弃这种"大进大出,两头在外"的加工贸易模式,不再是世界的"加工厂",可能不仅无助于减少国际非法采伐,因为非法采伐的主要成因在社会腐败、贫困、社会治理体系不健全等方面(Creek,2004;Rosan-der,2008;付建全,2010;Alemagi,2010),还会大大降低世界对森林资源的利用效率,因为市场竞争、自由贸易的规则总会选择那些资源配置效率最高的地方生产。在需求仍在、只能是次优选择的情况下,无非是另外一些效率相对更低的国家背负中国正在背负的"黑锅",例如目前木质林产品生产、加工和出口正飞速发展的越南等国。实际上,由木材生产国开展木材深加工然后出口到国外市场也一样面临国外木质林产品需求导致的国内木材非法采伐问题,从国际分工的角度来看,其对森林资源利用的效率会更低,更容易引发非法采伐的产生。因此,将国际非法采伐的原因归结为中国木质林产品贸易的激增或者说"巨大而贪婪"的中国木材加工业,是只看到了加工贸易模式对木材需求的表象和木材需求引发非法采伐的假象,而未看到木材"有进还有出"的动态过程,忘记了美国、欧盟等发达国家和地区对进口木质林产品的巨大需求的根源。

4.2.4 中国木质林产品主要出口发达国家容易引发以打击非法采伐为名的绿色贸易壁垒

根据《中国林业发展报告》统计数据,多年来美国始终是中国木质林产品的最大出口市场,对美国的出口额占据中国木质林产品出口总额约 1/3;日本、英国、澳大利亚等发达国家也都是中国木质林产品出口贸易的重要伙伴。按中国木质林产品出口贸易额排序,2015 年中国前 5 位出口市场从高到低依次为:美国27.00%、日本 6.32%、中国香港 5.89%(其中很多向发达国家的转口贸易)、英国5.23%、澳大利亚 3.78%(中国林业发展报告,2016),全是发达国家或地区,合计达到 48.22%。国内学者很早就认识到,对发达国家的高出口市场集中度是中国木材产业发展的严重隐患,威胁中国林业产业安全。非法采伐及相关贸易引起木材产品价格下跌,廉价的中国木质林产品的大量出口,使进口的发达国家或地区内部市场受到剧烈冲击,相关产业面临严重威胁,于是,这些发达国家或地区为了维护本国木材业者的利益,采取各种途径和利用各种借口来限制中国木质林产品对其出口。不仅在经济政策上以打击"非法采伐"为由不断出台名目繁多的非关税贸易壁垒,而且在国际舆论上借助全球关于贸易与环境问题的争论,利用世界自然基金会(WWF)、大自然保护联盟(IUCN)、美国大自然协会(TNC)等一些国际非政府组织和行业协会,造就国际舆论声势,借题发挥,推波助澜,在非法采伐及相关贸易问题上不断对中国施压。为鼓励使用可持续的、合法的木材和木制品,打击非法采伐及相关贸易,2003 年欧盟发起《森林执法、施政与贸易》(FLEGT)行动计划,实行木材及其制品的进口许可制度,2006 年出台新的法律方案来补充和加强 FLEGT 的现行措施,进而 2010 年颁布欧盟《木材法案》(又名欧盟《尽职调查法案》,Due Diligence Regulation),规定贸易商要对进入欧盟市场的木材产品展开尽职调查以确保其合法来源,禁止非法木材进口到欧洲市场(李剑泉等,2011);2008 年生效的美国《雷斯法案修正案》(The revised Lacey Act,美国《雷斯法案》实质上是美国《粮食、保护和能源法案》的一部分,旨在打击野生动物犯罪),将保护范围延伸至植物及其制品(林产品)贸易,强力保护企业交易来自合法渠道的植物及植物制品(林产品)(付建全,2010),其限制范围宽泛、裁决依据多样、标准要求苛刻(杨丽华等,2011);世界许多发达国家,尤其是欧盟成员国,例如比利时、丹麦、法国、德国、荷兰、英国、西班牙等,相继制定了一些木材和木材产品的公共采购政策控制违法木材进口(李小勇等,2008)……以上种种,发达国家用它们认定的非法采伐的判断标准,树立了一道道绿色贸易壁垒,限制发展中国家的木质林产品出口贸易。由于各国法律法规有很大差异,对非法采伐的认识和定义有很大不同,发达国家利用其市场优势强行制定打击它们所谓的"非法采伐"的规则来限制发展中国家木质林产品出口的做法,是新贸易保护主义的表现,是违背国际贸易的通行惯例和规则的。发达国家(或地区)不愿意承担全球环境治理和世界森林资源保护过程中应该承担的共同责任,却利用国际非法采伐问题,将不利的后果全部推卸给经济落后的发展中国家(既包括属于木材生产国的发展中国家,也包括生产加工出口木质林产品的发展中国家),对发展中国家来说是极不公平的。因此,中国在国际非法采伐及相关贸易问题上应负主要责任的说法是毫无道理的,实质上发达国家才应该负有更大的责任,更多情况下非法采伐及相关贸易问题只是发达国家在政治、经济上打击、限制中国的一个借口。

4.3　中国木质林产品贸易对世界森林资源的影响分析

4.3.1　中国木质林产品贸易对世界森林资源的有利和不利影响并存

中国木质林产品贸易对世界森林资源的影响,可以归结为国际木质林产品贸易对世界森林资源的影响,本质上是贸易对环境的影响。而贸易是否导致环境退化,这是一个国际上争议很大的问题,是 20 世纪 70 年代以来国际上关于贸易与环境问题的争论的一个重要组成部分,至今也没有达成共识。即使目前的研究还处在很初级的阶段,越来越多的人已认识到贸易会对环境带来正面和负面影响。经济合作与发展组织(OECD)在《贸易的环境影响》中综合有关农业、林业、渔业、运输业以及濒危物种贸易对环境的影响研究,认为相对很多其他因素而言,绝大多数领域中贸易对环境的直接影响很小。然而,在特定情况下,国际贸易会对环境产生显著影响,或许还会通过影响商品(和劳务)的价格(和贸易条件)间接影响环境(经济合作与发展组织,1996)。

环境经济学的理论研究表明,贸易不是环境问题的根本原因。环境问题的根本原因是市场失灵和政府失灵(也叫作政策失灵、干预失灵)。当存在环境成本外部化、生态系统不当估值和产权界定模糊等情况时,市场机制就不能有效地配置资源,会发生市场失灵。当政府政策干预不能纠正甚至反而造成或加剧市场失灵时,就会发生政府失灵。市场失灵和政府失灵导致生产和消费的社会最优比率和方式与个人最优比率和方式的差异。这些失灵在全球范围内普遍发生,对环境造成越来越严重的危害。贸易能提高资源利用效率,为环境保护提供更多资金和动力,有利于帮助纠正市场失灵和政府失灵。但是,在某些情况下,当市场失灵和政府失灵时,贸易却加剧了环境恶化(经济合作与发展组织,1996)。

格罗斯曼和克鲁格(1991)将贸易对环境的影响效应分解为三个效应:规模效应(Scale Effect)、结构效应(Composition Effect)、技术效应(Technique Effect)。后来,OECD(1994)继续发展了该理论,将其分为产品效应(Product Effects)、技术效应、结构效应和规模效应四个方面。帕纳约托（2000）则最终分为技术效应、规模效应、法规效应（Regulatory Effects）、结构效应以及收入效应（Income Effects）五种，并分析补充收入效应和完善了规模效应分析（周雪莲等，2015）。综合来看，贸易的环境效应大致可以归纳为配置效应、规模效应、结构效应、技术效应、收入效应、产品效应和法规效应七个方面，具体见表4－7。

表4－7　贸易的环境效应及其效应发生机制

Tab. 4－7　Environmental effects of trade and its effect mechanism

编号	效应	效应发生机制	首次提出学者和时间
1	配置效应	贸易导致资源配置效率的提高，减少资源浪费，从而产生有助于环境保护的正效应，但也会造成跨境污染转移，导致负的环境效应	Ricardo（1817）；Walter 和 Ugelow（1979）
2	规模效应	如果贸易增长的同时没有相应的技术进步或采取相应的政策，从而使污染排放增加，则此时规模效应为负效应；而如果贸易增长使经济总量增长，环保政策进一步加强，并导致产品结构和技术发生变化，从而使单位产出的污染排放下降，则此时规模效应为正效应	Crossman 和 Krueger（1991）
3	结构效应	贸易增长可能导致经济增长方式或微观的生产、消费投资方式发生变化，从而导致正的环境效应（如有效减少化肥密集程度高的农作物生产活动）或负的环境效应（如导致煤炭发电在整个电力生产中的比重上升）	Crossman 和 Krueger（1991）
4	技术效应	单位产出污染排放下降的正效应或单位产出污染排放上升的负效应	Crossman 和 Krueger（1991）
5	收入效应	贸易增长带来的经济增长使人们的收入增加，从而使人们对环境质量的支付意愿上升或增加环境保护的预算，从而带来正的环境效应。收入增加使消费增长，也会导致资源消耗和环境污染增加，引起负的环境效应	Panayotou（2000）
6	产品效应	贸易增长使环境友好型产品（如节能设备）增加带来的正效应，或使有害环境的产品（如危险废弃物）增加而带来的负效应	OECD（1994）
7	法规效应	贸易带来的经济增长或贸易协议中规定的有关措施使环境规制得到加强，从而形成有利于环境保护的正效应；或者迫于贸易竞争的压力而使现有的环境规制被削弱，从而形成不利于环境保护的负效应	Panayotou（2000）

注：根据周雪莲等《中国对外贸易的环境效应》、张友国《中国对外贸易的环境成本：基于能耗视角的分析》整理。

表4－7显示，贸易对环境来说，确实是一把"双刃剑"，既有正效应，也有负效应。如果再把木质林产品贸易对世界森林资源的影响套入贸易对环境的影响中，

不难发现木质林产品贸易对世界森林资源的影响,既有有利的一面,也有不利的一面。这里不妨先做一个简单的分析,然后就中国木质林产品贸易对世界森林资源的影响的主要方面展开深入分析。

(1)就配置效应而言,木质林产品贸易导致世界森林资源配置效率的提高,减少森林资源浪费,从而产生有助于世界森林保护的正效应。例如,中国的胶合板材的加工利用率远远高于东南亚、非洲、拉丁美洲的一些发展中国家,将这些国家生产的胶合板材出口到中国进行加工,在同样产出的情况下,就大大减少了胶合板材的消耗量,从而减少了这些国家森林资源损失。但也会造成森林资源破坏的跨境转移,导致负的森林资源破坏效应。国际非法采伐及相关贸易就是配置效应的负面影响的表现。

(2)就规模效应而言,如果木质林产品贸易增长引起经济活动整体和规模以及市场增长的扩展的同时没有相应的技术进步(例如木材利用率、废纸浆利用率的提高)和产业结构稳定不变(例如作为初级品的原木与作为深加工产品的人造板的产品结构)或采取相应的政策,从而使世界森林资源破坏增加,则此时规模效应为负效应。而如果贸易增长使经济总量增长,环保政策进一步加强,并导致木质林产品的产品结构(例如原木与人造板之比)和技术(例如木材利用率、废纸浆利用率)发生变化,从而使单位木质林产品产出的木材消耗量下降,那么对森林资源破坏也会减少,则此时木质林产品贸易的规模效应为正效应。

(3)就结构效应而言,木质林产品贸易会间接影响国际生产和消费结构。木质林产品贸易的结构效应源于木质林产品贸易活动所导致的全球范围内的专业化分工。对于一国的森林资源来说,如果出口木质林产品的平均木材消耗程度低于进口木质林产品的平均木材消耗程度,则该国木质林产品贸易的结构效应就是正面的,否则就是负面的。因此,木质林产品贸易的发展将导致木材加工业在世界范围内的重新分配,木材加工业将会出现国际间的转移。正如家具产业,之前出现了由美国、意大利等发达国家向中国的转移,目前又出现了由中国向更落后的发展中国家(例如越南)转移的趋势。木质林产品贸易的结构效应比规模效应或产品效应更为间接,其作用更难确定,它与木质林产品贸易相关的生产和资源使用方式有关,取决于现有的环境政策、经济政策及其他政策。在改变国际生产和消费活动的分布和强度方面,木质林产品贸易对森林资源有影响,部分原因就是木质林产品贸易影响了木质林产品国内和国际市场价格。通过分配与不同国家的森林资源数量和条件相适应的经济活动,并提高森林资源的使用效率,木质林产品贸易的国家间资源配置效率最大化作用使其具有正结构效应。如果森林资源能被正确估值和计量,并且其价值能包含在木质林产品国际价格中,其开发利用不被政府政策干预所扭曲,那么木质林产品贸易将是推动世界森林资源可持续发展的理想手段。当这种理想状况不存在时,木质林产品贸易会把生产和消费分布到那些并不适于这些活动或活动强度的地区,由此产生负结构效应。总体上说,木质林产品贸易不是与世界森林资源有关的结构效应的主要原因,它相对于市场失灵和政府失灵,起的作用较小。例如商业用材(不论国内使用还是国际贸易)相对于把林地转为农用或城市用地而言,对森林退化的作用较小。

(4)就技术效应而言,包括单位木质林产品产出木材消耗量下降的正效应或单位木质林产品产出木材消耗量上升的负效应。技术效应一般为正。一方面,木质林产品贸易促进了各国的技术交流和技术扩散,因此而引进先进的生产技术和设备,产生正的技术效应,例如巴西、智利和乌拉圭为出口木浆而新建的木浆厂的制浆工艺设备来自发达国家;另一方面,木质林产品贸易使得出口国更为富有,有能力采用更为环保的技术和设备进行生产,也会产生正的技术效应。但木质林产品贸易也可能会带来负的技术效应影响,主要表现在短期内环境规制宽松的发展中国家可能引入落后淘汰的生产技术和设备,导致有害的、环境不友好技术和服务的传播。长期来看,随着经济的发展,技术效应最终为正。

(5)就收入效应而言,木质林产品贸易增长带来的经济增长使人们的收入增加,从而使人们对森林资源保护的支付意愿上升或增加森林资源保护的预算。正如随着经济社会发展和人民生活水平提高,民众对环境质量的要求越来越强烈,近些年来中国提出坚持生态优先的林业发展战略,从而带来森林资源保护的正效应。收入增加使木质林产品消费增长,也会导致森林资源消耗增加,引起森林资源保护的负效应。正如随着收入的提高,人们越来越喜爱使用实木产品,越来越多的人喜爱使用红木家具,这势必对森林资源尤其是红木资源面临迫害的威胁。

(6)就产品效应而言,木质林产品贸易的产品效应是通过特定的具有生态影响的产品和劳务的国际交换来影响环境的。木质林产品贸易增长使环境友好型产品(木质林产品相对于金属、水泥、塑料等属于环境友好型产品,但有些木质林产品的环境友好性更好,如刨花板、纤维板相对于胶合板,胶合板相对于锯材)增加带来的正效应,或使有害环境的产品(如实木地板、红木家具)增加而带来的负效应。

(7)就法规效应而言,木质林产品贸易带来的经济增长或贸易协议中规定的有关措施使环境规制得到加强,就会形成有利于森林资源保护的正效应;或者迫于贸易竞争的压力而使现有的环境规制被削弱,就会形成不利于森林资源保护的负效应。毫无疑问,在木质林产品贸易发展过程中,有关木质林产品贸易的环境规制是在不断增强的,例如国际社会的《国际热带木材协定》(ITTA)、欧盟《森林执法、施政与贸易行动计划》(FLEGT)，欧盟《欧盟木材法案》(Due Diligence Regulation)、美国《雷斯法案修正案》(The revised Lacey Act)相继出台，许多发达国家相继制定了一些控制非法木材进口的政府采购政策，乃至基于运用市场机制来促进森林可持续经营的森林认证，都是有关木质林产品贸易的环境规制，因此木质林产品贸易的法规效应或者说规制效应是一种正效应。

木质林产品贸易通过上述7种效应直接或者间接地产生对森林资源的影响，最后形成综合净效应。这些效应本身可能是正的，也可能是负的，综合起来同样可能是正的，也可能是负的，这取决于研究的范围，如国家层面还是国际层面，乃至特定的国家。

中国木质林产品贸易对世界森林资源的影响，显然从属于木质林产品贸易对森林资源的影响，可以肯定的是，中国木质林产品贸易对世界森林资源的有利和不利影响并存。那么这种有利或不利影响孰大孰小呢？而且由于中国木质林产品贸易具有自身的特点，其对森林资源的影响也与其他国家或者说整个世界的木质林产品贸易对森林资源的影响不同。下面围绕这两个方面，主要就中国木质林产品贸易对世界森林资源的影响展开深入和具体的分析，不利影响方面主要分析中国木材进口贸易对世界森林资源的影响，有利影响方面主要涉及中国木质林产品贸易对世界森林资源的配置效应和产品效应。

4.3.2　中国木质林产品贸易提高了世界森林资源配置效率，减少森林资源浪费

众所周知，实现资源的效率配置，意味着单位资源利用的经济产出最大，等同于单位经济产出的资源消耗最小。也就是说，在经济产出量既定的情况下，资源消耗的数量越少，或着说资源节省的数量越多，那么越有利于资源的保护。而自由贸易，正是实现资源有效配置的重要手段。贸易促进分工，促进规模经营和专业化生产。在自给自足的社会里，产品的商品率极低，多为分散小规模经营，专业化程度低。而贸易扩了产品的供给范围，加剧了竞争，利益驱使生产者在有限资源数量内生产更多产品，提高了生产效率以及资源配置效率。这有可能加剧当地或局部地区的资源利用强度，或引起环境退化。但从全球范围来说，此处的有效率生产，通过贸易满足了彼处的需求，减少或避免了彼处的资源消耗。

世界木质林产品贸易对于世界森林资源的影响也是这样。因此不能因为木质林产品的生产要消耗木材进而可能造成森林资源损失而讳言木质林产品贸易对提高世界森林资源配置效率、减少森林资源浪费的正面作用。毕竟没有国际木质林产品贸易，各国也同样具有木质林产品需求，同样要进行木质林产品生产，同

样要消耗木材,同样可能损害森林资源。何况森林资源作为一种生物资源,是一种可再生资源,在制度和市场完善的情况下,完全可以做到"越采越多、越采越好",正如现在一些发达国家一样,它们的森林资源并没有因为大规模和高强度的利用而损害,而是进入了一个森林可持续发展的良性循环阶段。如前所述,国际非法采伐和森林破坏的根本原因是经济发展落后,是森林治理水平低下。因此国际木质林产品贸易不是世界森林资源破坏的原因。将世界森林资源破坏归咎于国际木质林产品贸易是不符合经济学常识的。即使国际木质林产品贸易有可能加剧一些国家或局部地区的森林资源利用强度,导致森林资源破坏或退化,对当地生态环境造成不良影响,这也是正常的,从全球范围来说,通过国际木质林产品贸易最终减少了世界森林资源消耗。中国木质林产品贸易是世界木质林产品贸易的组成部分,当然也起到了提高世界森林资源配置效率、减少森林资源浪费的作用,当然也会引发一些国家或局部地区森林资源破坏或退化。因此,将世界森林资源破坏完全、主要归咎于中国木质林产品贸易是不合理的。应该接受和承认中国木质林产品贸易对世界木质林产品贸易的巨大贡献,接受和承认中国木质林产品贸易对世界森林资源利用的巨大贡献。

4.3.3 中国大量进口废纸以资源循环代用方式对保护世界森林资源发挥着重要作用

在世界森林资源保护问题上,国际社会更多关注与非法采伐进而与世界森林保护关系较大的原木、锯材等直接消耗木材的木材产品的进口问题,却忽略了中国既大量进口原木、锯材,也在同时在大量进口废纸。2011 年中国进口废纸2727.94 万吨(中国林业发展报告,2012),表 4 - 5 显示,按折合原木量计算,2011年中国进口木质林产品中,进口废纸折合原木量达 7092.63 万立方米,属于最大量的进口产品,占到同期中国进口木质林产品折合原木总量 23331.3 万立方米的 30.40%。

根据《中国林业发展报告》,2000 年中国废纸进口量 371.36 万吨,2011 年增长至 2727.94 万吨,增长了 6.35 倍,远远超过原木增长的 2.11 倍、锯材增长的4.98 倍,这才是进口量猛增。根据 FAO《林产品年鉴》,2011 年中国废纸进口量2809.1 万吨,占世界废纸进口量 5658.9 万吨的 49.64%,是世界上进口废纸最多的国家。根据中国造纸协会数据,2011 年中国造纸工业消耗的 5660 万吨废纸浆中,进口废纸折合废纸浆 2182 万吨,占比达 38.55%,进口的废纸成为中国造纸工业重要原料来源。

造纸的原料主要有木浆、非木浆和废纸浆。大多数发达国家的造纸工业主要以木浆为造纸原料,例如美国、德国、日本、瑞典、芬兰等,即使一些发展中国家,例如印度、印度尼西亚、马来西亚、巴西等,也是以木浆为主要造纸原料。国际造纸工业的纸浆结构,大体为木浆62.6%、非木浆3.4%、废纸浆34.0%(李梦丁,2010)。由于中国森林资源严重不足,有限的森林资源难以满足造纸用材的需求,严重制约了中国造纸工业的发展。在改革开放之前,中国造纸工业不得不长期以稻麦草浆、苇浆等非木浆作为主要造纸原料,虽然在一定程度上缓解了造纸原料短缺问题,但受造纸原料质量影响,纸产品质量低下、档次偏低、品种不全,仅仅能满足国内部分基本需求,而环境污染,尤其是污水排放更是极为严重。与非木浆相比,利用废纸造纸不仅成本低、节约能耗、制浆过程简单,生产的产品品质高,更重要的是大大减少了废水排放,极大减少了对环境的危害。与木浆相比,废纸浆在性能上接近木浆(周琦等,2011),但却不受造纸用材匮乏的限制,成本更低。来源广泛、价低量多的进口废纸为中国摆脱资源限制、发展造纸工业创造了条件。由此,中国造纸工业抓住机会,在不长的时间内,迅速实现了由主要以非木浆为造纸原料向主要以废纸为造纸原料的历史性转变,实现了造纸工业的迅猛发展(见表4-8)。

表4-8 2000年、2011年和2015年中国造纸工业纸浆消耗数量、结构对比

Tab.4-8 Comparison of pulp consumption and structure of China's paper industry in 2000、2011 and 2015

品种	2000年		2011年			2015		
	数量(万吨)	占比(%)	数量(万吨)	占比(%)	比2000年增长(%)	数量(万吨)	占比(%)	比2011年增长(%)
总量	2790	100.00	9044	100.00	224.16	9731	100.00	7.60
木浆	535	19.18	2144	23.71	300.75	2713	27.88	26.54
废纸浆	1140	40.86	5660	62.58	396.49	6338	65.13	11.98
非木浆	1115	39.96	1240	13.71	11.21	680	6.99	-45.16

注:根据2001年、2011年、2015年《中国造纸工业年度报告》的数据计算。

表4-8显示,2000年中国造纸工业纸浆消耗2790万吨,其中木浆535万吨、废纸浆1140万吨、非木浆1115万吨,占比分别为19.18%、40.86%、39.96%;2011年纸浆消耗9044万吨,其中木浆2144万吨、废纸浆5660万吨、非木浆1240万吨,占比分别为23.71%、62.58%、13.71%;2015年纸浆消耗9731万吨,其中木浆2713万吨、废纸浆6338万吨、非木浆680万吨,占比分别为27.88%、65.13%、6.99%。可见,以用废纸制造的废纸浆为主要造纸原料,已经成为现代中国造纸

工业的重要特征。

根据中国造纸协会数据,2011年进口废纸2728万吨,中国造纸工业消耗的5660万吨废纸浆中,进口废纸折合废纸浆占比38.55%,达2182万吨(中国造纸协会,2002)。中国将这些本应该在国外被当作垃圾废物甚至要花较高成本处理的废纸进口到中国作为造纸工业原料,既减少了国外对废纸处理费用,生产出的纸和纸板出口到国外,又满足了国际市场而且主要是废纸出口国的消费需求,从两个方面提高了这些国家的社会福利,同时又大大减少了原先中国以稻麦草浆、苇浆等非木浆原料为主造纸对环境带来的巨大损害。最重要的是,废纸对木浆的替代,减少了对纸浆材的需求,而且可以再循环回收利用,节约了大量世界森林资源。表4-5显示,2011年中国进口废纸折合原木7092.63万立方米,即等于替代节约造纸材7092.63万立方米,按森林资源采伐利用率70%计算,相当于为世界节约了1.01亿立方米的森林资源。2011年中国进口废纸折合原木量7092.63万立方米,其节约的木材数量,基本抵消了中国当年全部进口原木、锯材的折合原木量7041.45万立方米。也就是说,如果说中国进口原木、锯材中确实有的来源于非法采伐木材(据笔者估计,不会超过1/4)造成对世界森林资源的减少,也早已经被中国进口废纸以资源循环代用方式节约的森林资源抵消了,而且还进一步保护了约7500立方米的森林资源免遭损失。

这样,根据《中国林业发展报告》,2000—2015年,中国共进口废纸3.17亿t,按1:2.6原木当量系数计算,折合成原木量约为8.25亿立方米,按森林资源采伐利用率70%计算,相当于减少森林资源损耗11.79亿立方米。所以,简单地说中国木质林产品贸易或者说对木材的需求推动了国际非法采伐、破坏了森林资源是完全错误的。他们只看到了中国大量进口原木、锯材的一面,而没有看到中国也在同时大量进口废纸的另一面,以偏概全。事实上,中国通过优化造纸工业的原料选择,通过大量进口废纸替代对木浆的使用,大幅度减少了对木材的需求,以资源循环代用方式节约了巨量的森林资源,有力缓解了世界森林资源的破坏程度,中国造纸工业由此也突破了中国森林资源先天不足的限制,成为世界上最大的造纸产品生产国,2011年中国纸和纸板产量达9930万吨,占世界纸和纸板产量的24.9%(中国造纸协会,2012),是世界第三大造纸产品出口国。2015年中国纸和纸板生产量进一步提高到10710万吨(中国造纸协会,2015)。中国大量进口废纸,既促进了世界经济和贸易的发展,更对保护世界森林资源发挥了积极和重要的作用,对全球生态环境的改善做出了不可忽视的巨大贡献。

3.3.4　中国深加工木质林产品出口以功能节约代用方式推动了世界森林资源走向可持续发展

根据《中国林业发展报告》统计数据,2000 年中国木质林产品出口额 45.47 亿美元,2011 年达 405.56 亿美元(原国家林业局,2012),比 2000 年增长了 7.92 倍,迅猛的增长速度确实举世瞩目。短短几年,中国就已成长为世界木质林产品主要出口国。目前中国是胶合板出口世界第一大国、木制品出口世界第一大国、家具出口世界第一大国。而不管是胶合板、木制品还是家具,都属于深加工木质林产品。这些深加工木质林产品最大的特点是虽然基于木材制造要消耗木材,但其使用功能大大超过直接使用原木,起到了提高木材利用率、节约替代大量木材资源的作用。

以胶合板为例,据研究,生产 1 立方米胶合板虽然需要耗费 2.5 立方米原木,但 1 立方米胶合板在使用过程中能抵得上 4 ~ 5 立方米锯材的功用,因此在使用功能上 1 立方米胶合板相当于 6 ~ 7.5 立方米的原木(田园,2011),这样 1 立方米胶合板的生产和使用实际上可以节约 3.5 ~ 5 立方米的原木,大大提高了原木利用率,高效地节约了有限的森林资源。由此计算,2011 年中国生产胶合板共 9869.63 万立方米,在使用上相当于 5.92 亿 ~ 7.40 亿立方米原木,扣除生产中耗费的原木量 2.47 亿立方米,等于节约了 3.45 亿 ~ 4.93 亿立方米原木,按森林资源采伐利用率 70% 计算,进而相当于节约了 4.93 亿 ~ 7.05 亿立方米森林立木资源;2011 年中国出口胶合板 957.25 万立方米,在使用上相当于 5743.50 万 ~ 7179.38 万立方米原木,扣除生产中耗费的原木量 2393.13 万立方米,等于节约了 3350.38 万 ~ 4786.25 万立方米原木。如果说中国进口原木、锯材中确实有的来源于非法采伐木材(据笔者估计,不会超过 1/4,2011 年最多 2000 万立方米),那么 2011 年中国出口胶合板在使用上节约的原木量占到同期中国全部进口原木、锯材的折合原木量的 47.58% ~ 67.97%,能够完全抵消非法采伐带来的不良影响。按森林资源采伐利用率 70% 计算,2011 年中国出口胶合板在使用上节约的原木量相当于节约了 4786.25 万 ~ 6837.50 万立方米森林立木资源。所以说中国胶合板出口以功能节约代用方式保护了大量森林资源,促进了世界森林资源走向可持续发展。

如果是纤维板、刨花板产品,则它们对木材的节约效果更高。因为它们在生产时主要是将原本不利用的小径材、劣质材,采伐、造材、加工剩余物加以回收利用(翟中齐,2003),基本不使用原木。根据实际调查,中国纤维板、刨花板生产中大量用到回收家具等回收废材,甚至是树根,更是大幅度提高了木材综合利用水平、最大限度地减少了对森林资源的依赖,实现了对森林资源的高效、节约、循环的可持续利用,间接减少森林资源损耗。如果不是这样,这些废弃的木材还会在自然界中快速腐朽,以 CO_2 的形式释放大气中,从而加剧全球气候变暖,但经过加工利用后以产品的形式将碳固定下来,减少了碳排放,有利于全球气候的改善。

说起碳排放,应对全球气候变化,中国木质林产品出口也发挥着独特的作用,在一定程度减轻了世界森林资源在保护碳储存、减少 CO_2 排放方面和森林在吸收 CO_2、减少大气中的 CO_2 方面所肩负的重任,有利于迎接应对全球气候变化的挑战。

首先,由于木质林产品的环境友好性,中国木质林产品出口减少了能源密集型材料、产品的使用,有利于节能和减少碳排放。不同于矿产资源,木材源于可再生的森林资源,木质林产品不仅在生产过程中具有环境友好性,在消费过程中都同样具有很好的环境友好性。木材与钢材、水泥等相比,具有可再生、可降解、可循环利用的独特优势。据国外"雅典计划"研究项目分析,钢材、水泥在生产阶段的能源消耗分别是木材的 1.9 倍和 1.5 倍,造成的水污染分别为木材的 120 倍和 1.9 倍,空气污染分别为木材的 1.44 倍和 1.69 倍,固体废弃物数量分别为木材的 1.37 倍和 1.95 倍(刘东生,2010)。木质林产品的全生命周期能耗和碳排放相比金属、水泥、塑料等是最低的。根据研究,产品生产所需单位能耗(称作内含或源生能量),普通钢材 26.52 MJ/kg、黄铜 239 MJ/kg、铝 421.65 MJ/kg、水泥 5.3 MJ/kg、玻璃 17.56 MJ/kg、塑料 112.2 MJ/kg,而木材为 1.99 MJ/kg(1592.3MJ/立方米)、胶合板为 8.3 MJ/kg(仲平,2005)。根据国际能源机构测算,以木结构能耗为100,钢结构能耗达 300,钢筋混凝土结构能耗高达 800。我国的研究表明,对于独栋别墅,木结构物化阶段的 CO_2 排放量分别是钢结构和混凝土结构物化阶段的58.5% 和 16.9%(清华大学国际工程项目管理研究院,2006)。因此,中国木质林产品的大量出口,不仅仅满足了国际市场对木质林产品的既有需求,由于其低价的特点,实际上增加了世界对木质林产品的使用,既扩大了使用范围,又提高了使用的数量。这无疑促进了对金属、水泥、塑料等的替代,减少了能源密集型材料、产品的使用,顺应了低碳经济时代低能耗、低排放的要求,有利于迎接应对全球气候变化的挑战。

其次,相对于金属、水泥、塑料,木质林产品除了全生命周期碳排放是最低的,还具有独特的碳储存的功能。森林以其吸收 CO_2 的功能而具有碳汇作用,是陆地生态系统最大的碳库,一旦森林破坏,就会成为碳源,这是为什么全球关注森林保护的原因。而经过各种加工将森林资源转化为木质制成品,只要这些木质制成品不腐烂、燃烧,森林就不会由碳汇转变为碳源。换言之,利用森林资源制造木质林产品,并不意味着直接的碳排放,这与通常的森林破坏、减少直接增加碳排放是不同的。有的木质林产品寿命可达几十年、上百年,例如家具和一些木制品。这意味着由于木质林产品的存在,森林集聚的碳汇在很长一段时间内不会释放,延缓了森林由碳汇成为碳源的过程,这就是木质林产品的碳储存功能。尤其是中国很多木质林产品的原料并不是原木,而是"三剩"物以及次、小薪材及回收利用材等,乃至是废纸(即使纸张的寿命不长,但由于废纸回收利用,纸张的寿命得到反复延长),更是将本应迅速腐朽从而排放 CO_2 的大量木质原料长久地固化到木质林产品中,减缓了 CO_2 的排放,起到了碳储存的作用。因此,从碳储存的角度,中国依托废物利用的木质林产品出口也减缓了气候变化,促进了世界生态环境的保护。

综上所述,中国出口的深加工木质林产品,以功能节约代用方式,减少了大量木材消耗,进一步提高了森林资源利用效率,间接减少了对森林资源的破坏,推动了世界森林资源的可持续发展。因木质林产品的环境友好性和独特的碳储存的功能,中国木质林产品出口也在减少和延缓碳排放方面发挥着独特的作用,有利于迎接应对全球气候变化的挑战。

4.4 中国应对国际非法采伐及相关贸易和世界森林资源保护问题的建议

综上所述,中国木质林产品贸易与国际非法采伐及相关贸易问题之间没有必然联系,中国木质林产品贸易对世界森林资源的不利影响并不大,相反,中国木质林产品贸易提高了世界森林资源配置效率,中国木质林产品贸易背后隐含着大量森林资源的节约,以资源节约代用方式、以功能节约代用方式,提高了森林资源利用效率,大量减少了需求引致的木材消耗,间接减少了世界森林资源的损失,实质上有力保护了世界森林资源。中国实际上在为世界森林、世界林业、国际木质林产品贸易、世界经济的可持续发展发挥着积极和重大的作用。

非法采伐及相关贸易问题是在保护环境、保护世界森林资源的国际大背景下提出来,表面上是林业问题、环境问题、可持续发展问题,实质上是经济问题,是对全球森林资源和经济利益的争夺(孙久灵等,2010;姜凤萍,2013),是借助环境与贸易问题各国展开的政治、经济博弈和交锋。为了回应国际组织和发达国家就非法采伐及相关贸易问题的指责与发难,中国国家林业局提出了打击非法采伐的 7 项原则(孙久灵等,2010),围绕国际社会的指责做出关于打击非法采伐的回应。为此,本研究提出以下相关建议和措施。

（1）认清性质，表明立场，统一行动

各国对非法采伐及相关贸易问题的争论，不仅是为了人类的生存环境、保护世界森林资源，本质上是追求其自身经济和政治利益。非法采伐及相关贸易问题、世界森林资源保护问题是部分发达国家利用环境保护之名打压发展中国家的借口。非法采伐与相关贸易问题已经被国际社会政治与经济力量所左右，成为涉及多个方面的综合问题，要充分认识到其复杂性、艰巨性和长期性。

国际社会歪曲事实的争论和渲染不仅直接影响到中国木质林产品贸易的正常开展和木材工业的发展，损害了中国的经济利益，还污损了中国的国际形象（韩沐洵等，2013）。面对当前不利的形势，首先，中国政府应充分表明坚决打击非法采伐及贸易的原则立场（金普春，2008），承担起应该承担的责任，树立良好的国际形象。不过，也不能承担打击非法采伐及贸易的无限责任。根据全球环境问题管理中的共同但有区别的责任原则，每个国家都应该根据本国的能力和条件承担相应的责任。中国也只应该承担其应该承担的责任，不能承担超过中国能力的责任，何况中国木质林产品贸易与国际非法采伐及相关贸易问题之间没有必然联系，何况中国木质林产品贸易有利于世界森林资源保护。其次，涉及该问题的政府职能部门，如国家林业局、商务部、海关总署及外交部，应建立良好的配套协调机制，对内加强职能管理，对外统一口径和行动（金普春，2008），甚至可以考虑专门建立一个部际协调委员会或办公室。

（2）坚持主权，坚决维护木质林产品正常贸易秩序

国家环境主权原则是国家主权原则在全球环境管理中的应用，是当代全球环境管理的核心和基本原则。每个国家不论大小，都有自己的环境主权，即对于本国范围内的环境保护问题拥有在国内的最高处理权和国际上的自主独立性。中国要坚持国家主权，不为国际社会和发达国家的舆论所左右，以维护国家利益为根本，独立自主地处理非法采伐及相关贸易问题，切实保护国内木材产业的利益。

对于一些发达国家打着保护世界森林资源、保护地球生态环境的旗号，以打击非法采伐及相关贸易为名，通过建立绿色贸易壁垒，行打压中国木质林产品生产与贸易之实的行为，中国要组织专家深入研究欧美相关法案的内容和具体实施细则，在世界贸易组织框架下利用 WTO 规则，坚决维护国际木质林产品正常贸易秩序，取得话语权，切实保护国内木材产业的经济利益。

（3）主动参与相关国际谈判，影响和引导谈判进程、走向，争取主导权

非法采伐与相关贸易问题的争论极大影响了中国的经济利益、国家形象乃至生存空间，不能任由发达国家或其代言人（主要是一些国际环保组织）来主导非法采伐及相关贸易问题谈判的进程。一些发达国家利用经济优势和市场优势，以在

环境问题上给予发展中国家一定资金支持或市场准入作为诱饵,诱导一些发展中国家在非法采伐及相关贸易问题上与其达成一致意见,极力想达成一部打击非法采伐的国际性的、具有法律约束力的文件(孙久灵等,2010)。如果这样,这些发达国家将进一步增强在国际木质林产品贸易中的话语权。中国是全球木质林产品出口大国,是国际木质林产品贸易的主要参与者,要主动参与非法采伐及相关贸易问题相关国际谈判,不能仅仅是事后应对,而是要先发制人,在制度制定过程中就体现自身的利益,要联合广大发展中国家争取谈判主导权,揭穿发达国家在此问题上的歧视性行为和利益链条背后的阴谋,向发展中国家阐明利害,努力影响和引导国际相关谈判进程的走向,坚决防范在这场国际争论中形成一个发达国家主导的、国际性的、具有法律约束力的文件,力争使之向公平、公正的方向发展。

(4)积极参与打击非法木材及相关贸易的跨国行动,开展国际合作,帮助木材生产国提高森林资源治理水平

首先,打击和抑制非法采伐及相关贸易,是全球性的问题,不是某一个国家或某一个地区独立的责任,是所有相关国家的共同责任,需要木材生产国(出口国)、加工国(进口国、出口国)、消费国(进口国)加强双边、多边和全球合作,建立打击非法采伐及相关贸易的国际联动机制(钱一武等,2010)。因此,中国不仅要表明积极遏制非法采伐及相关贸易的决心,还要采取实际行动参与打击非法木材及相关贸易的跨国联合行动,赢取国际社会的信任。2000年中国和俄罗斯两国签署了关于合作开发和可持续经营俄罗斯远东地区森林资源的政府间协定;2002年中国与印度尼西亚签署了打击非法采伐的备忘录;随后在亚洲加强森林执法管理非正式部长级会议上,发表了采取紧急措施制止林业违法和犯罪的联合声明(钱一武等,2010)。随着非法采伐及相关贸易问题的不断升级,2008年中国和美国签署了打击非法采伐的备忘录,2009年中国和欧盟签署了《中欧森林执法与施政双边协调机制》。未来中国应继续坚持参与区域乃至全球性的联合打击非法采伐及相关贸易行动,以实际行动获得国际社会的信任。

第二,中国应加强与木材原料供应国与木质林产品进口国在非法采伐及相关贸易问题上的合作,积极开展联合木材合法性认定谈判,实现与木材原料供应国在木材合法性证明文件上的联合互认,尤其要实现与木质林产品进口国在木材合法性证明文件上的联合互认,为中国出口木质林产品获得进入国际市场的通行证。

第三,中国要强化对属于发展中国家的木材进口来源国在管理、资金和技术上的援助,以帮助这些属于发展中国家的木材生产国优化其国内森林资源管理体制,提高其森林资源管理水平和治理能力,加快这些国家贫困林区的经济发展(金

普春,2008),从根源上遏制和打击非法采伐的发生。中国可以自身在资金、技术、管理上的优势,通过联合开发、联合生产的方式建立与发展中国家的利益共同体,破解非法采伐及贸易问题对中国林业产业发展和木质林产品国际贸易的制约和限制。

(5)提高国内木材资源供给能力、分散进口木材供应渠道,优化木质林产品出口市场结构、出口产品结构

第一,大力提高国内木材资源供给能力。国际比较表明,中国的木材资源供给进口依存度虽然在世界主要木质林产品进口国中处于中等水平,但进口木材的绝对数量却远远大于世界上大多数其他主要木质林产品进口国,尤其是在原木、锯材等原料型木质林产品的进口上,不仅仅绝对数量大,而且在世界原木、锯材进口总量中的比重,在原木、锯材总供给中的比重也是相当大的。为此,中国必须要改善木材资源供应渠道,避免在原木、锯材等原料型木质林产品上过度依赖国际市场。从长期来看,进口市场难以长久依赖,增强中国木材自给能力,才是中国木材产业可持续发展的根本保证。因此,中国在木材供给上,应树立以提高国内木材供给能力为主,合理开发和利用国外木材源为辅的原则,加大国内造林、营林投资力度,满足木材需求。为此要鼓励民间资本投入林业建设,鼓励国外资本投入林业建设,加大政府扶持力度,创造林业发展良好的经营环境,尤其要在南方地区加快速生丰产用材林、工业原料林的建设,建立合法木材生产基地,保证出口木质林产品有稳定的合法木材原料来源,短期内缓解、长期内彻底解决中国木材供给短缺问题。

第二,进一步分散进口木材来源国供应渠道,大力改善进口木材资源供应结构。首先是尽量减少从非法采伐高风险的热带地区国家的木材进口,例如尽量减少从巴布亚新几内亚、所罗门群岛、喀麦隆、利比里亚等国的木材进口。其次是适当增加从一些森林资源比较丰富的发达国家的木材进口。除了利用规模优势继续从目前的主要木材来源国美国、加拿大、新西兰、澳大利亚等发达国家进口外,积极增加从森林资源比较丰富的德国、奥地利、芬兰等欧洲发达国家的木材进口。这些发达国家森林经营管理完善,可以有效避免进口非法采伐木材的风险。第三是支持和鼓励木材加工企业开展跨国经营活动,将过去单一获取廉价的劳动报酬收益,转变为在国际化经营中赚取利用资本、技术、管理、市场优势形成的经营利润。例如对俄罗斯、泰国、老挝、越南等邻近的森林资源丰富但国内森林资源开发能力不足、木质林产品加工业落后的国家进行直接投资,利用当地森林资源、当地木材进行加工增值生产后进口到国内或者出口到国际市场(程宝栋等,2012),这样既可以合理规避非关税壁垒和有效减少贸易摩擦,又保障了中国木材资源供给

的安全,实现双赢。

第三,积极优化木质林产品出口市场结构、出口产品结构。中国木质林产品出口市场过度集中,出口产品类型过度集中,虽然近期有所缓和,但仍然严重依赖于美国、日本和欧盟等发达国家的市场,严重依赖于一些大宗、低附加值产品,存在很高的市场风险。这种隐患已经在非法采伐及相关贸易问题上充分显现,影响了产业的长期、稳定和快速发展。因此,中国应大力开发木质林产品新的出口市场,例如加大对东南亚、中东、东欧等经济发展较快的国家和地区的出口(彭越等,2012),大力开展高附加值产品研发,走品牌化发展道路,提高企业的市场控制力。通过出口市场的多元化、分散化,出口产品的高级化、差异化,规避和化解市场过度集中、产品类型过度集中引发的非关税壁垒和贸易摩擦,减少出口贸易风险,促使中国木质林产品出口贸易和相关产业保持长期、稳定和快速发展。

(6)建立和完善木质林产品产销监管体系,建立木材行业信用评价系统

非法采伐及相关贸易的监管涉及木质林产品的整个产业链,为有效防范和打击非法采伐及相关贸易活动,中国应加快建立和完善贯穿整个产销链的木质林产品产销监管体系。从木材供给源头开始,包括国产或进口木材,采取有效措施保证这些木材属于经过国际公认的可靠程序鉴定后的合法木材,并建立完备的产品追溯跟踪系统以确保在木质林产品产销链上每一个木材供给环节的合法性(韩沐洵等,2013)。鉴于国际社会对非法采伐及相关贸易的关注,首先应该建立进口木材的产销监管体系,然后积极推进国产木材的产销监管体系。在建立和完善木质林产品产销监管体系问题上,可以借鉴在国外发达国家普遍开展、在国内也已经起步的森林认证制度。

森林认证和林产品产销监管链认证能够促进森林的可持续经营,确保最终产品源自经过认证的经营良好的森林,杜绝了非法采伐木材来源问题,有利于森林可持续经营和森林资源保护,有利于树立良好的产品形象、企业形象、行业信誉,有利于市场进入和市场占领。国际森林管理认证体系覆盖的面积从2000年的1400万平方千米增加到2014年的4.38亿平方千米,占全球森林面积的10.95%,其中58%是在森林认证体系认可计划(PEFC)的覆盖下,42%则在森林管理委员会(FSC)的认证计划之内(FAO,2016)。中国森林面积虽位居世界前列,但经过森林认证的面积只有区区20个森林经营单位的160万平方千米,比例不足1%(沈玲等,2010);只有1179家木材加工企业通过了产销监管链认证,相对数量更少(王亚明等,2011),远远低于欧美等发达国家。为此,一方面,中国需要积极推进自己的森林认证体系和产销监管认证体系,另一方面,要加快推进与FSC和PEFC体系的互认步伐,同时也要鼓励FSC和PEFC在中国的发展。通过政府的

有力扶持,降低企业的认证成本,使中国木质林产品生产和出口企业获得更多的世界木质林产品市场可以通用的"通行证",突破非法采伐及贸易问题造成的新型贸易壁垒的阻碍,保证中国木材产业健康和快速发展。

要逐步建立木材行业信用评价系统。行业协会以及政府主管部门,要积极开展打击非法采伐及相关贸易问题的宣传,帮助木质林产品生产企业尤其是木材进口企业了解木材生产国和木质林产品出口目标市场国相关法律法规,提高其规避进口非法木材风险的意识和能力,主动避免企业触发和绕开新型贸易壁垒(李剑泉等,2007)。解决非法采伐及贸易问题,不仅仅是政府的事情,也不仅仅是企业的事情,还需要公众的理解、支持和帮助。因此要在公众中进行广泛宣传,引导消费者购买、消费来源于合法木材的、对生态环境有利的木质林产品,利用社会公众和新闻舆论监督企业生产经营活动,完善木材进口企业信用评价体系,控制木材非法采伐及贸易行为的发生。

(7)改变木质林产品原料结构,调整"大进大出,两头在外"的加工贸易模式

第一,建立和完善木质林产品产销监管体系及木材行业信用评价系统是一个复杂和长期的问题,短期内不易全面开展,甚至进口木材来源合法性的鉴定都十分复杂和困难,难以防止外国企业利用非法手续向中国出口非法采伐木材的行为,最终在中国加工生产的木质林产品在出口时仍然可能达不到一些发达国家对木材合法性的要求,而被拒之门外,痛失市场。为此可以尝试改变生产木质林产品的原料结构,更多使用不在法律规定范围内的原料,规避相关法律的约束。例如,由于《欧盟木材法案》中涉及的产品范围包括实木制品、地板、胶合板、纸和纸浆,而回收产品、竹、藤、印刷品(例如书籍、杂志、报纸)不在涵盖范围内(彭越等,2012),因此,为规避风险,可以主动调整出口木质林产品在生产时的原料结构,例如,加强家具以旧换新、废纸回收利用等政策的扶持力度,建立厂家负责的回收体系,完善公共的社会回收体系,提高回收利用率,从而增加废旧木质林产品在木质原料中的比重;减少使用容易受法规限制的实木、胶合板,多用不受法规限制的刨花板、纤维板,特别是中国竹、藤资源丰富,应当加大以竹、藤为原料的产品的开发、生产,扩大竹、藤类产品的出口(彭越等,2012),如推广应用以竹胶合板为原料的家具生产,等等。

第二,中国木质林产品"大进大出,两头在外"的加工贸易模式容易造成与国际非法采伐有直接联系的假象,使作为加工生产国的中国蒙受本应由木质林产品最终消费国承担的恶名。由于中国很多出口木质林产品档次低、品种雷同,为争夺有限的出口市场,企业常常陷入恶性价格竞争,加工利润微薄,甚至只有依赖国家的出口退税才能勉强生存,还极易招致反倾销、反补贴、保障措施和特别保障措

施以及各种名目繁多的绿色贸易壁垒。因此,必须要打破"大进大出,两头在外"的加工贸易模式,调整目前的产业发展模式。企业众多、单个企业规模过小是中国木材产业的重要特征,规模化、集中化是中国木材产业的必然发展趋势。发挥木材产业集群效应,通过资本运作实现企业整合,通过战略联盟实现品牌整合、营销整合、产能整合,是做大做强中国木材产业的必由之路。为此要做好产业发展规划,在政府大力扶持下,以市场为纽带,促进木材产业的规模化经营和集约化生产,提高产品质量、档次,提高木材综合利用水平;通过木材产业自主创新意识和能力培养,创建具有较高声誉和影响力的自有品牌,建立起品牌的特定优势,增加产品附加值和市场控制力。当中国木质林产品企业以质量竞争、品牌竞争取代数量竞争、价格竞争,中国才能改变目前加工贸易的模式。

4.5 本章小结

森林是地球上陆地生态系统的主体,发挥着多种生态环境功能,木材非法采伐及相关贸易直接对森林可持续发展构成威胁,是造成森林退化和破坏的重要原因,已经成为国际社会共同关注的热点、焦点问题。中国作为世界木质林产品贸易大国,尤其是初级木质林产品进口贸易大国,自然成为国际社会关于非法采伐及相关贸易问题热议的焦点,被推到了非法采伐及相关贸易争论浪潮的风口浪尖。

本章从构成中国木质林产品贸易的进口与出口两个角度,分别探讨了它们与国际非法采伐之间和世界森林保护的相关性问题,得出结论:中国进口木材与多数所谓的非法采伐高风险国家的非法采伐没有必然联系,中国进口木材的合法性与木材生产国森林治理水平、贸易监管水平有较大关系,只是中国"大进大出,两头在外"的木质林产品加工贸易模式容易形成与国际非法采伐有直接联系的假象,中国木质林产品主要出口至发达国家容易引发以非法采伐为名的绿色贸易壁垒。正如贸易不是环境问题的根本原因,木质林产品贸易也不是世界森林资源破坏的原因。中国木质林产品贸易提高了世界森林资源配置效率,中国木质林产品贸易背后实则是大量森林资源的节约,以资源节约代用方式、以功能节约代用方式,间接减少了对森林资源的破坏,实质上保护了世界森林资源,发挥着积极和重大的作用。非法采伐问题可以说是欧美发达国家借以打压中国林产工业发展的绿色贸易壁垒,甚至成为涉及多个方面的综合问题。

针对中国在非法采伐及贸易问题上面临的当前国际形势,对外中国要认清非法采伐问题的性质,表明立场,坚持主权,坚决维护木质林产品正常贸易秩序,主动参与相关国际谈判,参加打击非法木材及相关贸易跨国行动,积极开展国际合作,帮助木材生产国提高森林资源治理水平;对内要不断提高国内木材资源供应能力,扩大进口木材来源国供应渠道,优化木质林产品出口市场结构、产品结构,改变木质林产品原料结构,调整"大进大出,两头在外"的加工贸易模式,建立和完善木质林产品产销监管体系,建立木材行业信用评价系统,提高和维护木材产业的行业信誉,改变和提升木材产业国际形象,保证中国木质林产品贸易和木材产业的获得长期、稳定和快速发展。

第 5 章

基于木材消耗视角木质林产品贸易对森林资源影响的实证分析

5.1 问题的提出

5.1.1 木质林产品贸易是世界森林资源减少的原因吗？

在人类的生存和发展过程中,森林一直扮演着重要角色。森林是地球上陆地生态系统的主体,具有固碳释氧、涵养水源、防风固沙、保持水土、净化空气、调节小气候、保护生物多样性、维护地球生态平衡等多种生态环境功能,是人类赖以生存的环境的重要组成部分。然而,森林作为一种自然资源,还具有重要的经济功能,在人类发展早期主要提供薪柴、建筑材料等生产、生活材料,乃至提供土地,工业革命以来,主要为人类提供以木材为代表的各种经济产品。由此,在人类的生存和发展过程中,森林一直面临着被掠夺和破坏的命运。大约 1 万年前,上一个大冰河时代结束,全球留下了约 60 亿平方千米的森林,覆盖了约 45% 的地球陆地面积(FAO,2012)。据估计,在过去 5000 年里全世界累计损失了 18 亿平方千米的森林面积,平均每年净损失 36 万平方千米的森林(Williams,2002)。工业革命以来,人口增长、经济发展带来的迅速增加对食物、燃料和木质材料、纤维的需求加快了森林损失的速度,1920—1990 年是毁林速度最高的时期(FAO,2012),1990年全世界共有 41.28 亿平方千米的森林,地球上消失了近 1/3 的森林(FAO,2012)。20 世纪 50 年代以来,由于全球生态环境危机日益加剧,森林的生态环境功能的重要性更加突出,森林问题逐渐成为国际社会和各国政府间议题的优先领域,特别是 1992 年联合国环境与发展大会(UNCED)后,全球森林面积大幅度减少问题得到国际社会的普遍重视,在各方共同努力下,开始出现减少趋势趋缓的迹象。2011 年《世界森林状况》显示,20 世纪 90 年代每年森林损失 1600 万平方千米,2000—2010 年期间每年森林损失 1300 万平方千米,根据《2015 年全球森林资源评估报告》,2010—2015 年期间每年森林损失 760 万平方千米。尽管森林面积减少趋势趋缓,然而每年的森林损失量依然处于高位,仍然是减少趋势。目前人类面临的环境问题,如气候变暖、生物多样性减少、荒漠化、水土流失等,大多与森林面积减少和森林生态功能下降存在密切联系,人类赖以生存的环境受到严重威胁。因此,森林问题是国际社会持续关注的热点问题,在国际政治、外交、经济、社会发展和环境保护等领域都是讨论的重要议题。处理好森林问题是应对人类面临环境问题的重点之一。

几十年来,世界木质林产品贸易在波动中不断上升(见图 2－5),根据 FAO《林产品年鉴》,1969 年世界木质林产品贸易出口贸易额 112. 50 亿美元,进口贸易额 127. 36 亿美元,2015 年出口贸易额达到 2256. 53 亿美元,进口贸易额 2361. 39 亿美元,1969—2015 年年均增长分别为 6. 74%、6. 55%。这还不包括木制品、木制家具。根据 FAO《林产品年鉴 2015》,2015 年除了原木由于各国纷纷限制出口导致出口量占产量的比重仅仅为 3. 55% 外(其中工业用原木比重为 6. 62%),全球锯材产量的 29. 73%、人造板产量的 21. 45%、木浆产量的 33. 63%、纸和纸板产量的 27. 22% 均被用于出口(见表 2－61),主要木质林产品贸易量占产量的比重均处于较高水平。

如果按 1970—1980 年、1980—1990 年、1990—2000 年、2000—2010 年、2010—2015 年 5 个时期计算,世界木质林产品出口贸易额在各期的年均增长速度分别是 15. 80%、6. 14%、3. 88%、4. 39%、0. 30%,呈现持续增长和增长趋势减缓的特征,与全球森林面积持续减少和减少趋势减缓的特点基本吻合,两者的增减变化甚至可以认为是同步,难道木质林产品贸易真是世界森林资源减少的原因?

5.1.2　木质林产品贸易不是世界森林资源减少的根本原因

20 世纪 90 年代以来,很多国家尤其是发达国家,纷纷打着保护森林的旗号限制木质林产品贸易自由化(田明华等,2015)。诸如原木出口限制,提高原木、锯材出口关税,抵制热带木材产品运动,对热带木材进口实施许可证制度,森林可持续经营认证,打击非法木材生产与贸易,进出口检验检疫,乃至反倾销、反补贴、保障措施和特别保障措施等木质林产品贸易保护措施层出不穷,世界木质林产品贸易摩擦、贸易争端接连不断。木质林产品贸易便利化、贸易自由化受到严重的挑战,似乎减缓了世界木质林产品贸易增长规模,世界森林面积减少的趋势也减缓了。事实是这样吗?

首先,木质林产品贸易对森林的影响,已有很多学者或组织进行了研究,研究结论差别很大。但多数研究认为木质林产品贸易不是影响森林资源的主要因素，其效应不明确或很小。Johnson(1991)、Amelung(1993)和 Barbier(1994)等的实证研究结果表明，农业是造成热带森林采伐的主要原因。Johnson(1991)估计热带森林采伐18%是因为商业性伐木，10%是因为采集薪材，其余82%是因为农业和畜牧业。Amelung(1993)研究结果显示，农业是导致热带国家80%的森林采伐(以森林的永久丧失为标志)的原因。FAO(1999)概括了木材贸易不是造成热带森林采伐主要原因的观点。联合国政府间森林问题论坛(IFF)总结森林砍伐及森林退化有12个根本原因(IFF,2000,见第4.1.1节)，其中并没有木质林产品贸易。Brooks等(2001)认为在大多数国家，毁林最主要的原因是农业补贴、大规模的工业开发、腐败、人口压力、缺乏可靠的土地所有和占有安排、薪材需求、国内木材采伐和消费需求、缺乏森林可持续发展的经济环境。其观点与 IFF 十分相似。Brooks等(2001)、Zhu等(2001)、Perezgarcia(2002)运用模型模拟结果显示，关税自由化对生产和消费的影响较小，对林产品贸易结构有影响；在一国或国家集团内关税自由化对木材采伐的影响不太可能一致。也有学者提出与林业竞争使用土地的其他部门的贸易对森林的影响是显著的，例如，Vincent 等(1991)、El-nagheeb 等(1994)认为苏丹水溶性阿拉伯树胶国际贸易、马来西亚橡胶和棕榈油国际贸易导致森林采伐进而使林地永久性转化为其他用地，Thiele 等(1994)对喀麦隆的研究也有类似的结论。邓荣荣等(2012)实证结果表明，经济增长、人口增长和南北贸易对发展中国家森林资源的退化有促进作用，而对外贸易并不显著。

当然也有一些研究认为林产品贸易对森林影响的正面的，例如 Dean(1992)、Wisdom(1996)、Vincent(1997)、韩沐洵等(2013)、田明华等(2015,2016)，或负面的，例如 Dudley 等(1998)、Nectoux 等(1989)、Menott(1998)，一些国际组织如国际热带木材组织(ITTO)、世界自然基金会(WWF)持有负面观点。

正如第4.4.1节所述，木质林产品贸易通过配置效应、规模效应、结构效应、技术效应、产品效应等直接或者间接地产生对森林资源的影响，这些效应本身可能是正的，也可能是负的，综合起来同样可能是正的，也可能是负的，木质林产品贸易对世界森林资源的有利和不利影响并存，但仅仅从理论上分析，难以确定木质林产品贸易对森林资源究竟最终产生有利影响还是不利影响。

其次，通过第4.4.2节的分析，可以知道，木质林产品贸易对世界森林资源的不利影响并不大。全球森林面积确实在不断减少，但要注意到，2014 年全球森林面积只有29.68%森林面积用于生产木材，26.23%的森林被划分用于多种用途，用于生产木材和非木质林产品(NWFPs)。而全球原木产量中50.36%用作薪材，世界薪材出口贸易占世界薪材产量比重只有0.50%(见表 2 - 61)，可见薪材贸易对森林采伐的影响微乎其微。即使占原木产量的49.64%的工业用原木,出口贸易占产量比重也仅有有7.27%(见表2-61),对森林采伐的影响只有49.64%×7.27% =3.61%,实在是很小。而根据FAO《林产品年鉴2015》,2015年世界木材产量37.14亿立方米,按森林资源采伐利用率70%计算,相当于消耗53.06亿立方米的森林资源,占世界森林蓄积量5310亿立方米的1.00%。而世界森林蓄积自然生长率要超过1.00%(中国2004—2008年、2009—2013年两次清查期间,全国林木蓄积年均自然生长率4.31%)。显然,木材生产不是世界森林破坏的主要原因,木质林产品贸易更不是世界森林破坏的主要原因。

第三,如果从世界木质林产品贸易额增长量而不是增长率的角度观察世界木质林产品贸易的发展,可以发现世界木质林产品贸易额增长的变化与世界森林面积持续减少和减少趋势减缓的情况并不同步。同样按1970—1980年、1980—1990年、1990—2000年、2000—2010年、2010—2015年5个时期计算,世界木质林产品出口贸易额在各期的年均增长量分别是41.91亿、44.42亿、45.84亿、77.61亿、6.61亿美元,显然,并不同步。如果认为世界木质林产品贸易额会受通货膨胀因素和深加工、高附加值产品比例扩大因素影响,不妨再用原木、锯材这两项涉嫌直接消耗森林资源的初级产品来分析。1970—1980年、1980—1990年、1990—2000年、2000—2010年、2010—2015年这5个时期,各期的原木出口年均增长量为193.43万立方米、-20.88万立方米、35.55万立方米、-52.11万立方米、393.42万立方米,各期的原木出口年均增长率为1.84%、-0.18%、0.31%、-0.45%、3.29%;各期的锯材出口年均增长量为226.00万立方米、90.85万立方米、388.70万立方米、-161.26万立方米、452.04万立方米,各期的锯材出口年均增长率为3.37%、1.08%、3.69%、-1.34%、3.75%。原木、锯材不论是出口年均增长量,还是出口年均增长率,均基本呈现"U"型,显然它们增长的变化与世界森林面积持续减少和减少趋势减缓的情况并不一致。

实际上,正如在第2.3.3节中所分析的,世界木质林产品贸易与世界经济的发展密切相关。观察图2-5,20世纪70年代以来,世界木质林产品贸易在20世纪70年代中期、80年代初期、90年代初期、90年代末至21世纪初、21世纪前10年末期有5次较大波动。而迄今被公认的三次石油危机(Oil Crisis),分别发生在1973年、1979年和1990年,引起世界经济波动。接着1991年中东地区发生多国部队对伊拉克的海湾战争,1997—1998年发生继20世纪30年代经济大危机之后对世界经济有深远影响的亚洲金融危机,相隔10年,2007年美国次贷危机(Subprime Crisis)爆发,引发2008年全球金融危机(Financial Crisis)导致全球经济陷入危机。可见,世界木质林产品贸易深受世界经济发展的影响,两者保持着高度同步。

第四,正如第4.1.1节所述,森林砍伐和森林退化的内在原因有很多,国际社会一致认为森林砍伐及森林退化的根本原因有12个方面(IFF,2000),可以看出,一是国际社会并不认为合法的木材生产是森林砍伐及森林退化的根本原因,二是国际社会也不认为合法的木质林产品贸易是森林砍伐及森林退化的根本原因。只有(9)非法贸易可能与木质林产品贸易有些关联。正如第4.4.1节所述,贸易不是环境问题的根本原因,环境问题的根本原因是市场失灵和政府失灵,IFF 提到的森林砍伐及森林退化的12个根本原因,均可归结到市场失灵或政府失灵(见第4.4.2节)。显然,不论是理论上,还是实践上,把世界森林资源破坏归咎于木质林产品贸易都是错误的。

综上所述,木质林产品贸易不是世界森林资源减少的根本原因。但这并不是说,木质林产品贸易并不影响世界森林资源。木质林产品贸易通过各种效应直接或者间接产生对森林资源的影响,既有有利的影响,又有不利的影响,有利或不利影响孰大孰小,需要数据来验证。通过前面的分析也看到,不能将木质林产品贸易增长和森林资源减少做简单对比。那么如何考察木质林产品贸易对森林资源的影响呢?

5.2 研究思路、相关分析和指标界定

5.2.1 木质林产品贸易对森林资源影响的研究思路

如前所述,木质林产品贸易对森林资源的影响途径很多,影响大小和方向不尽相同,而且木质林产品贸易不是世界森林资源减少的根本原因,对世界森林资源的不利影响很小,也不能将木质林产品贸易增长和森林资源减少做简单对比。另一方面,森林资源作为一种可再生资源,作为具有多种经济功能和生态功能的多用途性资源,其变化受多种因素影响,例如森林面积、蓄积、天然林比例等森林资源禀赋,林火、有害生物以及干旱、风雪、冰和洪水等气候事件,温度、湿度、降水、日照、土壤、立地条件等自然环境因素,人口数量和增长、经济发展规模和水平、国际贸易及木质林产品贸易、森林所有权、政府政策、技术进步、价值观、文化伦理等社会经济技术文化制度因素,等等。图5-1是影响森林资源变化的因素示意图。

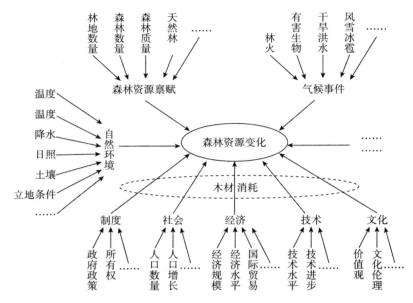

图5-1　森林资源变化影响因素示意图

Fig. 5-1　Influencing factors of forest resources change

　　无疑,这些因素对森林资源的影响方向、大小,在不同的情形下有着很大的不同。若考虑单一因素对森林资源的影响,以案例分析为主的实证分析是比较容易的,但往往不同情形下会有不同结果,普遍性不足。这是为什么现有的研究的结论差异很大甚至截然相反的重要原因。若要得到一个关于木质林产品贸易对森林资源的影响的一般性的结论,就必须要将木质林产品贸易置于影响森林资源变化的这么一个复杂系统中。显然,从实证分析的角度,这很难做到。为此,需要将影响森林资源变化的复杂系统简化,抓住关键环节和主线,然后确定木质林产品贸易对森林资源的实际影响。

　　人类对森林的利用,经历了一个从生存需求到经济发展需求进而逐渐转向生态需求的过程,即使现在很多国家生态需求强烈,但不可否认的是,经济发展需求仍是主要的和基础的需求,美国等发达国家是这样,中国是这样,发展中国家更是这样。经济发展需求主要表现在对森林出产的木材的需求上。毕竟2014年全球森林面积中29.68%用于生产木材,还有26.23%的森林被划分为多种用途用于生产木材和非木质林产品。因此,经济需求是影响森林资源的关键环节和主线。而我们所要研究的木质林产品贸易因素的影响就位于这条主线上。

　　木质林产品贸易对森林资源的影响的线路图实际上是:木质林产品贸易扩大→木质林产品生产增多→森林资源减少。贸易扩大、生产增多都是经济发展需求。当然,森林资源减少不见得一定是由于木质林产品生产增多,木质林产品生产增多不一定是因为木质林产品贸易扩大。这样,就可以过滤掉经济发展需求这条主线上一些其他的影响森林资源变化的因素。为此,需要设定一个这条主线上衡量这种影响的指标。

现有的研究中,多数采用森林资源砍伐率(如 David,1998;Madhusudan,2001)、采伐量(如 Robin,2004;杨帆,2007)、面积或蓄积变化(如张祥平,1995;石春娜等,2006;冯菁等,2007;谷振宾,2007;邓荣荣等,2012)等表示森林所面临的压力,这显然不能够消除不是经济发展需求对森林资源的影响这条主线上的其他因素的影响,结果当然可能是不可靠的。因为用这些指标表示的森林资源变化含有了所有因素的影响,而这种影响是不确定的,在不同的情形下有着很大的不同。为此,围绕木质林产品贸易扩大→木质林产品生产增多→森林资源减少这条主线,本研究以人均木材消耗作为森林资源的压力指标。这是因为:

首先,经济发展需求主要表现在对森林出产的木材的需求上。这种需求依赖于一定价格条件,否则就成为需要。木材消耗是在某一确定价格之下的经济发展对木材的需求数量。也就是说,木材消耗是经济发展需求的现实表现,木材消耗代表着经济发展需求。木材消耗越多,森林资源减少的压力越大,正如经济发展需求越高,森林资源减少的压力越大。

其次,压力指标意味着会形成森林资源减少的趋向,在其他情况不变的情况下会导致森林资源减少,但若其他情况有变,森林资源不见得会实际减少,实际上也可能增多,也可能减少得更快。这样就避免了采用森林资源砍伐率、采伐量、面积或蓄积变化等指标时可能产生的其他因素如自然环境因素、气候事件因素等的干扰。人均木材消耗反映了在一定经济发展水平下的人均对森林出产的木材的需求。人均木材消耗这个指标进一步消除了人口规模、人口增长因素对森林资源的影响。

第三,一方面,人均木材消耗越大→木材消耗越大→森林资源减少压力越大,另一方面,木质林产品贸易扩大→木质林产品生产增多→人均木材消耗越大。这样,人均木材消耗就将木质林产品贸易与森林资源串联起来了,形成了木质林产品贸易→人均木材消耗→森林资源的影响路线。

第四,在这条影响路线之外,人均木材消耗不仅受到木质林产品贸易的影响,还受到诸如经济发展水平、木材供给状况、技术进步等的影响。这样,就把木质林产品贸易放入到一个相对简单但又是一个综合的、整体的关联系统中,而不是简单用木质林产品贸易这单一因素考察对人均木材消耗的影响,进而对森林资源的影响。

第五,木质林产品贸易通过配置效应、规模效应、结构效应、技术效应、产品效应等直接或者间接地产生对森林资源的影响。这些效应本身可能是正的,也可能是负的,综合起来同样可能是正的,也可能是负的。在采用人均木材消耗作为森林资源的压力指标考察木质林产品贸易对森林资源的影响时,实际上将所有效应的有利和不利影响全部内化、统一在一起了,观察的是木质林产品贸易对森林资源的综合影响。

5.2.2　森林资源与木材消耗的关系

2012 年 FAO《世界森林状况》重点关注森林在可持续生产和消费系统中发挥的决定性作用,第二章专题论述森林和现代世界的发展,追溯了人类不同历史时期的森林史,比较系统地阐明了森林资源与经济发展、木材消耗的关系。摘录如下:

> "在人类历史上,森林一直扮演着重要角色。"
>
> "人类历史就是一部森林和森林利用的历史。从史前时期开始,树木就是人类社会主要的燃料和建筑材料。"
>
> "人类历史就是人类利用地球上的各种森林及林产品的过程。森林提供了经济发展所需要的原材料,提供了食物及烹饪食物的燃料,当森林被清除时,还为农田和城市提供了土地。"
>
> "事实上,在世界任何一个地方,木材都是经济发展中使用的主要原料。随着人口增长、经济发展,森林面积却一再不断缩小。快速的经济发展总是伴随着高森林砍伐率。"
>
> "人类文明史既是利用森林来提高人类生活质量的历史,也是一部毁林史。"
>
> "所以人类历史也是一个森林砍伐的过程,所产生的严重环境后果,有时甚至会导致社会的崩溃。"

2012 年 FAO《世界森林状况》甚至论及木质林产品贸易和其他一些因素对森林资源变化的影响。摘录如下:

> "气候、文化、技术和贸易对加快或减缓森林砍伐速度有着重要影响,某些情况下甚至会对逆转森林砍伐速度产生重要影响。"
>
> "寻找短缺林产品新的供给渠道推动了林产品贸易发展,而长期的短缺

最终刺激了森林的破坏。"

"出于森林及林产品的管理需要,早期制定了一些法律法规。"

"随着人口增长和工业进步,对各种原材料的需求不断加大,人们才逐渐认识到需要更加谨慎节约地使用自然资源。"

"幸运的是,一旦当国民经济达到一定经济发展水平时,大部分国家都能成功遏制或逆转这种毁林现象。"

由FAO上述论述可以得出一个结论,经济发展是森林资源变化的主要影响因素,即前一小节(第5.2.1节)提出的:经济需求是影响森林资源的关键环节和主线。森林资源与经济发展对木材的需求引起的木材消耗之间呈现一种反向的关系:木材消耗越大,对森林资源的破坏也越大。因此木材消耗可以作为森林资源破坏的压力指标。

FAO上述论述也表明了气候、文化、技术、贸易、政策对森林资源变化也具有重要影响,但并不认为是主要影响,而且影响方向并不确定("加快或减缓"),具有从属性质。这在一定程度上印证了前一小节(第5.2.1节)的分析,森林变化受多种因素影响,但主要受到经济发展的影响,木质林产品贸易不是世界森林资源减少的根本原因,但确实对森林资源变化有影响。但FAO认为,这些从属因素"某些情况下甚至会对逆转森林砍伐速度产生重要影响",说明在特定具体情形下,某些从属因素的作用很大,因此不能用某一个具体个案来否定经济发展是森林资源变化的主要影响因素的判定。

FAO还认为:

"无论国内还是国外,影响森林砍伐的因素千差万别;因此森林砍伐现象总是具有地方性,全世界的各个地区从未出现相同的砍伐率"。

这也证实了前一小节(第5.2.1节)所提出的现有研究中采用森林资源砍伐率、采伐量、面积或蓄积变化等表示森林资源变化,因为包含了具体的、太多的因素的影响,不具有一般性,因而研究结果往往是不可靠的分析结论。

综上所述,要考察木质林产品贸易对森林资源的影响,可以用考察木质林产品贸易对木材消耗影响来判定,由此,本研究基于木材消耗视角实证分析林产品贸易对森林资源的影响。

5.2.3　木材消耗界定、人均木材消耗和木材消耗对森林资源压力代表指标的设定

通常说的木材消费一般是指一个国家或地区一定时期内(通常 1 年)的原木消费量,相当于 FAO《林产品年鉴》中所说的原木表观净消费量,原木表观净消费量 = 原木产量 + 原木进口量 − 原木出口量。显然由于存在锯材等其他木质林产品进口或出口贸易,这种狭义的木材消费不能反映一个国家或地区实际的木材(即原木)消费量。为此,需要将锯材等其他木质林产品进口或出口贸易量根据一个原木当量折算系数折合为原木量进行修正。为方便与通常说的木材消费区分,这里把修正的木材消费称作木材消耗。这样,木材消耗应该是一个国家或地区在一定时期内(通常 1 年)消费的各类木质林产品所消耗的原木数量(田明华等,2016)。为表述方便,下文将国家或地区简称为国家。其计算公式为:

$$CO_{WCi} = YI_{LPi} + \sum QU_{NIij}LC_{COj} = YI_{LPi} + \sum (QU_{IMij} - QU_{EXij})LC_{COj} \tag{1}$$

式中:CO_{WCi} 为某一年 i 国或某国 i 年的木材消耗量;YI_{LPi} 为某一年 i 国或某国 i 年的原木产量;QU_{NIij} 为某一年 i 国或某国 i 年 j 木质林产品的净进口量;LC_{COj} 为 j 木质林产品折合为原木量的原木当量折算系数;QU_{IMij} 为某一年 i 国或某国 i 年 j 木质林产品的进口量;QU_{EXij} 为某一年 i 国或某国 i 年 j 木质林产品的出口量。

一个国家的人均木材消耗量即该国木材消耗量除以该国人口数量。其计算公式为:

$$AWC_i = CO_{WCi}/PS_i \tag{2}$$

式中:AWC_i 为某一年 i 国或某国 i 年的人均木材消耗量,即木材消耗与人口数量的比值;CO_{WCi} 为某一年 i 国或某国 i 年的木材消耗量;PS_i 为某一年 i 国或某国 i 年人口数量。

如第 5.2.1 节所述,本研究将人均木材消耗 AWC_i 作为木材消耗对森林资源压力的一个代表性指标。人均木材消耗越高,木材消耗总量就越大,对森林资源所承受的压力就越大。

为了进一步反映木材消耗对森林资源的压力,本研究还构造了另外一个木材消耗对森林资源压力指标,即一国木材消耗与该国森林蓄积的比值,本研究称之为木材消耗蓄积比。这是因为,从一国角度,木材消耗对森林资源的压力,是针对特定的森林资源而言的,一国木材消耗数量多,但该国森林资源丰富,并不会对该国森林资源造成多大压力;一国木材消耗从绝对数量上看起来不多,但该国森林资源稀缺,那么,森林资源压力仍然会很大。也就是说,一国木材消耗绝对数量的多少,并不能反映该国森林资源面临的压力。该国木材消耗量与该国森林资源数量的比例关系才真正反映该国森林资源面临的压力。衡量一国森林资源丰富程

度的指标有森林面积、森林蓄积量等。一个国家森林面积多,但若森林质量很差,即单位面积蓄积量不高,也不能说其森林资源丰富。森林蓄积才是森林利用的对象,因此森林蓄积比森林面积更能反映一国森林资源丰富程度。因此,本研究以木材消耗蓄积比作为衡量木材消耗对森林资源压力的另外一个代表性指标。计算公式为:

$$WCF_i = CO_{WCi}/FV_i \tag{3}$$

式中:WCF_i 为某一年 i 国或某国 i 年的木材消耗蓄积比,即木材消耗与森林蓄积的比值;CO_{WCi} 为某一年 i 国或某国 i 年的木材消耗量;FV_i 为某一年 i 国或某国 i 年森林蓄积量。

人均木材消耗 AWC_i 和木材消耗蓄积比 WCF_i 是两个相互补充的反映木材消耗对森林资源压力的指标,人均木材消耗 AWC_i 更侧重木材消耗对全部森林资源的影响,也就是说世界的人均木材消耗越高,世界的森林资源面临的压力越大;木材消耗蓄积比 CF_{WCi} 更侧重木材消耗对一国森林资源的影响。本研究通过计量经济模型分析,也是在寻找和判断这两个指标哪一个更适合反映木材消耗对森林资源的压力。

5.3 因素分析、理论假设和模型构建

5.3.1 影响木材消耗及其森林资源压力代表指标的因素分析与理论假设

森林提供了经济发展所需要的原材料——木材,木材是国际公认的经济发展中所需要的四大原材料(钢材、水泥、木材、塑料)之一,而且木材是这四大原材料中人类使用历史最悠久的原材料,至今“在世界任何一个地方,木材都是经济发展中使用的主要原料”(FAO,2012),在经济建设中发挥着重要作用。

大量研究表明,经济发展是森林资源变化的重要影响因素(张祥平,1995;David,2001;Naidoo,2004;石春娜等,2006;徐康宁等,2006;杨帆,2007;冯菁等,2007;谷振宾,2007;FAO,2012;邓荣荣等,2012;田明华等,2015,2016)。其他重要的影响因素还有:人口因素(FAO,2012;邓荣荣等,2012),林产品贸易因素(Dudley等,1998;FAO,2012;邓荣荣等,2012;田明华等,2015,2016),木材供给(森林资源禀赋)因素(王赛,2005;田明华等,2015,2016),木材工业技术进步因素(张齐生,2003;王赛,2005;田明华等,2015,2016),林业政策因素(王赛,2005;FAO,2012),气候因素(FAO,2012),文化因素(FAO,2012)。图5-1比较系统地归纳了影响

森林资源变化的各种因素(见第5.2.1节)。

由于本研究认为经济需求是影响森林资源的关键环节和主线,经济发展是森林资源变化的主要影响因素,并提出以木材消耗作为森林资源的压力指标(见第5.2.1节的分析),以人均木材消耗和木材消耗蓄积比作为木材消耗对森林资源的压力的代表指标(见第5.2.3节的分析),因此这里围绕影响木材消耗及其对森林资源压力的代表指标的相关因素展开分析与理论假设。

5.3.1.1 人口因素

人口因素是影响木材消耗的重要因素。一个国家人口数量越多或人口增长越多,在人均木材消耗既定的情况下,对木材的消耗也越多,森林资源面临的压力就越大,森林资源损失就越容易大。

2012年FAO《世界森林状况》中指出,尽管1950年以前森林砍伐的速度比人口增长更快,1950年以后比人口增长慢,但是全球森林砍伐的变化轨迹大致上还是与全球人口增长速度保持一致(FAO,2012)。图5-2显示,世界人口规模与世界累计森林砍伐量存在正向关系。

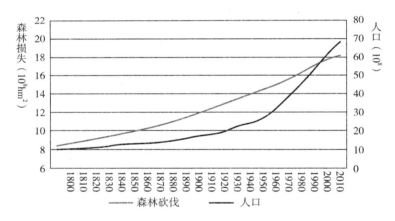

数据来源:Williams,2002;FAO,2010b;UN,1999。转引自FAO《2012世界森林状况》。

图5-2 1800—2010年世界人口及累计森林砍伐量

Fig.5-2 World population and total deforestation from 1800 to 2010

表2-30列举了2015年最主要5个薪材消费国(消费指表观净消费量,等于产量加进口量减出口量),它们大多都是世界人口大国,印度(2015年人口13.04亿,排名世界第2)、中国(14.05亿,第1)、巴西(2.05亿,第5)、埃塞俄比亚(1.04亿,第12)、刚果(金)(0.73亿,第19)。表2-31列举了2015年最主要5个工业用原木消费国,它们也大多是世界人口大国,美国(2015年人口3.23亿,排名世界

第3)、中国(14.05亿,第1)、俄罗斯(1.46亿,第9)、巴西(2.05亿,第5)、加拿大(0.36亿,第37)。

从人均木材消耗指标来看,在森林资源既定的情况下,人口数量规模越大,意味着对木材的需求越大,森林资源就相对不足,会引起木材价格上升,只能节约使用或替代使用有限的森林资源,从而导致人均木材消耗降低。以表2-30、表2-31涉及的8个薪材和工业用原木消费主要国家来看,2015年人口数量由低到高依次为加拿大、刚果(金)、埃塞俄比亚、俄罗斯、巴西、美国、印度、中国,人均原木消费量(表观净消费量)由高到低依次为加拿大、巴西、俄罗斯、美国、刚果(金)、埃塞俄比亚、印度、中国,顺序还是大体比较一致的,这在森林资源相对匮乏的人口大国印度、中国两国相比表现十分明显,森林资源相对丰富的人口大国加拿大、俄罗斯、美国三国相比也十分明显,说明人口数量与人均原木消费量具有一定的相关性。即随着人口数量规模增长,会导致人均木材消耗减少。从人均木材消耗的角度,森林面临的压力会减小。但如果人口数量规模增长速度超过人均木材消耗减少速度,最终人口数量规模增长对森林的压力还是会增大。

从木材消耗蓄积比指标来看,人口数量规模越大,意味着对木材的需求越大,木材消耗越大,木材消耗蓄积比就越高。以表2-30、表2-31涉及的8个薪材和工业用原木消费主要国家来看,2015年人口数量由低到高依次为加拿大、刚果(金)、埃塞俄比亚、俄罗斯、巴西、美国、印度、中国,原木消费量(表观净消费量)与森林蓄积的比值由低到高依次为巴西、俄罗斯、刚果(金)、加拿大、美国、印度、中国、埃塞俄比亚,可以看出二者也具有一定的相关性。印度和中国相比、加拿大和美国相比、刚果(金)和埃塞俄比亚相比,表现十分明显。即随着人口数量规模增长,木材消耗蓄积比提高,森林资源将面临更大的压力。

对一个国家来说,在人口数量增长的一定程度时,由于受到该国有限的森林资源约束,木材消耗的增长可能会受到限制。这是图5-2中显示1950年以后森林砍伐的速度比人口增长慢的重要原因。也是前面分析人口数量与人均木材消耗、木材消耗蓄积比的顺序对比不完全一致的原因。因此在考虑人口因素时,不能只考虑一国人口数量,还要考虑该国人口数量相对于该国森林蓄积量的比例。这个比例实际上是该国森林资源的人口承载程度。该国森林资源的人口承载程度高于该国森林资源的人口承载力(即森林消长平衡时森林资源砍伐量或增长量除以人均消耗森林蓄积量),该国森林资源就趋于减少,木材消耗就会受到抑制,人均木材消耗增长也会受到抑制;该国森林资源的人口承载程度低于该国森林资源的人口承载力,该国森林资源就趋于增加,木材消耗就会随人口增加而增加,人均木材消耗会随着人们生活水平(或者说经济发展水平)的提高而提高。显然,世界森林资源的减少就是世界人口数量超过了世界森林资源的人口承载力。一国森林资源的人口承载程度实际上是该国人均森林蓄积量的倒数。换言之,人均森林蓄积量约束了一国对森林资源的利用程度,约束了一国的木材消耗程度。以表2-30、表2-31涉及的8个薪材和工业用原木消费主要国家来看,埃塞俄比亚、中国、印度(由低到高)的人均森林蓄积量远远低于世界平均水平,加拿大、巴西、俄罗斯、刚果(金)、美国(由高到低)则远远高于世界平均水平,2015年中国、印度的人均原木消费量(表观净消费量)只有0.275立方米/人、0.279立方米/人,而加拿大4.342立方米/人、巴西1.234立方米/人、俄罗斯1.296立方米/人、刚果(金)1.162立方米/人、美国1.260立方米/人,人均森林蓄积量与人均原木消费量呈现高度相关性。只有埃塞俄比亚是个例外,其人均原木消费量为1.146立方米/人,与其不到中国1/3的人均森林蓄积量十分不匹配,但也可以注意到,其人均薪材消费量为1.116立方米/人,人均工业用原木消费量只有0.030立方米/人,人均原木消费量中绝大部分是作为生活必需品的薪材,而其森林蓄积量尤其是人均森林蓄积量呈现下降趋势(邹大林等,2014),人均森林蓄积量过低,严重制约了工业用原木消费。

这样,人口因素就包括了人口数量因素和森林资源的人口承载程度因素。在这里,人口数量因素用 PS 表示,森林资源的人口承载程度用 FC 表示,计算公式为:

$$FC_i = PS_i/FV_i = 1/SU_{AFVi} \tag{4}$$

式中:FC_i 为某一年 i 国或某国 i 年的森林资源的人口承载程度;PS_i 为某一年 i 国或某国 i 年人口数量;FV_i 为某一年 i 国或某国 i 年的森林蓄积量;SU_{AFVi} 为某一年 i 国或某国 i 年的人均森林蓄积量。

综合以上分析,可以认为,一国人口数量越多,木材消耗越大,对森林资源压力越大;一国人口数量越多,木材消耗蓄积比越高,随着一国人口数量的增加,木材消耗蓄积比提高;在低于一国森林资源的人口承载力情况下,一国森林资源的人口承载程度越高,人均木材消耗会越大,森林承受压力增大,木材消耗蓄积比会提高,在超过一国森林资源的人口承载力情况下,一国森林资源的人口承载程度越高,人均木材消耗会越小,但因为超过一国森林资源的人口承载力,森林会面临更大的压力,即森林木材消耗蓄积比会大幅提高,即存在一个阈值或者叫临界值。但不论是否超过阈值,人口增长都会提高木材消耗量,提高木材消耗蓄积比,森林面临压力增大,只是程度不同,也就是说二者不是线性关系。因此,可以做理论假设:

理论假设①(对应本研究构造的模型Ⅰ,以下省略):人口数量与人均木材消耗之间呈负相关关系,但木材消耗总量可能仍会增加,森林面临的压力仍会增大。

理论假设(1)(对应本研究构造的模型Ⅱ,以下省略):人口数量与木材消耗蓄积比存在正相关关系,但不是线性关系。

理论假设(2):森林资源的人口承载程度与木材消耗蓄积比关系中存在一个阈值,低于这个阈值,两者呈弱正相关关系,高于这个阈值,两者呈强正相关关系,整体来看,应该是正相关关系。

人口数量与森林资源的人口承载程度都涉及人口数量,它们之间可能存在多重共线性。本研究构造的模型Ⅱ中,设计了人口数量与森林资源的人口承载程度两个变量,通过实证结果观察人口数量与森林资源的人口承载程度是否存在多重共线性,以及它们的显著性和影响程度与方向。

5.3.1.2　经济发展因素

很多研究表明,经济发展是森林资源变化的重要影响因素,甚至是主要影响因素。这个问题在第5.2.1节、第5.2.2节已经做了明确阐述,这里不再赘述。

经济发展因素实际上包括两个方面:经济发展规模因素和经济发展水平因素。

经济发展规模,又称经济规模、经济总体规模,反映一个国家或地区经济总量。国内生产总值(Gross Domestic Product,GDP)作为一国经济规模的统计数据,是目前使用最为普遍的评估方法和指标。国内生产总值,是指一定时期内(通常是一年)一国境内所产出的全部最终产品和服务的价值总和。因此,本研究用国内生产总值(GDP)作为代表经济发展规模因素的指标。

人均国内生产总值(GDP per capita),即"人均GDP",常作为衡量经济发展水平的指标。人均国内生产总值就是将一个国家核算期内(通常是一年)实现的国内生产总值除以该国的常住人口(或户籍人口)。在此,本研究用人均GDP作为代表经济发展水平的指标。

理论上,经济的发展会带动自然资源的消耗。经济发展规模越大,对木材的需求越多,木材消耗量就越大,森林资源面临的压力就越大。仍以表2-30、表2-31涉及的8个薪材和工业用原木消费主要国家来分析。从经济规模来看,8个国家2015年GDP排名由高到低依次为美国(18.12万亿美元,排名世界第1)、中国(11.23万亿美元,第2)、印度(2.09万亿美元,第7)、巴西(1.80万亿美元,第9)、加拿大(1.55万亿美元,第10)、俄罗斯(1.37万亿美元,第12)、埃塞俄比亚(646.83亿美元,第70)、刚果(金)(85.54亿美元,第136),与8国原木消费量(表观净消费量)由高到低的顺序高度相近(美国4.02亿立方米、中国3.85亿立方米、印度3.62亿立方米、巴西2.54亿立方米、俄罗斯1.86亿立方米、加拿大1.55

亿立方米、埃塞俄比亚1.11亿立方米、刚果（金）0.87亿立方米），但与8国人均原木消费量（表观净消费量）由高到低的顺序差距较大（加拿大4.342立方米、俄罗斯1.296立方米、美国1.260立方米、巴西1.234立方米、刚果（金）1.162立方米、埃塞俄比亚1.146立方米、印度0.279立方米、中国0.275立方米），虽然与原木消费量（表观净消费量）与森林蓄积的比值由高到低的顺序差距也比较大（埃塞俄比亚、中国、印度、美国、加拿大、刚果（金）、俄罗斯、巴西），但埃塞俄比亚、刚果（金），中国、印度，美国、加拿大，这三组经济发展水平同类型国家，经济发展规模与原木消费量（表观净消费量）与森林蓄积的比值却是同向相关的，即经济发展规模越大，对木材的需求越多，木材消耗量就越大，森林资源面临的压力就越大。

经济发展水平越高，意味着收入水平越高，而大部分木质林产品需求收入弹性较强（王赛，2005），人均木材消耗会越高，木材消耗总量就越大，森林资源面临的压力就越大。同样以表2-30、表2-31涉及的8个薪材和工业用原木消费主要国家来分析。从经济发展水平来看，8个国家2015年人均GDP排名依次为美国（56437美元，排名世界第7）、加拿大（43350美元，第17）、俄罗斯（9521美元，第67）、巴西（8811美元，第72）、中国（8167美元，第74）、刚果（金）（2067美元，第136）、印度（1629美元，第140）埃塞俄比亚（721美元，第168），与8国人均工业用原木消费量（表观净消费量）由高到低的顺序比较接近（加拿大4.212立方米、俄罗斯1.193立方米、美国1.122立方米、巴西0.661立方米、中国0.152立方米、刚果（金）0.060立方米、印度0.043立方米、埃塞俄比亚0.030立方米），与8国人均薪材消费量（表观净消费量）由低到高的顺序比较接近（俄罗斯0.103立方米、中国0.123立方米、加拿大0.129立方米、美国0.138立方米、印度0.237立方米、巴西0.573立方米、刚果（金）1.102立方米、埃塞俄比亚1.116立方米），反映了经济发展水平越高，人均薪材消费量越低（不再用薪材作燃料），人均工业用原木消费量越高（工业用原木主要用于工业生产）。与原木消费量（表观净消费量）与森林蓄积的比值由高到低的顺序相比（埃塞俄比亚、中国、印度、美国、加拿大、刚果（金）、俄罗斯、巴西），美国、加拿大、俄罗斯、巴西呈现方向一致性，这4国均是森林资源相对丰富国家，中国、印度呈现方向一致性，两国均是森林资源相对匮乏国家，只有埃塞俄比亚、刚果（金）是例外，而这两国是极度贫穷、原木消费94%以上是薪材消费的国家。

以上的对比排序不完全匹配，是因为各国森林资源禀赋有差异，表观净消费量的指标也不够准确，但仍在在一定程度上说明了经济发展规模因素和经济发展水平因素确实与木材消耗量存在正相关关系。

在这里，经济规模因素用EC_{GDP}表示，经济发展水平因素用EC_{RGDP}表示，计算

公式为:

$$EC_{RGDPi} = EC_{GDPi} / PS_i \tag{5}$$

式中:EC_{RGDPi}为某一年 i 国或某国 i 年的人均GDP;EC_{GDPi}为某一年 i 国或某国 i 年的GDP;PS_i为某一年 i 国或某国 i 年人口数量。

综合以上分析,随着经济发展规模扩大和经济发展水平提高,木材消耗总量越大,对森林资源压力越大。但经济发展规模对人均木材消耗的影响并不十分明确,经济发展规模对木材消耗蓄积比的影响相对比较明确,而经济发展水平越高,人均木材消耗就越高,木材消耗蓄积比也越高,森林资源面临的压力越大。可见,在经济发展因素中,经济发展水平比经济发展规模的表现要显著。因此,可以做理论假设:

理论假设②:经济发展规模与人均木材消耗之间关系不明确。

理论假设③:经济发展水平与人均木材消耗之间存在正相关关系。

理论假设(3):经济发展规模与木材消耗蓄积比之间存在正相关关系。

理论假设(4):经济发展水平与木材消耗蓄积比之间存在正相关关系。

由于一国经济规模=经济发展水平×人口数量,即GDP=人均GDP×人口数量,因此GDP对人均木材消耗和木材消耗蓄积比的影响实际上是通过人均GDP和人口数量两个途径实现的。换言之,GDP与人均GDP、人口数量可能存在多重共线性。

本研究构造的模型Ⅰ、模型Ⅱ中,均设计了GDP与人均GDP两个变量,通过实证结果观察GDP与人均GDP是否存在多重共线性,另外模型Ⅰ、模型Ⅱ中均有人口数量变量,可以通过实证结果观察GDP与人口数量之间是否存在多重共线性。

5.3.1.3 木质林产品贸易因素

木质林产品贸易是一个国家或地区与其他国家或地区之间的原木、锯材、人造板等木质林产品的交易活动,包括进口贸易和出口贸易(田明华等,2015)。在很多国家,木质林产品贸易是国家对外贸易的重要组成部分。作为经济发展中所需要四大基础原材料,木材消费表现出很强的刚性,王赛(2005)的研究表明,大部分木质林产品需求收入弹性较强。Vincent(1997)认为,在世界范围内,一定时间里,木质林产品的消费是难以被替代的,木质林产品贸易在一个相当长的时期内不可能减少,并且木质林产品贸易在国际贸易中的地位还会得到进一步的强化。很多学者都在关注木质林产品贸易因素对森林资源影响(如 Nectoux 等,1989;Vincent 等,1991,1997;Dean,1992;Elnagheeb 等,1994;Thiele 等,1994;Wisdom,1996;Dudley 等,1998;Menott,1998;FAO,1999,2012;Brooks 等,2001;Zhu 等,

2001；Perezgarcia，2002；邓荣荣等，2012；韩沭洵等，2013；田明华等，2015，2016），尽管多数研究认为木质林产品贸易不是影响森林资源的主要因素，而且其效应不明确或很小。正如第4.4.1节所述，木质林产品贸易通过配置效应、规模效应、结构效应、技术效应、产品效应等直接或者间接地产生对森林资源的影响，这些效应本身可能是正的，也可能是负的，最后形成综合净效应。从经济发展对木材的需求角度，木质林产品贸易本身即是经济发展的一个组成部分，同时木质林产品贸易又在国内需求基础上增加了一个国外需求，在国内供给上增加了一个国外供给，因此，木质林产品贸易因素是研究木材消耗必须要考虑的因素。根据第5.2.3节对木材消耗的定义，可以知道木材消耗量与各种木质林产品进出口量有紧密的联系。由于不同国家经济发展规模和水平、森林资源禀赋、木质林产品加工水平等方面的差别，不同国家在木质林产品贸易进口、出口能力方面表现出明显的不同，因此，木质林产品贸易对一个国家木材消耗的影响是不确定的。具体来看：

（1）就进口贸易而言，木质林产品进口可能会促进本国木材消耗量提高。第一，进口木质林产品弥补了本国木质林产品供给的不足，满足了国内原先不能实现的需求，因此本国的木材消耗会增加。第二，由于供给增加，通常进口木质林产品会拉低国内木质林产品价格，引发需求量进一步上升，从而增加本国的木材消耗。但值得注意的是，本国实际的木材消耗增加，并不意味着对来源于本国森林资源的木材消耗增加。一般情况下，由于木质林产品进口，来源于本国森林资源的木材消耗应该维持或减少，但总的木材消耗的增加，由于习惯性、刚性需求的存在，本国森林资源存在潜在的压力，也就是说，一旦进口受阻，原先由进口满足的需求，可能就转而需要本国森林资源来满足。因此，木质林产品进口贸易对一国木材消耗的影响为正，但影响程度较低。

（2）就出口贸易而言，木质林产品出口可能会促使本国木材消耗量降低。第一，木质林产品出口会减少国内供给，促使国内木质林产品价格提高，从而减少国内需求，导致本国木材消耗减少。同样，这并不意味着该国来源于本国森林资源的总的木材消耗会减少，因为出口木质林产品的原料来源于本国森林资源，会导致该国总的木材消耗增加。但根据第5.2.3节对木材消耗的定义，出口木质林产品的木材消耗并不计算在本国木材消耗中，因此，就本国木材消耗而言，木质林产品出口应该促使本国木材消耗量降低。第二，通常情况下，出口贸易有利于提升出口企业的规模化经营和技术水平。这是因为，为了增强产品国际竞争力，出口企业更倾向于规模化经营，更倾向于引进国外先进技术，这样在获得成本优势的同时木材利用率也会提高。由于学习效应、技术溢出效应和竞争效应，内销企业的技术水平也会提高。内销企业木材利用率的提高，在满足国内同等需求的情况下,会降低本国的木材消耗。这在中国十分典型。基于上述分析,木质林产品出口贸易的扩大应该是有利于降低本国木材消耗,但同样,影响程度较低。

(3)一般用进口量与出口量的加和表示总的贸易规模,根据前述木质林产品进口贸易对一国木材消耗的影响为正、木质林产品出口贸易对一国木材消耗的影响为负的推断,那么木质林产品总的贸易规模对木材消耗的影响如何就取决于出口与进口哪一个作用更大。因此,如果不确定某个具体国家,木质林产品总的贸易规模对木材消耗的影响可能是正向的,也可能是负向的,而且这种影响更弱。为了观察木质林产品总的贸易规模对木材消耗的影响,本研究仍将其设置为一个影响变量。

(4)如果一个国家木质林产品贸易呈现净进口状态,这个国家的木质林产品贸易对木材消耗的影响就类似于木质林产品进口贸易,对一国木材消耗的影响为正。相反,如果一个国家木质林产品贸易呈现净出口状态,这个国家的木质林产品贸易对木材消耗的影响就类似于木质林产品出口贸易,对一国木材消耗的影响为负。如果不确定某个具体国家,难以确定一个国家木质林产品贸易到底是净进口还是净出口,而且净进口的影响类似进口贸易,净出口的影响类似出口贸易,因此,本研究不再单独考察木质林产品贸易净进口或净出口的影响。

选取木质林产品贸易指标时,考虑到进出口贸易金额涉及汇率、价格、通货膨胀等因素,尤其不同木质林产品的附加值差异很大,各国产品贸易结构差异很大,会将问题复杂化,而且木材消耗本身就是一个数量指标,所以选取木质林产品贸易进出口数量指标。但数量指标又存在不同木质林产品数量单位量纲不同的问题,因此利用原木当量折算系数将各种木质林产品进出口数量折算为进出口原木当量。若采用进出口量的绝对指标,难以体现一国对进出口贸易的依赖程度。借鉴对外贸易依存度的算法,选取相对指标反映对进出口贸易的依赖程度,即用木质林产品进口原木当量/原木产量、木质林产品出口原木当量/原木产量和(木质林产品进口原木当量 + 木质林产品出口原木当量)/原木产量,作为木质林产品贸易因素的代表指标,反映一国木质林产品贸易的规模和水平,计算公式为:

$$TI_{IMi} = (\sum QU_{IMij} LC_{TRj})/YI_{LPi} \tag{6}$$

$$TI_{EXi} = (\sum QU_{EXi} LR_{TRj}])/YI_{LPi} \tag{7}$$

$$TI_{TRi} = [\sum (QU_{IMij} + QU_{EXij}) LR_{TRj}]/YI_{LPi} \tag{8}$$

式中:TI_{IMi}为某一年i国或某国i年的木质林产品进口贸易依存度指数;TI_{EXi}为某一年i国或某国i年的木质林产品出口贸易依存度指数;TI_{TRi}为某一年i国或某国i年的木质林产品进出口贸易依存度指数;YI_{LPi}为某一年i国或某国i年的原木产量;QU_{IMij}为某一年i国或某国i年j木质林产品的进口量;QU_{EXij}为某一年i国

或某国 i 年 j 木质林产品的出口量;LR_{TRj} 为 j 木质林产品折合为原木量的原木当量折算系数。

根据以上对木质林产品贸易对木材消耗的影响分析,可以做理论假设:

理论假设④:木质林产品进口贸易依存度与人均木材消耗之间存在正相关关系,但是属于弱相关。

理论假设⑤:木质林产品出口贸易依存度与人均木材消耗之间存在负相关关系,但是属于弱相关。

理论假设⑥:木质林产品进出口贸易依存度与人均木材消耗之间关系不明确,不相关。

理论假设(5):木质林产品进口贸易依存度与木材消耗蓄积比之间存在正相关关系,但是属于弱相关。

理论假设(6):木质林产品出口贸易依存度与木材消耗蓄积比之间存在负相关关系,但是属于弱相关。

理论假设(7):木质林产品进出口贸易依存度与人均木材消耗之间关系不明确,不相关。

本研究构造的模型Ⅰ、模型Ⅱ中,均设计了木质林产品进口贸易依存度、木质林产品出口贸易依存度、木质林产品进出口贸易依存度三个变量,通过实证结果观察这三个因素的显著性和影响方向、程度。

值得指出的是,贸易本身即是经济发展的一个组成部分,因此贸易因素可能与经济发展因素具有相关性,而且相对于经济因素的影响,贸易因素的影响更加薄弱。

5.3.1.4　木材供给因素

人口因素和经济发展因素,本质上属于木材需求因素。有需求,要满足需求,就产生供给。木材供给决定了能够提供给市场的木材数量,决定了基于木材原料的木质林产品的生产和供给,是木材消耗的基础,因此,研究木材消耗必须要考虑木材供给因素。

影响一国木材供给能力的主要因素有该国的森林资源禀赋、木材产量等。森林资源提供木材原料,是木质林产品生产、贸易、消耗的物质基础。森林资源的丰富程度直接决定了可以得到的木材原料数量。木材产量的高低决定了可以使用或者说可能消耗的木材数量。在森林资源丰富的情况下,一般木材产量较高,木材的供给能力较为充裕,由于木材价廉易得,相对于使用其他材料,人们更偏向于使用木材,甚至粗放使用和滥用,因此会提高人均木材消耗量,推动本国木材消耗;当森林资源较为匮乏时,一般木材产量较低,木材的供给能力不足导致木材供给趋于短缺,人们不得不节约使用木材,甚至寻找木材替代品,那么人均木材消耗量会降低,本国木材消耗量会下降。因此,森林资源的丰富程度对木材供给、木材消耗有非常重要的影响。

Zon(1910)说"历史清楚地显示,在自然资源丰富、人口稀少的国家,人们根本不会考虑未来,只会一味地开发和滥用自然提供的一切资源。在这种情况下,浪费自然很严重,更多的经济利用也不会付出代价。随着人口增长和工业进步,对各种原材料的需求不断加大,人们才逐渐认识到需要更加谨慎节约地使用自然资源。几乎所有的国家都经历了相同的过程。有些国家比其他国家早一些到达这个阶段,但是每个国家都一定不可避免地会面临同样的情形"(FAO,2012)。这段表述,充分说明了森林资源禀赋对木材消耗的影响。

衡量一国森林资源丰富程度的指标有森林面积、森林蓄积量等。一个国家森林面积多,但若森林质量很差,即单位面积蓄积量不高,也不能说其森林资源丰富。森林蓄积才是森林木材利用的对象,因此森林蓄积比森林面积更能反映一国森林资源丰富程度。同样,森林蓄积的绝对数量也不能很好地反映森林资源丰富程度,需要使用相对指标来反映森林资源丰富程度。就如中国一样,中国的森林森林蓄积量处于世界前列,但人口众多,因此并不能说中国森林资源丰富。常用的人均森林蓄积量就是一个很好的指标。人均森林蓄积量比森林蓄积量更能准确反映一国森林资源禀赋状况(田明华等,2014)。例如中国森林蓄积151.37亿立方米,居世界第六位,但人均森林蓄积(10.98立方米)只有世界人均水平(78立方米)的1/7(徐济德,2014)。因此,本研究采用人均森林蓄积量来衡量森林资源丰富程度,计算公式为:

$$SU_{AFVi} = FV_i/PS_i \tag{9}$$

式中SU_{AFVi}为某一年i国或某国i年的人均森林蓄积量;FV_i为某一年i国或某国i年的森林蓄积量;PS_i为某一年i国或某国i年人口数量。

人均森林蓄积量代表了一国森林资源禀赋。显然,人均森林蓄积量越高,木材的供给能力较为充裕,会推动木材的消耗,人均木材消耗提高,木材消耗量提高。正如在讨论人口因素时,已经证明了人均森林蓄积量与人均原木消费量呈现高度相关性。但可以注意到,在讨论人口因素时,有一个森林资源的人口承载程度因素,而森林资源的人口承载程度是该国人均森林蓄积量的倒数。相对森林资源的人口承载程度因素,人均森林蓄积量对木材消耗的影响比较明确。作为一对反向指标,在考察木材消耗对森林资源压力时,可能存在相关关系,当然这不同于木质林产品进口贸易依存度指数和木质林产品出口贸易依存度指数这样的反向指标,但很可能只有一个指标能够留存下来。相对而言,人均森林蓄积量指标留下来的可能性要大些,因为人均森林蓄积量与木材消耗对木材消耗的影响相对比较明确。

木材产量是指一个国家或地区在一定时期内(通常一年)为社会提供的木材总量,一般指的就是原木产量(田明华等,2015)。如前所述,木材产量越高,木材的供给能力较为充裕,会推动木材的消耗,人均木材消耗提高,木材消耗量提高;当木材产量较低时,木材供给趋于短缺,人均木材消耗会降低,木材消耗会降低。相比森林资源禀赋,木材产量相对于需求的高低,对木材消耗的影响更为直接。可以认为,森林资源禀赋决定了潜在木材供给量,而木材产量表现了实际木材供给量。因此,木材产量比森林蓄积更准确地反映木材供给。同理,人均木材产量要比木材产量更能准确反映木材供给状况。这里使用人均原木产量指标,计算公式为:

$$SU_{ALPi} = YI_{LPi}/PS_i \qquad (10)$$

式中 SU_{ALPi} 为某一年 i 国或某国 i 年的人均原木产量;YI_{LPi} 为某一年 i 国或某国 i 年的原木产量;PS_i 为某一年 i 国或某国 i 年人口数量。

这样,本研究用人均森林蓄积量和人均木材产量来代表木材供给因素。通常情况下,一国人均森林蓄积量或人均木材产量越高,人均木材消耗就越高,木材消耗越多。在使用木材消耗蓄积比(即木材消耗量/森林蓄积量)作为木材消耗对森林资源压力指标情况下,木材消耗蓄积比中的分子为森林蓄积量,因此,一国人均森林蓄积量越高,虽然木材消耗越多,但木材消耗对森林资源压力指数不见得就越高,这要看木材消耗的增长、森林蓄积量的提高程度。换言之,人均森林蓄积量与木材消耗蓄积比之间的关系不如人均森林蓄积量与人均木材消耗、木材消耗总量之间的关系显著。如果以表2-30、表2-31涉及的8个薪材和工业用原木消费主要国家来简单分析,基本可以发现这么一个规律,人均森林蓄积量越大的国家,人均原木消费越高,但人均原木消费量与人均森林蓄积量的比值越低,也就是说木材消耗对森林资源压力越低。

一般情况下,一国森林蓄积量越高,该国木材产量会越高,即一国人均森林蓄积量越高,该国人均木材产量会越高。但现实中也会发生背离的情况,即一国森林蓄积量并不高,但由于各种原因,该国木材产量比较高,这通常会引起该国森林资源的减少。森林蓄积量与木材产量不同步的情况经常会发生。例如日本,就是一个森林蓄积量高而木材产量不高的国家,而大多数发展中国家,经常会发生森林蓄积量不高但木材产量很高的现象,例如印度尼西亚。木材产量增长超过森林蓄积量增长时,人均木材产量与木材消耗蓄积比之间会呈现正相关关系,木材产量增长低于森林蓄积量增长时,人均木材产量与木材消耗蓄积比之间会呈现负相关关系。这样,人均木材产量与木材消耗蓄积比之间的关系也不十分明确。但考虑到森林蓄积量增长受到自然因素的制约比较大,变化率往往较小,而木材产量变化率往往快于森林蓄积量的变化率,因此,可以认为人均木材产量越高,木材消耗蓄积比就会越大。如果以表2-30、表2-31涉及的8个薪材和工业用原木消费主要国家来简单分析,可以发现,人均木材产量与人均原木消费量(表观净消费量)高度相关,但人均木材产量与该国原木消费量与森林蓄积量的比值之间,虽然基本呈现正相关,即人均木材产量越高,木材消耗对森林资源压力越大,但相关程度明显偏低,存在例外。

由此,做理论假设:

理论假设⑦:人均森林蓄积量与人均木材消耗之间关系相对明确,呈现正相关。

理论假设⑧:人均木材产量与人均木材消耗之间关系比较明确,呈现正相关。

理论假设(8):人均森林蓄积量与木材消耗蓄积比之间关系不够明确。

理论假设(9):人均木材产量与木材消耗蓄积比之间关系相对明确,呈现正相关。

本研究构造的模型Ⅰ、模型Ⅱ中,均设计了人均森林蓄积量与人均木材产量两个变量,通过实证结果观察这两个因素是否存在多重共线性,以及显著性、影响程度与方向,观察人口承载程度因素与人均森林蓄积量是否存在多重共线性。

5.3.1.5 技术进步因素

在木质林产品生产中,技术进步对木材消耗的影响主要表现在以下几个方面。第一是通过改进现有技术工艺、采用先进的技术设备或改善经营管理而减少单位产品木材消耗,即提高木材利用率,这样生产同样的产品消耗的木材就少,使用同样的产品木材消耗就降低;第二是通过木质林产品质量的提高和产品结构的改善,增强了木质林产品的耐用性,延长了产品的使用寿命,在一定时期内相当于减少了木材消耗强度;第三是随着科学技术的发展,出现了新一代的木质林产品,这些新一代的木质林产品往往以功能节约代用方式替代老一代的木质林产品,即这些新一代的木质林产品虽然仍是基于木材制造因而要消耗木材,但其使用功能大大超过直接使用原木,客观上起到了提高木材利用率、节约替代大量木材的作用,新一代的木质林产品的增加必然导致木材消耗强度的下降(王赛,2005)。第四是由于技术进步,在木质林产品生产中,可以大量使用回收废旧木质原料,从而显著降低单位产品的木材消耗。

木材产业是木材消耗的大户。根据FAO《林产品年鉴2015》,2015年世界锯材原木和单板原木产量占工业用原木产量的56.60%(FAO,2017)。从目前来看,在木材产业中,新的木质林产品功能节约代用发挥着更显著的作用。以胶合板为例,据研究,生产1立方米胶合板虽然需要耗费2.5立方米原木,但1立方米胶合板在使用过程中能抵得上4-5立方米锯材的功用,因此在使用功能上1立方米胶合板相当于6-7.5立方米的原木(田园,2011),这样1立方米胶合板的生产和使用实际上可以节约3.5-5立方米的原木,大大提高了原木利用率,高效地降低了木材消耗。继而出现的刨花板、纤维板又在一定程度上替代了胶合板的使用。而刨花板、纤维板在生产时主要是将原本不利用的小径材、劣质材,采伐、造材、加工剩余物加以回收利用(翟中齐,2003),可以不使用原木,还可以使用回收废材、废旧刨花板、废旧纤维板做到重复循环利用,极大减少了木材消耗。当一国木材产业技术水平较高时,相对于原木产量,人造板产量会比较高;相对于胶合板产量,刨花板产量会比较高;相对于刨花板产量,纤维板产量会比较高(田明华等,2014)。更加节约木材的后者的大量使用可以替代前者的使用,那么在功能需求相同的情况下,木材消耗也就降低。当一国木材产业技术水平较低时,相对于原木产量,人造板产量会比较低,更高级的人造板产品产量会比较低,不得不使用木材消耗较高的初级产品、低级产品(田明华等,2014),那么在功能需求相同的情况下,木材消耗也就比较高。因此,可以用胶合板产量与原木产量的比值、刨花板产量与胶合板产量的比值、纤维板产量与刨花板产量的比值,来度量木材产业中技术进步对木材消耗的影响。由于胶合板生产在很大程度上依赖大径材资源、阔叶材资源,在世界各国缺乏普遍性,也是为简单起见,本研究用人造板产量与原木产量的比值来度量木材产业中技术进步对木材消耗的影响。计算公式为:

$$TP_{PBLi} = YI_{BPi}/YI_{LPi} \qquad (11)$$

式中 TP_{PBLi} 为某一年 i 国或某国 i 年的木材产业技术进步指数;YI_{BPi} 为某一年 i 国或某国 i 年的人造板产量;YI_{LPi} 为某一年 i 国或某国 i 年的原木产量。

除了木材产业大量消耗木材外,制浆造纸业也是木材消耗的大户。根据 FAO《林产品年鉴2015》,2015年世界纸浆材占工业用原木产量的 34.44%(FAO,2017)。在制浆造纸业,木浆得率是影响木材消耗的重要技术指标。由于技术的推广和普及以及外国直接投资因素,各国的木浆得率的差异并不大。2010—2015年世界木浆产量占纸浆材产量的比例为 28.74%、27.73%、27.80%、27.25%、27.07%、27.60%(FAO,2017),变化并不大(呈现下降趋势,原因可能是纸浆材质量下降导致木浆得率降低)。实际上,在现代技术条件下,进一步通过技术进步提高木浆得率是十分困难的,因为木材的纤维素含量就那么多。2015年世界纸和纸板产量是世界木浆产量的2.31倍,产量差距是因为在造纸过程中使用了大量回收废纸。因此,更影响制浆造纸业木材消耗的是废纸浆利用率,即在造纸过程中使用废纸浆的比例。而各国的废纸浆利用率差距较大。例如,根据 FAO《林产品年鉴 2015》,2015 年纸和纸板产量最大的中国、美国、日本、德国、印度 5 个国家中,废纸浆利用率从 35.10% ~ 75.40% 不等。通常情况下,森林资源相对匮乏、制浆造纸业技术先进的国家非常重视制浆造纸业中废纸的利用,废纸浆利用率较高;森林资源相对丰富、制浆造纸业技术较低的国家,废纸浆利用率较低。在同样森林资源条件下,制浆造纸业技术越先进的国家废纸浆利用率一般会越高。因此,本研究采用废纸浆利用率来衡量各国制浆造纸业的技术水平,计算公式为:

$$TP_{RRPi} = 1 - RP_i = 1 - PC_i/(PC_i + 0.8WP_i) = 0.8WP_i/(0.8PC_i + WP_i) \quad (12)$$

式中 TP_{RRPi} 为某一年 i 国或某国 i 年的造纸业技术进步指数;RP_i 为某一年 i 国或某国 i 年的木浆利用率;PC_i 为某一年 i 国或某国 i 年的木浆消费量;WP_i 为某一年 i 国或某国 i 年的废纸消费量;0.8 为废纸转换为废纸浆的折算系数(侯庆喜等,2008)。

废纸浆利用率越高,直接消耗木材的木浆的使用率就越低,那么单位纸和纸板产品的木材消耗就越低,制浆造纸业木材消耗就越低,因此废纸浆利用率应该与木材消耗呈现反向关系。正如前面分析所说,一国废纸浆利用率除了受各国制浆造纸业的技术水平影响,还受到该国森林资源条件影响。因此这种反向关系可能并不十分显著。

整体而言,相对于人口因素、经济发展因素,技术进步因素的影响是比较小的,但在一些特定国家,可能影响会比较大。由此,做理论假设:

理论假设⑨:木材产业技术进步指数与人均木材消耗之间存在负相关关系。

理论假设⑩:废纸浆利用率与人均木材消耗之间存在负相关关系,但是弱相关。

理论假设⑩:木材产业技术进步指数与木材消耗蓄积比之间存在负相关关系。

理论假设⑪:废纸浆利用率与木材消耗蓄积比之间存在负相关关系,但是弱相关。

本研究构造的模型Ⅰ、模型Ⅱ中,均设计了木材产业技术进步指数、废纸浆利用率两个变量,通过实证结果观察这两个因素的显著性和影响方向、程度。

5.3.1.6　其他因素

价值观、文化伦理等文化因素,森林所有权、政府政策等制度因素,同样会对森林资源变化产生影响。

例如,葡萄牙为欧洲森林资源比较丰富的国家之一,全国有森林面积 287.5 万平方千米,森林覆盖率 31.5%,人均拥有森林面积 0.32 平方千米,用材林蓄积量 1.665 亿立方米,林木年均生长量 1128.6 万立方米,年均采伐量 1090 万立方米,森林蓄积量不断增长。在葡萄牙中小学的教科书中,有关绿化环境与爱护花草树木的课文往往会占很大篇幅。其中有一段课文这样写道:"爱一棵树,就是爱一个朋友。一棵树虽然占地方不大,但它保护大自然,净化空气,提供水果、木材和其他许多东西,让我们植树造林吧!"如今爱树观念早已渗透到了人们日常生活的各个方面,小孩攀折树枝、大人乱砍滥伐和农民们往树枝上拴牲口的陋习几乎不复存在,以至在葡萄牙流行这样的说法:一个完人一生要做三件事,即生一个孩子、写一本书、种一棵树。将种树作为完人的条件之一,充分说明了人们对树木的关爱和重视(Lstcool,2003)。价值观、文化伦理等文化因素在一定程度上促成了葡萄牙森林的可持续发展。

再如,全球森林面积虽然减少趋势趋缓,但仍不断减少,与中国森林面积持续增长形成鲜明对比。数据显示,在所有森林增加国家中中国是增长率最快的国家,与世界主要大国相比,中国森林面积和蓄积的增长数量都是名列前茅。尤其人工林面积保持世界首位,约占世界人工林面积的 70%(徐济德,2014)。实际上,在 20 世纪 80 年代,中国也经历了一个"森林资源危机、林业经济围困"的"两危"时期,森林覆盖率降到只有 12.00%。中国政府痛定思痛,开始转变大木头挂帅的林业发展模式,大力开展森林资源保护,陆续开展以天然林保护工程、退耕还林工程等为代表的重点生态工程,逐步实现以木材生产为主向生态建设为主的历史性转变,森林面积、蓄积持续增长,森林覆盖率稳步提高,目前已达 21.63%。为了保护天然林,2014 年中国进一步决定全面停止天然林商业性采伐。在大力开展森林资源保护、生态建设的同时,中国大力发展人工林种植,成为人工林面积保有量最大的国家。在商品林采伐政策改革的引导下,中国森林采伐正在逐步由天然林向人工林转移。这一切不能不说是政府政策对中国森林资源的增长起了决定性作用。中国在森林所有权改革方面也是卓有成效。2003 年福建、江西等省相继开展集体林权制度改革试点,2008 年 6 月全面推进集体林权制度改革。全国第六次全国森林资源清查(1999—2003 年)显示,按林木权属分,国有林面积占 42.16%,集体林占37.52%,个体林占 20.32%,到第八次森林资源清查(2009—2013 年),国有林面积占39%,集体林占 19%,个体林占 42%(徐济德,2014),10 年间,个体林比重翻了一倍多。根据 FAO《2015 年全球森林资源评估报告》,70% 以上全球私有林的增加是由于中国私有林面积增加的结果(8500 万平方千米)。中国林权改革极大调动了广大林农和社会造林育林的积极性,例如人工林中的个体林比重提高显著,占总量的 70%(徐济德,2014),对中国人工林快速发展做出了巨大贡献,人工造林对增加中国森林总量的贡献十分显著,由此才实现中国森林面积、蓄积持续增长,森林采伐由天然林向人工林转移,森林资源长消盈余不断扩大的良好局面。

当然,价值观、文化伦理等文化因素,森林所有权、政府政策等制度因素,对森林资源变化产生影响也不全是正面的,在有些国家或地区,也存在负面的影响。在发展中国家,普遍存在低估森林产品及生态系统服务的价值,过度重视森林的经济价值的现象,导致森林的过度开发。森林的所有权不明确、缺乏稳定的土地所有制,是发展中国家普遍存在的问题,极易造成大量短期行为,过度使用森林资源,打击对森林资源投资、保存和管理的积极性。政府政策失误、缺乏跨部门的政策、缺乏有效管理等政府失灵现象在发展中国家经常出现。例如一些国家为了促进经济发展,大力发展木材加工业,致力于木质林产品出口创汇,导致国内森林资源的破坏。比较典型的是印度尼西亚,2014年印度尼西亚森林面积排名世界第八,森林资源总量比较丰富,但由于人口众多,人均森林面积、人均森林蓄积均远低于世界平均水平。20世纪90年代,印度尼西亚凭借森林资源优势,大力发展胶合板生产和出口,一度是人造板世界第一大出口国、胶合板世界第一大出口国(见表2-42、表2-44),1990年胶合板出口843.3万立方米,占世界出口总量的51.91%,但受森林大径材资源迅速减少影响,印度尼西亚胶合板出口大幅度减少,2000年579.0万立方米,2015年仅有233.9万立方米(见表2-44)。但印度尼西亚又开始大力发展制浆造纸工业,并迅速崛起为木浆、纸和纸板主要出口国,1990年印度尼西亚木浆出口仅13.0万吨,2000年136.1万吨,2015年达到340.0万吨,成为第六大木浆出口国,1990年印度尼西亚纸和纸板出口仅16.6万吨,2000年280.2万吨,2015年达到409.4万吨,成为第八大纸和纸板出口国(FAO,2017)。胶合板工业和制浆造纸工业的发展消耗了印度尼西亚大量的森林资源,印度尼西亚在世界2010—2015年年度森林面积净损失最大的国家中排名第二,2010—2015年年度森林面积净损失68.4万平方千米,年度净损失率0.7%(见表2-4)。

正如2012年FAO《世界森林状况》中所说,价值观、文化伦理等文化因素,森林所有权、政府政策等制度因素,对加快或减缓森林砍伐速度有着重要影响,某些情况下甚至会对逆转森林砍伐速度产生重要影响(FAO,2012)。然而这些因素却是难以量化的,在不同国家也是千差万别。诸如林火、有害生物以及干旱、风雪、冰和洪水等气候事件,对森林资源影响也很大,但它们并不是影响森林资源变化的主要方面。

综上所述,在考察经济需求对森林资源影响时,在影响木材消耗方面,这些因素并不是主要因素。因此,本研究在构建木材消耗对森林资源压力的影响因素模型时,并未把这些因素考虑在内,从而消除了经济发展需求对森林资源的影响这条主线上的其他因素的干扰。

5.3.2 实证模型和模型变量的说明

通过对影响木材消耗的关键因素分析,可以初步理清这些因素与木材消耗的关系,初步确定了这些因素与本研究构造的木材消耗对森林资源压力代表性指标之间的关系。为进一步验证,将木质林产品贸易因素作为主要研究对象,将人口因素、经济发展因素、木材供给因素和技术进步因素的代表性指标作为控制变量,建立模型进行实证研究。实证模型的被解释变量为人均木材消耗和木材消耗蓄积比,它们反映木材消耗对森林资源的压力,解释变量为 5 个方面 10 个或 11 个代表性指标。

5.3.2.1 实证模型 Ⅰ 和模型变量的说明

模型 Ⅰ 的被解释变量为人均木材消耗,反映木材消耗对森林资源的压力,解释变量为 5 个方面 10 个代表性指标。

为了消除异方差的影响,并使被解释变量与解释变量之间的弹性呈现线性关系,对各变量进行对数化处理,建立木材消耗对森林资源的压力的影响因素的对数模型 Ⅰ:

$$\ln AWC_i = C + b_1 \ln PS_i + b_2 \ln EC_{GDPi} + b_3 \ln EC_{RGDPi} + b_4 \ln TI_{IMi} + b_5 \ln TI_{EXi}$$
$$+ b_6 \ln TI_{TRi} + b_7 \ln SU_{ALPi} + b_8 \ln SU_{AFVi} + b_9 \ln TP_{PBLi} + b_{10} \ln TP_{RRPi} + \mu \quad (13)$$

式中:C 为截距项;b_1,$b_2 \cdots$,b_{10} 分别是 $\ln PS_i$、$\ln EC_{GDP}$、$\ln EC_{RGDP}$、$\ln TI_{IM}$、$\ln TI_{EX}$、$\ln TI_{TR}$、$\ln SU_{ALP}$、$\ln SU_{AFV}$、$\ln TP_{PBL}$、$\ln TP_{RRPi}$ 的待估参数;i 表示国别或年份;μ 为残差项。具体变量名称、变量符号及影响的预期方向和预期显著性见表 5 - 1。

表 5 - 1 实证模型 Ⅰ 的变量名称及符号和预期影响方向、显著性

Tab. 5 - 1 The variable names, symbols and expected directions, significance of empirical model Ⅰ

影响因素	变量名称	符号	预期方向	预期显著性
被解释变量				
木材消耗对森林资源压力	人均木材消耗	AWC		
解释变量				
人口	人口数量	PS	−	强
经济发展	国内生产总值	EC_{GDP}	+	弱
	人均国内生产总值	EC_{RGDP}	+	强

影响因素	变量名称	符号	预期方向	预期显著性
木质林产品贸易	木质林产品进口贸易规模指数	TI_{IM}	+	弱
	木质林产品出口贸易规模指数	TI_{EX}	-	弱
	木质林产品进出口贸易规模指数	TI_{TR}	+ / -	更弱
木材供给	人均原木产量	SU_{ALP}	+	中
	人均森林蓄积	SU_{AFV}	+ / -	更弱
技术进步	木材产业技术进步指数	TP_{PBL}	-	中
	废纸浆利用率	TP_{RRP}	-	弱

5.3.2.2　实证模型 II 和模型变量的说明

模型 II 的被解释变量为木材消耗蓄积比,反映木材消耗对森林资源的压力,解释变量为 5 个方面 11 个代表性指标。

为了消除异方差的影响,并使被解释变量与解释变量之间的弹性呈现线性关系,对各变量进行对数化处理,建立木材消耗对森林资源的压力的影响因素的对数模型 II:

$$\ln WCF_i = C + b_1 \ln PS_i + b_2 \ln FC_i + b_3 \ln EC_{GDPi} + b_4 \ln EC_{RGDPi} + b_5 \ln TI_{IMi} + b_6 \ln TI_{EXi}$$
$$+ b_7 \ln TI_{TRi} + b_8 \ln SU_{ALPi} + b_9 \ln SU_{AFVi} + b_{10} \ln TP_{PBLi} + b_{11} \ln TP_{RRPi} + \mu \quad (14)$$

式中:C 为截距项;b_1,$b_2 \cdots$,b_{10} 分别是 $\ln PS_i$、$\ln FC$、$\ln EC_{GDP}$、$\ln EC_{RGDP}$、$\ln TI_{IM}$、$\ln TI_{EX}$、$\ln TI_{TR}$、$\ln SU_{ALP}$、$\ln SU_{AFV}$、$\ln TP_{PBL}$、$\ln TP_{RRPi}$ 的待估参数;i 表示国别或年份;μ 为残差项。具体变量名称、变量符号及影响的预期方向和预期显著性见表 5 - 2。

表 5 - 2 实证模型 II 的变量名称及符号和预期影响方向、显著性
Tab. 5 - 2 The variable names, symbols and expected directions, significance of empirical model II

影响因素	变量名称	符号	预期方向	预期显著性
被解释变量				
木材消耗对森林资源压力	木材消耗蓄积比	WCF		
解释变量				
人口	人口数量	PS	+	强
	森林资源的人口承载程度	FC	+	弱

影响因素	变量名称	符号	预期方向	预期显著性
经济发展	国内生产总值	EC_{GDP}	+	中
	人均国内生产总值	EC_{RGDP}	+	强
木质林产品贸易	木质林产品进口贸易规模指数	TI_{IM}	+	弱
	木质林产品出口贸易规模指数	TI_{EX}	－	弱
	木质林产品进出口贸易规模指数	TI_{TR}	+／－	更弱
木材供给	人均原木产量	SU_{ALP}	+	中
	人均森林蓄积	SU_{AFV}	－	弱
技术进步	木材产业技术进步指数	TP_{PBL}	－	中
	废纸浆利用率	TP_{RRP}	－	弱

5.4　模型Ⅰ:以人均木材消耗为森林压力指标的实证分析

为了寻求木质林产品贸易对森林资源实际影响,本节首先以人均木材消耗作为反映木材消耗对森林资源的压力的代表指标,利用模型Ⅰ,分别基于 2010 年世界各国的相关截面数据和 1993—2015 年中国的相关时间序列数据进行实证分析,以发现木质林产品贸易对森林资源影响的一般性规律和中国木质林产品贸易对森林资源影响的特性。

5.4.1　基于国际截面数据的实证分析

本小节以人均木材消耗作为反映木材消耗对森林资源的压力的代表指标,利用模型Ⅰ,基于 2010 年世界各国的相关截面数据进行实证分析,以发现木质林产品贸易对森林资源影响的一般性规律。

5.4.1.1　数据来源

由于本研究中涉及的各国森林立木蓄积数据比较全面的是 FAO《2010 年全球森林资源评估》,考虑数据可得性,以 2010 年为数据采集年。

各国木质林产品数据主要来源于 FAO《林产品年鉴》,由于木炭、木片、碎料和剩余物产量或贸易规模较小,这里予以忽略不计;废纸是回收来的用过的纸张和纸板,不涉及木材消耗,所以未列入本小节研究范围;木制品、家具等不在 FAO《林产品年鉴》统计范围内,数据不可得,因此基于国际截面数据的实证分析中木质林产品的范围为:原木、锯材、单板、胶合板、刨花板、纤维板、木浆、纸和纸板。

各国人均木材消耗计算所涉及的各国原木产量、木质林产品的进出口量来源于FAO《林产品年鉴2010》,各国人口数量数据来源于《联合国人口统计年鉴2012》,指年中人口数据,木质林产品折合为原木量的原木当量折算系数见表5-3第3列。需要解释的是:①由于生产技术不同,各国木质林产品折合为原木量的原木当量折算系数应该是有差异的,但限于数据可得性,这里以中国的原木当量折算系数作为替代。②不像锯材、单板、胶合板和木浆,刨花板和纤维板的主要原料是小径材、枝丫材、加工剩余物和废料等,而不是以原木为原料,当这两种木质林产品的为净出口时,实际上不影响本国木材消耗,当刨花板和纤维板为净进口时,实际上起到了替代原木、胶合板等产品使用的作用,假定刨花板和纤维板主要替代了胶合板的使用,即从需求角度,净进口的刨花板和纤维板相当于净进口胶合板。因此在刨花板和纤维板净进口量 >0 时其原木当量折算系数使用胶合板原木当量折算系数。由此,本研究计算的木材消耗量不是一国的实际木材消耗量,而是基于需求替代的理论木材消耗量。③纸和纸板的直接原料为纸浆,纸浆包括木浆、非木浆和废纸浆,只有木浆直接消耗原木。因此在将纸和纸板折合为原木量时需要在纸和纸板原木当量折算系数基础上再乘以各国木浆利用率。木浆利用率的计算参见公式(12),涉及的各国木浆消费量、废纸消费量来源于FAO《林产品年鉴2010》。

表 5 - 3 木质林产品折合为原木量的原木当量折算系数

Tab. 5 - 3 Conversion coefficients of wooden forest products in conversing log volume

产品		原木当量折算系数 LC_{CO}	原木当量系数 LR_{TR}
原木		1	1
锯材		1.3	1.3
单板		2.5	2.5
胶合板		2.5	2.5
刨花板	净进口量 <0	0 *	1.5
	净进口量 >0	2.5 *	
纤维板	净进口量 <0	0 *	1.8
	净进口量 >0	2.5 *	
木浆		3.3	3.3
纸和纸板		3.3×木浆利用率*	2.8

注:原木当量折算系数来源于国家林业局《中国林业发展报告》推算中国木材供给和木材消费时木质林产品进口、出口折合木材的折算系数;* 表示在木材消耗量计算中对刨花板、纤维板、纸和纸板的原木当量折算系数进行了修正。

各国人口数量数据来源于《联合国人口统计年鉴2012》,指年中人口数据。

各国国内生产总值、人均国内生产总值数据来源于世界银行数据库。

各国木质林产品进口贸易规模指数、木质林产品出口贸易规模指数、木质林产品进出口贸易规模指数计算中所涉及的各国木质林产品的进出口量、原木产量来源于FAO《林产品年鉴2010》,木质林产品折合为原木量的原木当量折算系数见表5-3第3列。需要说明的是:①同样,限于数据可得性,以中国的原木当量折算系数作为替代。②在木质林产品贸易规模指数计算中,因为计算目标是木质林产品贸易规模指数而不是木材消耗,是为了统一木质林产品数量量纲,因此不涉及某木质林产品是否使用原木作为原料问题,所以不再对原木当量折算系数做修正。

各国人均原木产量、人均森林蓄积计算中所涉及的各国原木产量来源于FAO《林产品年鉴2010》,各国森林立木蓄积数据来源于FAO《2010年全球森林资源评估》,各国人口数量数据来源于《联合国人口统计年鉴2012》,指年中人口数据。

木材产业技术进步指数计算中所涉及的各国人造板产量、原木产量来源于FAO《林产品年鉴2010》。

废纸浆利用率计算中所涉及的各国木浆、废纸消耗量来源于FAO《林产品年鉴2010》。

因涉及的数据较多,在FAO所列世界103个国家中,扣除有缺失数据的国家,最终以61个数据齐全的国家作为样本,见表5-4。样本国家位于世界五个大洲,分布在经济发展的各个层次,既包括埃塞俄比亚、津巴布韦、尼泊尔、肯尼亚等落后的发展中国家,也包括美国、日本、德国、法国、英国、意大利、加拿大等发达国家;样本国家经济总量占世界的89.35%;样本国家涵盖了各主要林产品在生产、进出口和消耗方面分别位于前列的国家,如美国、俄罗斯、加拿大、巴西、中国、奥地利、德国、瑞典、芬兰、新西兰、法国、乌拉圭、日本、意大利、马来西亚、泰国、韩国、智利、英国等所有在某方面位居世界前五的国家;样本国家原木生产、进口、出口、消耗的总量分别占世界的80.42%、92.26%、82.74%、81.36%,锯材进、出口的总量分别占世界的77.79%、92.44%,人造板进、出口的总量分别占世界的82.15%、90.76%,木浆进、出口的总量分别占世界的92.97%、96.05%,纸和纸板进、出口的总量分别占世界的82.85%、91.88%。样本应具有代表性。

表5－4　基于国际截面数据模型 I 的样本国家

Tab. 5－4　Sample countries of model I based on international cross－section data

洲	样本国家
非洲	埃塞俄比亚、尼日利亚、南非、肯尼亚、科特迪瓦、津巴布韦、阿尔及利亚、摩洛哥
亚洲	印度、中国、印度尼西亚、巴基斯坦、越南、泰国、马来西亚、土耳其、日本、菲律宾、尼泊尔、韩国、伊朗、约旦
欧洲	俄罗斯、瑞典、法国、德国、芬兰、波兰、奥地利、捷克、乌克兰、西班牙、罗马尼亚、挪威、白俄罗斯、英国、葡萄牙、斯洛伐克、意大利、立陶宛、保加利亚、瑞士、克罗地亚、波斯尼亚和黑塞哥维那、斯洛文尼亚、丹麦、希腊
美洲	美国、巴西、加拿大、智利、墨西哥、危地马拉、阿根廷、乌拉圭、哥伦比亚、秘鲁、哥斯达黎加、巴拿马
大洋洲	澳大利亚、新西兰

注:各洲国家顺序按照2010年原木产量由高到低排序。

各变量计算的基础数据表参见表5－5、表5－6。

5.4.1.2　模型回归结果

采用2010年的61个国家的相关截面数据,根据模型 I,用 Eviews7.2 进行回归分析。为区分和表述方便,这里将基于国际截面数据的模型 I 称作模型 I_1。模型 I_1 中 $i = 1, 2, 3 \cdots, 61, i$ 表示61个国家中某个特定的国家。

初次回归发现,GDP 与人均 GDP 存在完全的多重共线性,不能同时出现在模型中,为此剔除了 GDP,保留人均 GDP,模型 I_1 初次回归结果见表5－7。

表5－7　模型 I_1 初次回归结果

Tab. 5－7　The initial regression result of model I_1

变量	系数	T 统计值	P 值
C	－0.743	－0.908	0.368
$\ln PS$	－0.027	－0.598	0.552
$\ln EC_{RGDP}$	0.111	1.277	0.208
$\ln TI_{IM}$	0.125	1.147	0.257
$\ln TI_{EX}$	－0.090	－1.156	0.253
$\ln TI_{TR}$	0.001	0.003	0.998
$\ln SU_{AFV}$	－0.026	－0.554	0.582
$\ln SU_{ALP}$	0.615	7.0998	0.000
$\ln TP_{PBL}$	0.002	0.056	0.956
$\ln TP_{RRP}$	－0.018	－0.731	0.468

注:$R^2 = 0.827$, $\bar{R}^2 = 0.797$, F 统计值 $= 27.149$, $DW = 2.084$。

表5-5　2010年61个国家主要木质林产品进出口量

Tab.5-5　Importing and exporting quantity of 61 countries's main wooden forest products in 2010

国家	原木（千平方米）		锯材（千平方米）		单板（千平方米）		胶合板（千平方米）		刨花板（千平方米）		纤维板（千平方米）		木浆（千吨）		纸和纸板（千吨）	
	进口量	出口量	进口量	出口量	进口量	出口量	进口量	出口量	进口量	出口量	进口量	出口量	进口量	出口量	进口量	出口量
埃塞俄比亚	1	0	37	12	0	0	20	0	22	0	12	0	6	0	64	0
肯尼亚	17	1	19	0	0	0	7	7	10	5	13	4	2	0	269	8
南非	29	193	351	52	23	2	56	4	16	17	63	31	59	948	588	632
津巴布韦	2	2	26	36	0	0	1	0	10	0	11	1	1	0	58	3
阿尔及利亚	10	0	2053	0	1	0	91	0	60	0	43	4	39	0	469	27
摩洛哥	241	3	1219	0	19	0	77	2	42	0	86	0	25	126	310	4
科特迪瓦	11	62	1	203	0	0	0	36	0	2	0	0	3	0	98	9
尼日利亚	1	9	2	5	6	0	68	0	37	0	24	0	34	1	433	0
日本	4758	66	6415	60	236	1	3255	9	423	12	599	12	1810	409	2068	1643
中国	35222	135	16238	835	287	698	1076	7297	854	167	549	3653	12137	50	4029	4881
韩国	6003	3	1048	6	316	1	1272	6	810	3	266	29	2525	82	811	2813
印度	4670	8	119	21	8	6	36	17	78	3	98	7	800	3	1284	432
印度尼西亚	139	1	230	46	19	13	96	2833	329	14	187	666	1234	2572	386	3910
马来西亚	91	4340	312	2178	250	307	149	3724	253	494	104	1275	148	33	2016	319

续表

国家	原木(千立方米)		锯材(千立方米)		单板(千平方米)		胶合板(千平方米)		刨花板(千平方米)		纤维板(千平方米)		木浆(千吨)		纸和纸板(千吨)	
	进口量	出口量	进口量	出口量	进口量	出口量	进口量	出口量	进口量	出口量	进口量	出口量	进口量	出口量	进口量	出口量
尼泊尔	0	0	0	0	9	3	3	2	0	0	1	0	0	0	95	3
巴基斯坦	27	1	222	0	2		2	8	1	0	77	19	80	0	409	8
菲律宾	42	5	137	377	26	3	61	24	34	0	34	5	64	0	400	128
泰国	128	6	439	693	25	2	122	32	4	1863	22	2073	619	58	926	998
越南	518	113	745	150	10	28	92	101	69	8	342	3	172	1	721	70
伊朗	95	77	946	14	19	0	39	0	33	6	1241	0	75	0	571	4
约旦	2	0	277	12	0	0	43	1	8	0	48	4	69	0	200	66
土耳其	1416	7	664	120	43	22	190	45	367	264	459	605	627	1	2170	275
奥地利	8652	1031	1797	6123	49	24	155	304	464	1829	140	600	615	353	1363	4072
白俄罗斯	35	2222	9	63	4	1	17	138	276	147	253	85	48	0	284	222
波斯尼亚和黑塞哥维那	112	706	39	674	3	9	9	8	113	1	56	1	35	0	74	91
保加利亚	52	648	68	238	19	11	30	31	110	406	128	70	9	0	264	77
克罗地亚	16	825	239	555	10	20	32	6	144	87	52	2	0	43	207	141
捷克共和国	1995	4281	1168	2985	17	19	110	114	327	993	240	77	215	460	1286	786
丹麦	693	1175	2214	1117	582	34	716	87	359	136	321	18	76	17	1031	233

续表

国家	原木（千平方米）		锯材（千平方米）		单板（千平方米）		胶合板（千平方米）		刨花板（千平方米）		纤维板（千平方米）		木浆（千吨）		纸和纸板（千吨）	
	进口量	出口量	进口量	出口量	进口量	出口量	进口量	出口量	进口量	出口量	进口量	出口量	进口量	出口量	进口量	出口量
芬兰	6408	502	627	5838	18	47	109	833	81	92	189	44	419	2159	448	10820
法国	1732	7470	3830	1009	116	22	453	157	763	1690	1002	599	1955	538	5593	4664
德国	7202	3406	4178	7268	124	83	1264	327	2212	2408	902	3330	4230	899	10499	13916
希腊	490	36	355	11	29	2	15	2	142	34	182	33	80	0	701	119
意大利	4150	48	6134	264	200	33	485	218	948	283	1410	542	3151	25	5274	3070
立陶宛	332	1442	291	555	20	70	34	3	233	141	167	94	24	15	195	123
挪威	1479	884	948	511	5	0	62	2	87	169	185	41	48	580	405	1455
波兰	2324	1734	715	509	33	18	160	133	1151	561	369	1438	679	30	3052	1944
葡萄牙	879	1088	215	305	27	28	58	34	100	146	463	334	36	859	802	962
罗马尼亚	610	429	43	2896	17	42	30	15	324	1119	325	595	74	1	430	94
俄罗斯	54	21436	31	17781	15	249	42	1512	529	490	400	390	55	1832	1459	2409
斯洛伐克	650	2564	295	896	20	8	29	16	311	345	126	101	199	162	435	740
斯洛文尼亚	307	844	959	876	10	18	23	67	164	104	54	119	211	0	260	573
西班牙	1958	1391	1324	151	76	37	64	141	409	766	469	1074	1185	916	4525	2952
瑞典	6734	1256	422	11371	21	21	152	34	612	62	319	106	450	3243	912	10107
瑞士	299	772	482	466	4	3	68	2	291	269	198	444	472	11	919	912

续表

国家	原木（千立方米）		锯材（千立方米）		单板（千立方米）		胶合板（千立方米）		刨花板（千立方米）		纤维板（千立方米）		木浆（千吨）		纸和纸板（千吨）	
	进口量	出口量	进口量	出口量	进口量	出口量	进口量	出口量	进口量	出口量	进口量	出口量	进口量	出口量	进口量	出口量
乌克兰	19	3671	7	1376	3	51	25	98	282	380	171	29	87	0	837	198
英国	345	622	5699	195	28	2	1264	75	649	278	760	155	1072	33	6825	950
哥斯达黎加	3	197	26	2	0	0	10	0	13	6	14	0	1	0	388	21
危地马拉	0	38	16	46	0	0	3	1	10	8	22	2	1	0	334	23
巴拿马	6	204	16	17	0	0	15	0	13	0	10	0	2	0	90	46
加拿大	4840	4069	2073	22375	148	407	1909	294	1275	3590	651	577	227	9342	2648	9464
墨西哥	22	16	2682	36	74	4	778	5	206	70	915	2	896	0	4043	175
美国	1415	11843	16515	4502	205	229	2937	772	3231	477	1569	926	5610	7884	10499	11968
阿根廷	2	50	37	219	20	2	51	4	12	119	36	312	114	229	866	165
巴西	3	24	84	1359	10	42	4	1447	19	77	263	168	424	8793	1389	1970
智利	0	35	33	2296	3	18	39	726	118	86	68	772	19	3379	601	632
哥伦比亚	23	41	10	26	2	1	26	2	55	12	106	3	165	0	500	183
秘鲁	1	9	74	97	0	1	3	26	146	11	58	0	90	0	483	46
乌拉圭	5	5794	20	124	0	0	6	113	11	0	43	65	17	913	82	38
澳大利亚	1	1451	729	396	13	106	269	7	69	9	116	139	236	35	1766	935
新西兰	2	10745	36	2025	2	174	38	85	9	63	13	510	20	781	487	591

注：数据来源于 FAO《林产品年鉴 2010》。

表5－6　2010年61个国家主要涉及的计算数据
Tab.5－6　Related calculation data of 61 countries in 2010

国家	年中人口①（千人）	原木产量②（千平方米）	人造板产量②（千平方米）	木材消耗总量（千平方米）	人均木材消耗（平方米/人）	木材消耗/森林蓄积	人口数量/森林蓄积	GDP（现价）（亿美元）③	人均GDP③（美元）	出口量/原木产量	进口量/原木产量	进出口量/原木产量	人均森林蓄积④（平方米/人）	人均原木产量（平方米/人）	人造板产量/原木产量	废纸浆利用率⑤
埃塞俄比亚	87095	104209	103	104514	1.2000	0.3959	0.3299	263.03	302	0.0001	0.0034	0.0035	3.0312	1.1965	0.0010	0.4444
肯尼亚	40909	27646	83	27789	0.6793	0.0442	0.0650	321.95	787	0.0020	0.0310	0.0330	15.3756	0.6758	0.0030	0.9315
南非	51452	28989	690	26441	0.5139	0.0395	0.0768	3738.50	7266	0.1813	0.0918	0.2731	13.0218	0.5634	0.0238	0.3563
津巴布韦	13077	9227	80	9354	0.7153	0.0157	0.0219	74.28	568	0.0064	0.0259	0.0323	45.5762	0.7056	0.0087	0.5385
阿尔及利亚	37063	8321	48	12928	0.3488	0.1134	0.3251	1612.24	4350	0.0100	0.5430	0.5529	3.0758	0.2245	0.0058	0.0930
摩洛哥	31642	7158	35	10024	0.3168	0.0536	0.1692	893.25	2823	0.0608	0.4518	0.5126	5.9099	0.2262	0.0049	0.1848
科特迪瓦	18977	10416	477	10016	0.5278	0.0038	0.0072	229.24	1208	0.0426	0.0285	0.0711	138.6942	0.5489	0.0458	0.7059
尼日利亚	159708	72633	97	74280	0.4651	0.0640	0.1376	2295.00	1437	0.0003	0.0222	0.0225	7.2695	0.4548	0.0013	0.0909
日本	127353	18374	4689	45198	0.3549	0.0106	0.0300	54912.07	43118	0.3564	1.8414	2.1978	33.3718	0.1357	0.2552	0.5624
中国	1367406	291251	103671	370841	0.2712	0.0253	0.0931	60617.11	4433	0.1437	0.3892	0.5329	10.7386	0.2130	0.3560	0.7353
韩国	48454	5653	3541	25845	0.5334	0.0427	0.0801	9952.45	20540	1.4562	4.1805	5.6367	12.4861	0.1167	0.6264	0.7292
印度	205625	332499	2964	343291	1.6695	0.0625	0.0375	2917.82	1419	0.0040	0.0345	0.0385	26.6942	1.6170	0.0089	0.4657
印度尼西亚	240676	113849	4634	98292	0.4084	0.0087	0.0212	7092.72	2947	0.2445	0.0589	0.3034	47.1298	0.4730	0.0407	0.5363
马来西亚	28276	22113	6930	7838	0.2772	0.0018	0.0067	2475.28	8754	0.9626	0.3706	1.3332	149.9151	0.7820	0.3134	0.8107
尼泊尔	26846	13786	69	13807	0.5143	0.0213	0.0415	160.00	596	0.0015	0.0216	0.0231	24.1004	0.5135	0.0050	1.0000

续表

国家	年中人口①（千人）	原木产量②（千平方米）	人造板产量②（千平方米）	木材消耗总量（千平方米）	人均木材消耗（平方米/人）	木材消耗/森林蓄积	人口数量/森林蓄积	GDP（现价）（亿美元）③	人均GDP③（美元）	出口量/原木产量	进口量/原木产量	进出口量/原木产量	人均森林蓄积④（平方米/人）	人均原木产量（平方米/人）	人造板产量/原木产量	废纸浆利用率⑤
巴基斯坦	173149	32650	547	33955	0.1961	0.2122	1.0821	1774.78	1025	0.0024	0.0574	0.0598	0.9241	0.1886	0.0168	0.5612
菲律宾	93444	15915	470	16558	0.1772	0.0130	0.0731	1995.96	2136	0.0584	0.1182	0.1766	13.6766	0.1703	0.0295	0.5418
泰国	66402	28001	5400	30020	0.4521	0.0383	0.0848	3189.29	4803	0.3751	0.2053	0.5804	11.7918	0.4217	0.1929	0.5913
越南	89047	28200	564	32173	0.3613	0.0370	0.1024	1187.89	1334	0.0300	0.1790	0.2090	9.7701	0.3167	0.0200	0.5802
伊朗	74462	750	940	7074	0.0950	0.0132	0.1389	4225.72	5675	0.1539	7.4659	7.6197	7.1983	0.0101	1.2533	0.1805
约旦	6455	306	0	1558	0.2413	0.0043	0.0177	282.15	4371	0.6866	4.4304	5.1170	56.3904	0.0474	0.0001	0.0001
土耳其	72138	20597	6606	28264	0.3918	0.0185	0.0473	7311.19	10135	0.1257	0.6012	0.7269	21.1539	0.2855	0.3207	0.5505
奥地利	8402	17831	3376	15683	1.8666	0.0138	0.0074	3757.63	44723	1.4694	1.0259	2.4953	135.0869	2.1222	0.1893	0.4743
白俄罗斯	9491	10364	479	8833	0.9307	0.0056	0.0060	552.28	5819	0.3518	0.1855	0.5373	166.4735	1.0920	0.0462	0.4156
波黑	3846	3615	19	2661	0.6920	0.0074	0.0107	167.76	4362	0.5208	0.2173	0.7382	93.0837	0.9399	0.0053	0.0291
保加利亚	7389	5668	876	5574	0.7543	0.0085	0.0113	468.09	6335	0.3552	0.2518	0.6070	88.7806	0.7671	0.1546	0.0691
克罗地亚	4338	4477	153	3552	0.8187	0.0087	0.0106	578.13	13327	0.5098	0.2950	0.8048	94.5136	1.0320	0.0342	0.3946
捷克	10554	16736	1648	14782	1.4006	0.0192	0.0137	1991.22	18867	0.8270	0.5416	1.3686	72.8634	1.5857	0.0985	0.0219
丹麦	5551	2669	435	9332	1.6811	0.0864	0.0514	3135.54	56486	1.4517	4.1477	5.5993	19.4560	0.4808	0.1630	0.6937
芬兰	5368	50952	1367	9938	1.8514	0.0045	0.0025	2353.65	43846	0.9407	0.2088	1.1495	407.7869	9.4918	0.0268	0.0393
法国	63231	55808	5323	62030	0.9810	0.0240	0.0245	24777.70	39186	0.4959	0.5948	1.0907	40.8660	0.8826	0.0954	0.4651

续表

国家	年中人口①（千人）	原木产量②（千平方米）	人造板②产量（千平方米）	木材消耗总量（千平方米）	人均木材消耗（平方米/人）	木材消耗/森林蓄积	人口数量/森林蓄积	GDP（现价）（亿美元）	人均GDP③（美元）	出口量/原木产量	进口量/原木产量	进出口量/原木产量	人均森林蓄积④（平方米/人）	人均原木产量（平方米/人）	人造板产量/原木产量	废纸浆利用率⑤
德国	83017	54418	14492	64438	0.7762	0.0185	0.0238	33327.17	40145	1.2021	1.1835	2.3856	42.0637	0.6555	0.2663	0.6798
希腊	11110	1743	918	5573	0.5016	0.0301	0.0601	2872.05	25851	0.2891	2.1967	2.4858	16.6517	0.1569	0.5267	0.0001
意大利	60509	7844	4443	38587	0.6377	0.0279	0.0437	20428.44	33761	1.4148	5.4771	6.8918	22.8726	0.1296	0.5664	0.4804
立陶宛	3068	7097	715	6057	1.9742	0.0129	0.0065	338.89	11046	0.4397	0.2988	0.7385	153.1943	2.3132	0.1007	0.9231
挪威	4891	10443	567	7383	1.5096	0.0075	0.0050	4213.89	86156	0.7535	0.4438	1.1973	201.7992	2.1351	0.0543	0.1372
波兰	38199	35467	8073	42225	1.1054	0.0206	0.0186	4699.24	12302	0.3312	0.4769	0.8080	53.6401	0.9285	0.2276	0.4043
葡萄牙	10590	9648	1363	6626	0.6257	0.0356	0.0569	2264.35	21382	0.8279	0.4891	1.3170	17.5637	0.9110	0.1413	0.1994
罗马尼亚	21861	13112	3030	10115	0.4627	0.0073	0.0157	1676.74	7670	0.5607	0.2519	0.8126	63.5836	0.5998	0.2311	0.7151
俄罗斯	143618	175000	10193	118514	0.8252	0.0015	0.0018	15381.49	10710	0.3610	0.0344	0.3954	567.6378	1.2185	0.0582	0.2859
斯洛伐克	5433	9599	689	6260	1.1523	0.0122	0.0106	871.24	16036	0.7391	0.3880	1.1271	94.6070	1.7668	0.0718	0.1144
斯洛文尼亚	2054	2945	360	2795	1.3606	0.0067	0.0049	470.32	22898	1.4159	1.1558	2.5717	202.5316	1.4338	0.1222	0.5764
西班牙	46182	16089	3326	20796	0.4503	0.0228	0.0506	13791.33	29863	1.0195	1.3716	2.3911	19.7480	0.3484	0.2067	0.6621
瑞典	9382	72200	801	31643	3.3727	0.0094	0.0028	4630.96	49360	0.7682	0.1835	0.9516	357.9194	7.6956	0.0111	0.1812
瑞士	7831	4938	992	6192	0.7907	0.0145	0.0183	5510.67	70370	1.0496	1.2210	2.2706	54.6546	0.6306	0.2009	0.5367
乌克兰	46050	16146	1828	11402	0.2476	0.0054	0.0217	1369.53	2974	0.4341	0.2143	0.6484	46.0152	0.3506	0.1132	0.8349
英国	62066	9718	3370	31250	0.5035	0.0825	0.1638	22780.08	36703	0.4664	3.7017	4.1681	6.1064	0.1566	0.3468	0.7036

续表

国家	年中人口① (千人)	原木产量② (千平方米)	人造板产量② (千平方米)	木材消耗总量 (千平方米)	人均木材消耗 (平方米/人)	木材消耗/森林蓄积	人口数/森林蓄积	GDP (现价)(亿美元)	人均GDP③ (美元)	出口量/原木产量	进口量/原木产量	进出口量/原木产量	人均森林蓄积④ (平方米/人)	人均原木产量 (平方米/人)	人造板产量/原木产量	废纸浆利用率⑤
哥斯达黎加	4670	4703	69	5087	1.0893	0.0187	0.0172	363.00	7773	0.0569	0.2543	0.3112	58.2441	1.0071	0.0147	0.6154
危地马拉	14342	18513	57	19535	1.3621	0.0328	0.0241	413.34	2882	0.0097	0.0552	0.0649	41.5563	1.2908	0.0031	0.0001
巴拿马	3678	1304	10	1326	0.3604	0.0020	0.0055	265.88	7229	0.2722	0.2764	0.5485	180.5329	0.3545	0.0077	0.8387
加拿大	34126	142013	9894	70760	2.0735	0.0021	0.0010	15770.31	46212	0.6947	0.1685	0.8632	966.5065	4.1614	0.0697	0.1496
墨西哥	117886	43870	780	58413	0.4955	0.0204	0.0411	10474.17	8885	0.0156	0.4986	0.5141	24.3456	0.3721	0.0178	0.7329
美国	312247	323986	33341	333667	1.0686	0.0071	0.0066	150996.40	48358	0.2534	0.2664	0.5199	150.8037	1.0376	0.1029	0.3253
阿根廷	40374	15326	1185	15847	0.3925	0.0054	0.0138	3687.36	9133	0.1506	0.2030	0.3536	72.5962	0.3796	0.0773	0.5580
巴西	195210	271501	9590	237512	1.2167	0.0019	0.0015	21430.15	10978	0.1490	0.0219	0.1709	646.5909	1.3908	0.0353	0.3458
智利	17151	47215	2691	31412	1.8315	0.0105	0.0057	2175.60	12685	0.4092	0.0464	0.4556	174.7420	2.7529	0.0570	0.3852
哥伦比亚	46445	11216	324	12568	0.2706	0.0014	0.0052	2869.84	6179	0.0551	0.2072	0.2623	193.3900	0.2415	0.0289	0.5987
秘鲁	29263	8690	62	10105	0.3453	0.0012	0.0036	1576.11	5386	0.0400	0.2391	0.2791	278.8163	0.2970	0.0071	0.4966
乌拉圭	3372	11832	199	8168	2.4224	0.0653	0.0270	388.45	11520	0.8007	0.0360	0.8367	37.0700	3.5089	0.0168	0.0741
澳大利亚	22404	30430	1767	32058	1.4309	0.0032	0.0022	11593.17	51746	0.1724	0.2527	0.4251	446.3489	1.3582	0.0581	0.4862
新西兰	4368	21956	1542	5230	1.1973	0.0015	0.0012	1432.53	32796	0.8776	0.0736	0.9512	820.9707	5.0266	0.0702	0.0137

注：①年中人口数据来源于《联合国人口统计年鉴 2012》；②原木产量、人造板产量数据根据 FAO《林产品年鉴 2010》；③GDP 和人均 GDP（现价）数据来源于世界银行数据库；④人均森林蓄积根据 FAO《2010 年全球森林资源评估》各国森林蓄积量数据计算；⑤废纸浆利用率根据 FAO《林产品年鉴 2010》废纸消耗量、木浆消耗量数据计算。

对于初次回归的结果, $R^2 = 0.827$, $\bar{R}^2 = 0.797$, $F = 27.149$ 明显显著, 绝大部分变量在 10% 显著水平下的 T 统计量不显著, 模型可能存在严重的多重共线。大部分变量方向与预期相同, 但 $\ln SU_{AFV}$ 和 $\ln TP_{RRP}$ 与预期相反。为此, 用剔除变量法进行修正。逐步回归后, 得到最终的回归结果见表 5 - 8。

表 5 - 8   模型 I$_1$ 最终回归结果

Tab. 5 - 8   The final regression result of model I$_1$

变量	系数	T 统计值	P 值
C	- 1.535	- 2.508	0.015
$\ln PS$	- 0.067	- 1.840	0.071
$\ln EC_{RGDP}$	0.208	3.748	0.000
$\ln TI_{EX}$	- 0.085	- 2.397	0.020
$\ln SU_{ALP}$	0.467	11.430	0.000

注: $R^2 = 0.812$, $\bar{R}^2 = 0.798$, F 统计值 $= 60.397$, $DW = 1.912$。

模型 I$_1$ 最终回归结果保留了 $\ln PS$、$\ln EC_{RGDP}$、$\ln TI_{EX}$、$\ln SU_{ALP}$, 所有保留变量在 10% 显著水平下的 T 统计量显著, 保留变量方向与预期相同, 但却不能观察到 $\ln TI_{IM}$ 的影响。

在回归过程中, 发现 $\ln TI_{IM}$ 与 $\ln PS$、$\ln EC_{RGDP}$ 难以同时出现在模型中, 说明木质林产品进口受到人口数量和经济发展水平的影响 (实际上即受到经济发展规模的影响), 因此在回归中去掉 $\ln PS$、$\ln EC_{RGDP}$, 得到的回归结果见表 5 - 9。

表 5 - 9   模型 I$_1$ 调整的回归结果

Tab. 5 - 9   The adjusted regression result of model I$_1$

变量	系数	T 统计值	P 值
C	0.074	1.115	0.270
$\ln TI_{IM}$	0.214	4.294	0.000
$\ln TI_{EX}$	- 0.082	- 2.515	0.015
$\ln SU_{ALP}$	0.694	13.255	0.000

注: $R^2 = 0.818$, $\bar{R}^2 = 0.809$, F 统计值 $= 85.498$, $DW = 2.084$。

模型 I$_1$ 调整的回归结果保留了 $\ln TI_{IM}$、$\ln TI_{EX}$、SU_{ALP}, 所有保留变量在 5% 显著水平下的 T 统计量显著, 保留变量方向与预期相同。从模型 I$_1$ 调整的回归结

果可以观察到 $\ln TI_{IM}$ 的影响,而且模型拟合优度有所提高,但截距项 C 的 T 统计量不够显著,是个缺憾。

5.4.1.3 模型检验

根据表5-8和表5-9,模型 I_1 最终回归结果、模型 I_1 调整的回归结果中保留变量符号与预期相符,模型通过经济意义检验。模型的拟合度在80%以上,说明模型对观测值的拟合程度较好;所有保留变量均通过 T 检验,意味着解释变量分别对被解释变量有显著影响,模型通过统计推断检验。运用 White 检验法对两种结果进行异方差检验,证明模型不存在异方差;运用 LM 检验法对模型进行自相关检验,证明不存在自相关,通过计量经济学检验。

5.4.1.4 模型结果分析

根据表5-8和表5-9,模型 I_1 的两个结果为:

$$\ln Y_{Ia} = -1.535 - 0.067\ln PS + 0.208\ln EC_{RGDP} - 0.085\ln TI_{EX} + 0.467\ln SU_{ALP}$$
$$(-2.508) \quad (-1.840) \quad (3.748) \quad (-2.397) \quad (11.430) \quad (15)$$

$$R_{Ia}^2 = 0.812 \quad F_{Ia} = 60.397 \quad n_{Ia} = 61$$

$$\ln Y_{Ib} = 0.074 + 0.214\ln TI_{IM} - 0.082\ln TI_{EX} + 0.694\ln SU_{ALP} \quad\quad (16)$$
$$(1.115) \quad (4.294) \quad (-2.515) \quad (13.255)$$

$$R_{Ib}^2 = 0.818 \quad F_{Ib} = 85.498 \quad n_{Ib} = 61$$

从统计意义上,方程(15)要优于方程(16),但方程(15)未能展示木质林产品进口贸易对人均木材消耗的影响,而方程(16)恰恰能弥补这一点。$\ln TI_{IM}$ 与 $\ln EC_{RGDP}$、$\ln PS$ 无法保留在同一模型中,原因应该是木质林产品进口贸易与经济发展需求和能力可能高度相关,经济发展水平高、人口数量大的国家才有需求和相应的能力进口更多的木质林产品。因此,这两个结果并不冲突。下面主要以方程(15)辅以方程(16)分析各因素的影响。

(1)人口因素的影响

根据方程(15)和表5-8,人口数量对人均木材消耗在10%显著性水平下有着显著的负向影响,当人口数量增长1%,人均木材消耗量减少0.067%,验证了理论假设①。

(2)经济发展因素的影响

根据方程(15)和表5-8,人均 GDP 对人均木材消耗在1%显著性水平下有着十分显著的正向影响,当人均 GDP 增长1%,人均木材消耗量增加0.208%,验证了理论假设③。

由于一国经济规模 = 经济发展水平 × 人口数量,即 GDP = 人均 GDP × 人口数量,因此 GDP 对人均木材消耗的影响实际上是通过人均 GDP 和人口数量两个途径实现的。根据方程(15)和表 5－8,人均 GDP 和人口数量对人均木材消耗的影响方向相反,因此 GDP 对人均木材消耗的影响取决于人均 GDP 和人口数量对人均木材消耗影响的大小,所以不见得经济发展规模大,人均木材消耗就高,也不见得经济发展规模小,人均木材消耗就低,因此经济发展规模与人均木材消耗之间关系并不明确,验证了理论假设②。

因此,经济发展因素对人均木材消耗的影响,主要是经济发展水平对人均木材消耗产生影响。

(3)木质林产品贸易因素的影响

根据方程(15)和表 5－8,木质林产品出口贸易依存度指数对人均木材消耗在 5% 显著性水平下有着显著的负向影响,当木质林产品出口贸易依存度指数增长 1% ,人均木材消耗量减少 0.085% ,验证了理论假设⑤。

根据方程(16)和表 5－9,木质林产品进口贸易依存度指数对人均木材消耗在 1% 显著性水平下有着十分显著的正向影响,当木质林产品进口贸易依存度指数增长 1% ,人均木材消耗量增加 0.214% ,验证了理论假设④。但在人均 GDP 影响十分显著的方程(15)中,木质林产品进口贸易依存度指数并不存在,而一旦去除人均 GDP 的影响,木质林产品进口贸易依存度指数的影响就显著,如方程(16),说明木质林产品进口贸易依存度指数的影响被人均 GDP 的影响掩盖了,证明了木质林产品进口贸易受限于经济发展水平,即经济发展水平越高,越有能力进口木质林产品满足经济发展需求,木质林产品进口贸易规模就越大;而不是经济发展规模越高,木质林产品进口贸易规模就越大,因为经济发展水平低使其无力进口木质林产品满足需求。

正如理论预期,木质林产品进出口贸易依存度指数没有留存下来,显然与进口贸易、出口贸易对木材消耗的影响作用相反、相互抵消有关,验证了理论假设⑥。

(4)木材供给因素的影响

根据方程(15)和表 5－8,人均原木产量对人均木材消耗在 1% 显著性水平下有着十分显著的正向影响,当人均原木产量增长 1% ,人均木材消耗量增加 0.467% ,验证了理论假设⑧。

在方程(15)和方程(16)中,都没有人均森林蓄积量,说明人均森林蓄积对人均木材消耗的影响并不显著,理论假设⑦不成立。正如理论分析中所说,现实中森林蓄积量与木材产量不同步的情况经常会发生,木材产量比森林立木蓄积量更准确地反映木材供给。

(5)技术进步因素的影响

在方程(15)和方程(16)中,所设定的技术进步因素代表变量木材产业技术进步指数、废纸浆利用率都没有留存下来,说明技术进步因素对人均木材消耗的影响并不显著,理论假设⑨、理论假设⑩不成立。

根据模型Ⅰ₁初次回归结果(见表5-7),虽然不显著,但废纸浆利用率的影响方向符合预期,而木材产业技术进步指数的影响方向却与预期相反。一种可能是,木材产业技术进步降低了人造板的成本,反而扩大了人造板使用范围和使用数量,从而抵消了技术进步对木材的节约效应。木材产业技术进步指数和废纸浆利用率影响不显著的原因最有可能的是,它们与影响显著的人均GDP、人均原木产量存在相关性。一方面,木材产量较大、木材供给充足的国家,往往缺乏节约使用木材的动力,缺少对技术进步的要求,木材产量较小、木材供给不足的国家,技术进步的需求比较高,即技术进步因素与人均木材产量有相关性;另一方面,经济发展水平高的国家,技术进步的水平也比较高,经济发展水平低的国家,技术进步的水平也比较低,即技术进步因素与人均GDP有相关性。这样,技术进步因素就被影响显著的经济发展水平、木材产量因素覆盖了。换言之,虽然技术进步因素没有进入最终模型,但并不排除技术进步因素具有影响,但显然,这种影响相对于经济发展水平、木材产量因素的影响,要小得多。

5.4.1.5 关于木质林产品贸易影响的讨论

根据表5-8,以人均木材消耗作为反映木材消耗对森林资源的压力的代表指标的实证模型显示,从各影响因素的影响系数来看,木材供给、经济发展水平对人均木材消耗的影响更大,木质林产品出口贸易对人均木材消耗的影响相对要小得多,木质林产品进口贸易的影响更淹没在经济发展水平的影响之中,因此木质林产品贸易不是影响人均木材消耗的主要因素,所以,把世界森林资源破坏归咎于木质林产品贸易是错误的。相反,木质林产品出口贸易有利于减少人均木材消耗,即使木质林产品进口贸易增加了人均木材消耗,但其影响系数相比木材供给因素要小得多(见表5-9),即使用进口木材相对比使用本国木材更节约森林资源。这样,以人均木材消耗作为反映木材消耗对森林资源的压力的代表指标的实证模型显示,木质林产品贸易对森林资源的影响很小,木质林产品贸易不是世界森林资源减少的根本原因,尽管影响较小,但这种影响却是正面的,木质林产品贸易的发展有利于世界森林资源的保护。

5.4.2 基于中国时间序列数据的实证分析

本小节以人均木材消耗作为反映木材消耗对森林资源的压力的代表指标,根据模型 I,基于 1993—2015 年中国的相关时间序列数据进行实证分析,以发现中国木质林产品贸易对森林资源影响的特点。

5.4.2.1 数据来源

由于本研究中涉及的中国木质林产品进出口贸易数据 2000 年才开始发布,最早溯及 1999 年,考虑数据可得性,数据采集的时间段为 1993—2015 年,共 23 组数据。

相对于 FAO《林产品年鉴》,《中国林业发展报告》涉及的木质林产品更全面一些,由于数据可得,因此基于中国时间序列数据的实证分析中木质林产品的范围为:原木,锯材,单板,特形材,刨花板,纤维板,胶合板,木制品,家具,木片,木浆,废纸,纸和纸制品,木炭,共 14 种木质林产品。

中国各年人均木材消耗计算所涉及的中国各年原木产量、木质林产品的进出口量来源于中国历年《中国林业发展报告》,中国各年人口数量数据来源于历年《中国统计年鉴》,木质林产品折合为原木量的原木当量折算系数见表 5 - 10 第 2 列。

表 5 - 10   中国木质林产品折合为原木量的原木当量折算系数

Tab. 5 - 10   Conversion coefficients of China's wooden forest products in conversing log volume

产品	原木当量折算系数 LC_{CO}	原木当量系数 LR_{TR}
原木	1	1
锯材	1. 3	1. 3
单板	2. 5	2. 5
特形材	2. 2	2. 2
刨花板	0 *	1. 5
纤维板	0 *	1. 8
胶合板	2. 5	2. 5
木制品	1. 25	1. 25
家具	0. 11	0. 11
木片	0 *	1. 8
木浆	3. 3	3. 3
废纸	0 *	2. 6
纸和纸制品	3. 3 × 木浆利用率*	3. 3 × 木浆利用率*
木炭	0 *	6

注:原木当量折算系数来源于国家林业局《中国林业发展报告》推算中国木材供给和木材消费时木质林产品进口、出口折合木材的折算系数;* 表示在计算中对刨花板、纤维板、木片、废纸、纸和纸制品、木炭的原木当量折算系数根据中国的情况进行了修正。

中国各年人口数量数据来源于历年《中国统计年鉴》。

中国各年国内生产总值、人均国内生产总值数据来源于历年《中国统计年鉴》。

中国各年木质林产品进口贸易规模指数、木质林产品出口贸易规模指数、木质林产品进出口贸易规模指数计算中所涉及的中国各年木质林产品的进出口量、原木产量来源于中国历年《中国林业发展报告》，木质林产品折合为原木量的原木当量折算系数见表 5 – 10 第 3 列。

中国各年人均原木产量、人均森林蓄积计算中所涉及的中国各年原木产量来源于中国历年《中国林业发展报告》，中国各年森林蓄积数据来源于历次《全国森林资源统计》，中国各年人口数量数据来源于历年《中国统计年鉴》。

木材产业技术进步指数计算中所涉及的中国各年人造板产量、原木产量来源于中国历年《中国林业发展报告》。

废纸浆利用率计算中所涉及的中国各年木浆消耗量与废纸浆消耗量数据来源于历年《中国造纸工业年度报告》及《中国造纸年鉴》。

需要说明的是：①中国木质林产品进出口的统计数据中，木制品 1993—2001 年贸易数据、废纸 1993—1999 年贸易数据缺失，为此运用数据处理方法对木制品缺失数据补足，废纸缺失数据采用《中国造纸年鉴》数据补足；②由于中国森林资源清查 5 年 1 次，故按其平均增长率进行了数据处理，以确定各年森林蓄积的具体数值；③木浆消耗量与废纸浆消耗量数据 1993 和 1994 年数据缺失，故利用 1990—1995 年数据按其平均增长率补足；④在木材消耗量计算中，因为对于中国而言，刨花板、纤维板、木片、废纸、木炭并不直接以原木为原材料，因此其原木当量的折算系数为 0；⑤在木材消耗量计算中，纸和纸制品生产中只有使用的木浆会直接消耗原木，因此纸和纸制品的原木当量折算系数使用中国各年的木浆利用率做了修正；⑥在木质林产品贸易规模指数计算中，出口使用生产地法，即使用中国的原木当量折算系数，对于进口使用进口替代法，即还是使用中国的原木当量折算系数，其中纸和纸制品原木当量折算系数需要用使用中国各年的木浆利用率修正。

各变量计算的基础数据表见表 2 –63、表 5 –11。

表5-11　1993-2015年中国主要涉及的计算数据

Tab.5-11　Related calculation data of China from 1993 to 2015

年份	年末人口①（万人）	原木产量②（万平方米）	人造板产量②（万平方米）	木材消耗总量②（万立方米）	人均木材消耗量（平方米/人）	木材消耗/森林蓄积	人口数量/森林蓄积	GDP（真实）③（亿元）	人均GDP③（元）	出口量/原木产量	进口量/原木产量	进出口量/原木产量	人均森林蓄积④（平方米/人）	人均原木产量（平方米/人）	人造板产量/原木产量	废纸浆利用率⑤
1993	118517	5860	580	7072	0.0597	0.0078	0.1304	35875.10	3027	0.0843	0.2985	0.3829	7.6674	0.0494	0.0989	0.7245
1994	119850	6013	665	7145	0.0596	0.0077	0.1291	40552.57	3384	0.1127	0.3005	0.4132	7.7487	0.0502	0.1105	0.7375
1995	121121	6247	1685	7179	0.0593	0.0076	0.1277	44986.16	3714	0.1487	0.2851	0.4339	7.8323	0.0516	0.2697	0.7480
1996	122389	6073	1203	7348	0.0600	0.0076	0.1264	49945.58	4040	0.1633	0.3847	0.5480	7.9143	0.0496	0.1981	0.6830
1997	123626	5935	1648	7163	0.0579	0.0072	0.1251	53997.13	4368	0.2107	0.4410	0.6518	7.9967	0.0480	0.2777	0.7131
1998	124761	5556	1056	7100	0.0569	0.0070	0.1237	58210.15	4666	0.2276	0.5611	0.7886	8.0840	0.0445	0.1901	0.7022
1999	125786	4849	1503	7088	0.0564	0.0068	0.1199	62635.30	4980	0.3057	0.8717	1.1774	8.3380	0.0385	0.3100	0.6912
2000	126743	4396	2002	6868	0.0542	0.0063	0.1164	67938.45	5360	0.4085	1.1580	1.5665	8.5925	0.0347	0.4554	0.6806
2001	127627	4197	2111	7280	0.0570	0.0064	0.1130	73569.67	5764	0.4564	1.5631	2.0195	8.8483	0.0329	0.5030	0.6550
2002	128453	4127	2930	7897	0.0615	0.0068	0.1098	80277.10	6250	0.5810	1.9202	2.5012	9.1047	0.0321	0.7100	0.6864
2003	129227	4320	4553	8043	0.0622	0.0066	0.1068	88317.09	6834	0.6354	2.0899	2.7253	9.3615	0.0334	1.0541	0.7007
2004	129988	4712	5446	7934	0.0610	0.0064	0.1052	97236.77	7480	0.8074	2.1849	2.9923	9.5014	0.0363	1.1559	0.7038
2005	130756	5023	6393	7683	0.0588	0.0061	0.1037	108318.01	8284	0.9374	2.3566	3.2940	9.6390	0.0384	1.2728	0.7132
2006	131448	6112	7429	7846	0.0597	0.0061	0.1022	120260.53	9286	0.9784	2.0843	3.0627	9.7808	0.0465	1.2155	0.7188

续表

年份	年末人口①(万人)	原木产量②(万平方米)	人造板产量②(万平方米)	木材消耗总量(万平方米)	人均木材消耗(平方米/人)	木材消耗/森林蓄积	人口数量/森林蓄积	GDP(真实)③(亿元)	人均GDP③(元)	出口量/原木产量	进口量/原木产量	进出口量/原木产量	人均森林蓄积④(平方米/人)	人均原木产量(平方米/人)	人造板产量/原木产量	废纸浆利用率⑤
2007	132129	6492	8839	8437	0.0639	0.0064	0.1008	13924.31	10552	1.0078	2.1823	3.1901	9.9218	0.0491	1.3614	0.7348
2008	132802	7357	9410	9836	0.0741	0.0074	0.0994	15270.59	11511	0.7485	1.9296	2.6781	10.0620	0.0554	1.2790	0.7321
2009	133450	6476	11547	10550	0.0791	0.0077	0.0978	16722.44	12531	0.8239	2.6067	3.4306	10.2255	0.0485	1.7829	0.7343
2010	134091	7513	15361	11016	0.0822	0.0079	0.0963	18905.51	13797	0.8721	2.2563	3.1285	10.3879	0.0560	2.0445	0.7405
2011	134735	7450	20919	13158	0.0977	0.0093	0.0948	20254.36	15041	0.9665	2.7902	3.7567	10.5485	0.0553	2.8081	0.7253
2012	135404	7494	22336	13240	0.0978	0.0091	0.0934	21887.81	16143	0.9852	2.9101	3.8953	10.7056	0.0553	2.9803	0.7231
2013	136072	7837	25560	14767	0.1085	0.0100	0.0921	23541.25	17310	0.9565	2.9721	3.9286	10.8612	0.0576	3.2615	0.7141
2014	136782	7553	27372	15045	0.1100	0.0099	0.0904	25766.36	18480	1.1028	3.1971	4.2999	11.0667	0.0552	3.6237	0.7090
2015	137462	6546	28680	14236	0.1036	0.0092	0.0891	27075.38	19655	1.2495	3.7983	5.0478	11.2181	0.0476	4.3810	0.7003

注:①年末人口数据来源于历年《中国统计年鉴》;②原木产量、人造板产量数据来源于历年《中国林业发展报告》;③ GDP 和人均 GDP 根据历年《中国统计年鉴》现价数据折算为真实 GDP 和人均 GDP;④人均森林蓄积量数据根据历次《全国森林资源统计》计算;⑤废纸浆利用率根据历年《中国造纸工业年度报告》及《中国造纸年鉴》废纸消耗量、木浆消耗量数据计算。

5.4.2.2 模型回归结果

采用中国 1993—2015 年的相关时间序列数据,根据模型 I,用 Eviews7.2 进行回归分析。为区分和表述方便,这里将基于中国时间序列数据的模型 I 称作模型 I_C。模型 I_C 中 $i = 1993, 1994, \cdots, 2015$,$i$ 表示年份。

初次回归发现,GDP 与人均 GDP 存在完全的多重共线性,不能同时出现在模型中,为此剔除了 GDP,保留人均 GDP,模型 I_C 初次回归结果见表 5 - 12。

表 5 - 12 模型 I_C 初次回归结果

Tab. 5 - 12 The initial regression result of model I_C

变量	系数	T 统计值	P 值
C	16.968	0.269	0.792
$\ln PS$	-1.913	-0.348	0.733
$\ln EC_{RGDP}$	0.499	1.000	0.335
$\ln TI_{IM}$	0.680	0.648	0.528
$\ln TI_{EX}$	3.240	1.163	0.266
$\ln TI_{TR}$	-4.319	-1.129	0.279
$\ln SU_{AFV}$	0.269	0.167	0.870
$\ln SU_{ALP}$	0.0667	0.286	0.779
$\ln TP_{PBL}$	0.225	3.277	0.006
$\ln TP_{RRP}$	-0.664	-1.301	0.216

注:$R^2 = 0.983$,$\bar{R}^2 = 0.971$,F 统计值 $= 81.819$,$DW = 1.980$。

对于初次回归的结果,$R^2 = 0.983$,$\bar{R}^2 = 0.971$,$F = 81.819$ 明显显著,绝大部分变量在 10% 显著水平下的 T 统计量不显著,模型可能存在严重的多重共线。大部分变量方向与预期相同,但 $\ln TI_{EX}$ 和 $\ln TP_{PBL}$ 与预期相反,$\ln TI_{TR}$ 系数也有问题。为此,用剔除变量法进行修正。逐步回归后,得到最终的回归结果见表 5 - 13。

表 5 - 13 模型 I_C 最终回归结果

Tab. 5 - 13 The final regression result of model I_C

变量	系数	T 统计值	P 值
C	-11.823	-13.685	0.000
$\ln EC_{RGDP}$	0.458	3.197	0.005
$\ln TI_{EX}$	-0.416	-8.822	0.000

变量	系数	T 统计值	P 值
$\ln SU_{AFV}$	2.026	2.413	0.027
$\ln TP_{RRP}$	−0.697	−1.911	0.072

注：$R^2 = 0.965$，$\bar{R}^2 = 0.958$，F 统计值 $= 124.784$，$DW = 1.461$。

模型 I$_c$最终回归结果保留了 $\ln EC_{RGDP}$、$\ln TI_{EX}$、$\ln SU_{AFV}$、$\ln TP_{RRP}$，所有保留变量在10%显著水平下的 T 统计量显著，保留变量方向与预期相同，但却不能观察到 $\ln TI_{IM}$ 的影响。

考虑到木质林产品进口可能受到经济发展水平的影响（即经济发展水平越高，越有能力进口木质林产品满足经济发展需求，木质林产品进口规模就越大），因此在回归中去掉 $\ln EC_{RGDP}$，得到的回归结果见表5－14。

表5－14 模型 I$_c$调整的回归结果（去除人均GDP因素）

Tab. 5－14 The adjusted regression result of model I$_c$ without GDP per capita

变量	系数	T 统计值	P 值
C	−0.389	−1.273	0.218
$\ln TI_{IM}$	0.621	5.159	0.000
$\ln TI_{EX}$	−0.474	−3.744	0.001
$\ln SU_{ALP}$	0.907	8.754	0.000

注：$R^2 = 0.882$，$\bar{R}^2 = 0.863$，F 统计值 $= 47.377$，$DW = 0.570$。

去除 $\ln EC_{RGDP}$ 的回归结果保留了 $\ln TI_{IM}$、$\ln TI_{EX}$、$\ln SU_{ALP}$，所有保留变量在1%显著水平下的 T 统计量显著，保留变量方向与预期相同，能够观察到 $\ln TI_{IM}$ 的影响，但模型拟合优度有所降低，截距项 C 的 T 统计量不够显著，更重要的是 DW 统计量严重降低，表明模型变量正的自相关性较强。

理论上，木材产量比森林蓄积更准确地反映木材供给，即 $\ln SU_{ALP}$ 应该优于 $\ln SU_{AFV}$，正如基于国际截面数据的实证分析结果中 $\ln SU_{ALP}$ 的影响显著而 $\ln SU_{AFV}$ 影响不显著，模型 I$_c$最终回归结果中保留了 $\ln SU_{AFV}$ 失去了 $\ln SU_{ALP}$ 是不太正常的，应该是中国原木产量严重失真（参见第3.4.1.2节的分析）造成的。因此在回归中去掉 $\ln SU_{AFV}$，得到的回归结果见表5－15。

表 5 - 15 模型 I c 调整的回归结果（去除人均森林蓄积因素）

Tab. 5 - 15 The adjusted regression result of model I c without forest volume per capita

变量	系数	T 统计值	P 值
C	- 9. 625	- 22. 155	0. 000
$\ln EC_{RGDP}$	0. 735	15. 814	0. 000
$\ln TI_{IM}$	0. 146	2. 123	0. 047
$\ln TI_{EX}$	- 0. 456	- 6. 111	0. 000

注: $R^2 = 0.958$, $\bar{R}^2 = 0.952$, F 统计值 = 144. 794, $DW = 1.020$。

去除 $\ln SU_{AFV}$ 的回归结果保留了 $\ln EC_{RGDP}$、$\ln TI_{IM}$、$\ln TI_{EX}$，所有保留变量在 5%显著水平下的 T 统计量显著，保留变量方向与预期相同，能够观察到 $\ln TI_{IM}$ 的影响，模型拟合优度降低很少，DW 统计量降低不多，仍在合理范围内，是个相对不错的结果，但相比模型 I c 最终回归结果（表 5 - 13），失去了 $\ln SU_{AFV}$ 和 $\ln TP_{RRP}$ 的解释。

5.4.2.3 模型检验

根据表 5 - 13，模型 I c 最终回归结果中保留变量符号与预期相符，模型通过经济意义检验。模型的拟合度超过 95%，说明模型对观测值的拟合程度很好；所有保留变量均通过 T 检验，意味着解释变量分别对被解释变量有显著影响，模型通过统计推断检验。运用 White 检验法对模型结果进行异方差检验，证明模型不存在异方差；运用 LM 检验法对模型进行自相关检验，证明不存在自相关，通过计量经济学检验。

5.4.2.4 模型结果分析

根据表 5 - 13，模型 I c 的结果为：

$$\ln Y_{IC} = - 11.823 + 0.458\ln EC_{RGDP} - 0.416\ln TI_{EX} + 2.026\ln SU_{AFV} - 0.697\ln TP_{RRP}$$
$$(- 13.685) \quad (3.197) \quad (- 8.822) \quad (2.413) \quad (- 1.911) \, (17)$$
$$R_{IC}^2 = 0.965 \quad F_{IC} = 124.784 \quad n_{IC} = 23$$

（1）人口因素的影响

根据方程（17）和表 5 - 13，在中国，人口数量对人均木材消耗影响不显著。这与基于国际截面数据的实证分析结果不同，反映了中国的特殊性。原因应该是中国大力控制人口增长速度，人口增长对人均木材消耗影响大大减少，相反，巨大的人口规模本身导致中国人均木材消耗长期处于低位水平，在 61 个国家中，中国人均木材消耗排在倒数第 7 位（见表 5 - 6）。所以基于中国时间序列数据的实证分析中人口数量对人均木材消耗影响不显著并不否定基于国际截面数据的实证分析中人口数量对人均木材消耗有着显著的负向影响的结论。

(2)经济发展因素的影响

根据方程(17)和表5-13,在中国,人均GDP对人均木材消耗在1%显著性水平下有着十分显著的正向影响,当人均GDP增长1%,人均木材消耗量增加0.458%。一方面说明中国与世界一样,经济发展水平是影响人均木材消耗的重要因素,另一方面,说明中国目前正处于随着经济发展水平提高,人均木材消耗也快速提高的阶段,人均木材消耗增速快于世界平均水平。

同样,在中国,经济发展因素对人均木材消耗的影响,主要是经济发展水平对人均木材消耗产生影响。

(3)木质林产品贸易因素的影响

根据方程(17)和表5-13,在中国,木质林产品出口贸易依存度指数对人均木材消耗在1%显著性水平下有着十分显著的负向影响,当木质林产品出口贸易依存度指数增长1%,人均木材消耗量减少0.416%。这个结果也与基于国际截面数据的实证分析结果类似。但从影响系数值对比来看,可以看到,中国木质林产品出口贸易因素对人均木材消耗的影响比世界平均水平影响要更显著、作用更大,一方面反映了中国作为木质林产品出口贸易大国的地位和影响,另一方面,说明中国木质林产品出口贸易的迅猛发展引起的价格效应、学习效应、技术溢出效应和竞争效应是十分明显的(见第5.3.1.3节分析)。

与基于国际截面数据的实证分析最终结果类似,在中国,木质林产品进口贸易依存度指数对人均木材消耗的影响不显著,但不同于基于国际截面数据的实证分析中木质林产品进口贸易依存度指数的影响被人均GDP的影响掩盖(表5-9),中国木质林产品进口贸易依存度指数还独立发生作用(表5-15)。原因可能是中国木质林产品进口贸易不是完全按照世界通常的"经济发展水平越高→越有能力进口木质林产品满足经济发展需求→木质林产品进口规模就越大"的发展路径进行的,中国木质林产品进口贸易在很大程度上脱离于中国经济发展水平的需求对于木质林产品进口的需要,那么只有一种可能,中国木质林产品进口贸易是为了满足加工贸易的出口需要,也就是说,中国木质林产品进口贸易在很大程度上是为了加工出口而进口,反映了中国木质林产品贸易"大进大出,两头在外"的木质林产品加工贸易模式的特点。因此,中国木质林产品进口贸易不再是以调节余缺为主的补缺型贸易,而是以加工出口获利为动机和目的的逐利型贸易。在这种加工贸易模式下,由于进口供给充裕,拉低国内木质林产品价格,引发在一定经济发展水平下的需求量进一步上升,从而增加本国的木材消耗,所以呈现出中国木质林产品进口对中国人均木材消耗产生独立的正向影响。尽管影响机制不同，如同基于国际截面数据的实证分析一样，木质林产品进口贸易依存度指数对人均木材消耗有着正向影响。

与基于国际截面数据的实证分析最终结果类似，在中国，木质林产品进出口贸易依存度指数对人均木材消耗的影响不显著。原因类似，与进口贸易、出口贸易对木材消耗的影响作用相反、相互抵消有关。

（4）木材供给因素的影响

根据方程（17）和表5-13，在中国，人均森林蓄积对人均木材消耗在5%显著性水平下有着比较显著的正向影响，当人均森林蓄积增长1%，人均木材消耗量增加2.026%。

这一点与基于国际截面数据的实证分析结果中人均原木产量对人均木材消耗的影响更显著不同，又反映了中国的特殊情况。原因应该是中国在过去30年实施了严格的森林采伐限额管理制度，原木产量长期徘徊不前，而中国林业统计数据中的国内商品材产量（即原木产量）不包括农民自用材和烧柴产量、超限额采伐量，也不包括刨花板和纤维板使用木材量（参见第3.4.1.2节的分析），这样官方的原木产量严重失真。相反，森林蓄积反映了森林资源的丰富程度，提供了可供采伐实现木材供给的现实资源可能性，隐含了中国原木产量、超限额采伐等所形成的实际木材供给，因此对于中国来说，森林蓄积量似乎更能代表中国实际的木材供给状况。这样，在中国，人均森林蓄积量比人均原木产量表现得更显著就不难理解了。

综上所述，不论是基于国际截面数据的实证分析，还是基于中国时间序列数据，至少木材供给因素对人均木材消耗的影响都是显著的，而且木材供给因素的代表指标的影响系数值相对于其他指标都是最大的，因此是木材供给因素影响人均木材消耗的最为重要的因素。

（5）技术进步因素的影响

根据方程（17）和表5-13，在中国，木材产业技术进步指数影响不显著，但废纸浆利用率对人均木材消耗在10%显著性水平下有着显著的正向影响，当废纸浆利用率增长1%，人均木材消耗量减少0.697%。

中国木材产业技术进步指数表现不显著与基于国际截面数据的实证分析结果类似，不再赘述。但中国废纸浆利用率表现显著，与基于国际截面数据的实证分析结果不同，再一次反映了中国的特殊情况。中国在世界最主要5个纸和纸板生产国（中国、美国、日本、德国、韩国）和世界最主要5个纸和纸板出口国（德国、美国、芬兰、瑞典、加拿大）中废纸浆利用率是最高的，属于废纸浆利用率最高的国家之一,中国极高的废纸浆利用率(2010年中国73.53%,美国32.53%,芬兰3.93%,见表5-6),大大降低了中国人均木材消耗,印证了第4.4.4节提出的"中国大量进口废纸以资源循环代用方式对保护世界森林资源发挥着重要作用"的论点(当然中国高的废纸浆利用率首先有利于保护中国森林资源),极大减少了世界森林资源面临的压力。因此,在中国,废纸浆利用率对人均木材消耗有着显著的正向影响的结果并不奇怪,正说明了基于中国时间序列数据进行实证分析有着重要的意义,也说明了技术进步因素对降低人均木材消耗具有影响,在特定的国家会表现十分显著。

5.4.2.5 关于中国木质林产品贸易影响的讨论

根据表5-13,与基于国际截面数据的实证分析结果类似,中国木质林产品进口贸易对人均木材消耗的影响不显著,中国木质林产品出口贸易对人均木材消耗有着十分显著的有利影响,当然从影响系数值来看这种影响相对比较小,因此中国木质林产品贸易也不是影响人均木材消耗的主要因素。这样,以人均木材消耗作为反映木材消耗对森林资源的压力的代表指标的实证模型显示,中国木质林产品贸易对森林资源的影响一方面符合世界一般规律,不仅不是森林资源减少的根本原因,木质林产品贸易的发展还有利于森林资源的保护,而且相对于世界一般水平,这种有利影响还要更大一些。

但值得注意的是,第5.4.2.4节中对中国木质林产品进口贸易依存度指数影响不显著的原因分析,与世界不同,中国木质林产品进口贸易在很大程度上脱离中国经济发展水平的需求对于木质林产品进口的需要,不再是以调节余缺为主的补缺型贸易。而是以加工出口获利为动机和目的的逐利型贸易。中国木质林产品进口贸易是为了满足加工贸易的出口需要,反映了中国木质林产品贸易"大进大出,两头在外"的木质林产品加工贸易模式的特点。这种为了出口而进口的加工贸易模式呈现的"大量进口"的一面,使中国背负了破坏世界森林资源的指责。

5.5 模型Ⅱ:以木材消耗蓄积比为森林
压力指标的实证分析

为了寻求木质林产品贸易对森林资源实际影响,本节以木材消耗蓄积比作为反映木材消耗对森林资源的压力的代表指标,利用模型Ⅱ,分别基于2010年世界各国的相关截面数据和1993—2015年中国的相关时间序列数据进行实证分析,以发现木质林产品贸易对森林资源影响的一般性规律和中国木质林产品贸易对森林资源影响的特性。

5.5.1 基于国际截面数据的实证分析

本小节以木材消耗蓄积比作为反映木材消耗对森林资源的压力的代表指标，利用模型Ⅱ，基于2010年世界各国的相关截面数据进行实证分析，以发现木质林产品贸易对森林资源影响的一般性规律。

5.5.1.1 数据来源

2010年的61个国家的相关截面数据的数据来源见第5.4.1.1节，各变量计算的基础数据表参见表5-5、表5-6。

5.5.1.2 模型回归结果

采用2010年的61个国家的相关截面数据，根据模型Ⅱ，用Eviews7.2进行回归分析。为区分和表述方便，这里将基于国际截面数据的模型Ⅱ称作模型Ⅱ₁。模型Ⅱ₁中$i=1,2,3\cdots,61$，i表示61个国家中某个特定的国家。

初次回归发现，GDP与人均GDP存在完全的多重共线性，不能同时出现在模型中，为此剔除了GDP，保留人均GDP，模型Ⅱ₁初次回归结果见表5-16。

表5-16 模型Ⅱ₁初次回归结果
Tab. 5-16 The initial regression result of model Ⅱ₁

变量	系数	T统计值	P值
C	-0.582	-0.707	0.483
$\ln PS$	-0.030	-0.665	0.509
$\ln FC$	-8.263	-1.478	0.146
$\ln EC_{RGDP}$	0.103	1.189	0.240
$\ln TI_{IM}$	0.126	1.163	0.251
$\ln TI_{EX}$	-0.087	-1.119	0.269
$\ln TI_{TR}$	0.005	0.027	0.979
$\ln SU_{AFV}$	-9.303	-1.661	0.103
$\ln SU_{ALP}$	0.621	7.200	0.000
$\ln TP_{PBL}$	0.002	0.043	0.966
$\ln TP_{RRP}$	-0.019	-0.755	0.454

注：$R^2=0.944$，$\bar{R}^2=0.933$，F统计值$=84.029$，$DW=2.002$。

对于初次回归的结果，$R^2=0.944$，$\bar{R}^2=0.933$，$F=84.029$明显显著，绝大部

分变量在 10% 显著水平下的 T 统计量不显著,模型可能存在严重的多重共线。大部分变量方向与预期相同,但 $\ln FC$、$\ln SU_{AFV}$ 和 $\ln TP_{PBL}$ 与预期相反。为此,用剔除变量法进行修正。逐步回归后,得到最终的回归结果见表 5 – 17。

表 5 – 17　模型 Ⅱ₁最终回归结果

Tab. 5 – 17　The final regression result of model Ⅱ₁

变量	系数	T 统计值	P 值
C	− 1. 072	− 3. 362	0. 001
$\ln FC$	1. 065	26. 279	0. 000
$\ln EC_{RGDP}$	0. 132	3. 603	0. 001
$\ln SU_{ALP}$	0. 548	11. 727	0. 000

注:$R^2 = 0.931$,$\bar{R}^2 = 0.928$,F 统计值 $= 257.735$,$DW = 1.921$。

模型 Ⅱ₁最终回归结果保留了 $\ln FC$、$\ln EC_{RGDP}$、SU_{ALP},所有保留变量在 1% 显著水平下的 T 统计量显著,保留变量方向与预期相同,但却不能观察到 $\ln TI_{IM}$、$\ln TI_{EX}$ 的影响。

在回归过程中,发现 $\ln TI_{IM}$、$\ln TI_{EX}$ 与 $\ln EC_{RGDP}$ 难以同时出现在模型中,说明木质林产品进口、出口与经济发展水平存在相关性,因此在回归中去掉 $\ln EC_{RGDP}$,得到的回归结果见表 5 – 18。

表 5 – 18　模型 Ⅱ₁调整的回归结果

Tab. 5 – 18　The adjusted regression result of model Ⅱ₁

变量	系数	T 统计值	P 值
C	0. 095	0. 469	0. 641
$\ln FC$	1. 005	23. 503	0. 000
$\ln TI_{IM}$	0. 209	3. 966	0. 000
$\ln TI_{EX}$	− 0. 078	− 2. 043	0. 046
$\ln SU_{ALP}$	0. 694	12. 261	0. 000

注:$R^2 = 0.938$,$\bar{R}^2 = 0.933$,F 统计值 $= 209.929$,$DW = 2.090$。

模型 Ⅱ₁调整的回归结果保留了 $\ln FC$、$\ln TI_{IM}$、$\ln TI_{EX}$、$\ln SU_{ALP}$,所有保留变量在 5% 显著水平下的 T 统计量显著,保留变量方向与预期相同,从模型 Ⅱ₁调整的回归结果可以观察 $\ln TI_{IM}$、$\ln TI_{EX}$ 的影响,而且模型拟合优度有所提高,但截距项 C 的 T 统计量不够显著,是个缺憾。

5.5.1.3 模型检验

根据表 5 – 17 和表 5 – 18,模型Ⅱ₁最终回归结果、模型Ⅱ₁调整的回归结果中保留变量符号与预期相符,模型通过经济意义检验。模型的拟合度在 90% 以上,说明模型对观测值的拟合程度较好;所有保留变量均通过 T 检验,意味着解释变量分别对被解释变量有显著影响,模型通过统计推断检验。运用 White 检验法对两种结果进行异方差检验,证明模型不存在异方差;运用 LM 检验法对模型进行自相关检验,证明不存在自相关,通过计量经济学检验。

5.5.1.4 模型结果分析

根据表 5 – 17 和表 5 – 18,模型Ⅱ₁的两个结果为:

$$\ln Y_{IIa} = -1.072 + 1.065\ln FC + 0.132\ln EC_{RGDP} + 0.548\ln SU_{ALP} \quad (18)$$
$$(-3.362) \quad (26.279) \quad (3.603) \quad (11.727)$$

$$R_{IIa}^2 = 0.931 \quad F_{IIa} = 257.735 \quad n_{IIa} = 61$$

$$\ln Y_{IIb} = 0.095 + 1.005\text{n} FC + 0.209\ln TI_{IM} - 0.078\ln TI_{EX} + 0.694\ln SU_{ALP} \quad (19)$$
$$(0.469) \quad (23.503) \quad (3.966) \quad (-2.043) \quad (12.261)$$

$$R_{IIb}^2 = 0.938 \quad F_{IIb} = 209.929 \quad n_{IIb} = 61$$

从统计意义上,方程(18)要优于方程(19),但方程(18)未能展示木质林产品进口、出口贸易对木材消耗蓄积比的影响,而方程(19)恰恰能弥补这一点。$\ln TI_{IM}$、$\ln TI_{EX}$ 与 $\ln EC_{RGDP}$ 无法保留在同一模型中,原因应该是木质林产品进口贸易与经济发展水平决定的进口能力可能高度相关,经济发展水平高的国家才有能力进口更多的木质林产品,而出口贸易的发展促进了经济发展水平的提高。因此,这两个结果并不冲突。下面主要以方程(18)辅以方程(19)分析各因素的影响。

(1)人口因素的影响

根据方程(18)和表 5 – 17,森林资源的人口承载程度对木材消耗蓄积比在 1% 显著性水平下有着十分显著的正向影响,当森林资源的人口承载程度增长 1%,木材消耗蓄积比增加 1.065%,说明世界森林资源的人口承载程度已经高于森林资源人口承载力的阈值,验证了理论假设(2)。

人口数量不能与森林资源的人口承载程度保留在同一模型中,但由于森林资源的人口承载程度 = 人口数量/森林蓄积,显然人口数量越多,森林资源的人口承载程度越高,因此人口数量对木材消耗蓄积比的影响应该也是正向影响,只是这种影响不如森林资源的人口承载程度显著,被掩盖了。因此,理论假设(1)也是成立的。

（2）经济发展因素的影响

根据方程（18）和表5－17，人均GDP对木材消耗蓄积比在1%显著性水平下有着十分显著的正向影响，当人均GDP增长1%，木材消耗蓄积比增加0.132%，验证了理论假设(4)。

由于一国经济规模＝经济发展水平×人口数量，即GDP＝人均GDP×人口数量，因此GDP对木材消耗蓄积比的影响实际上是通过人均GDP和人口数量两个途径实现的。根据方程（18）和表5－17，人均GDP和人口数量（直接表现为森林资源的人口承载程度）对木材消耗蓄积比的影响方向都是正向的，因此GDP对木材消耗蓄积比的影响也是正向的，这样理论假设(3)成立。

因此，经济发展因素对木材消耗蓄积比的影响，主要是经济发展水平对木材消耗蓄积比产生影响，经济发展规模的影响通过经济发展水平和人口数量两个途径实现。

（3）木质林产品贸易因素的影响

在人均GDP影响十分显著的方程（18）中，木质林产品进口贸易依存度指数、木质林产品出口贸易依存度指数并不存在，而一旦去除人均GDP的影响，木质林产品进口贸易依存度指数、木质林产品出口贸易依存度指数的影响就显著，如方程（19），说明木质林产品进口贸易依存度指数、木质林产品出口贸易依存度指数的影响被人均GDP的影响掩盖了，说明了木质林产品进口贸易受限于经济发展水平，即经济发展水平越高，越有能力进口木质林产品满足经济发展需求，木质林产品进口贸易规模就越大，而出口贸易的发展促进了经济发展水平的提高。

根据方程（19）和表5－18，木质林产品进口贸易依存度指数对木材消耗蓄积比在1%显著性水平下有着十分显著的正向影响，当木质林产品进口贸易依存度指数增长1%，木材消耗蓄积比增加0.209%，验证了理论假设(5)。

根据方程（19）和表5－18，木质林产品出口贸易依存度指数对木材消耗蓄积比在5%显著性水平下有着显著的负向影响，当木质林产品出口贸易依存度指数增长1%，木材消耗蓄积比减少0.078%，验证了理论假设(6)。

正如理论预期，木质林产品进出口贸易依存度指数没有留存下来，显然与进口贸易、出口贸易对木材消耗的影响作用相反、相互抵消有关，验证了理论假设(7)。

（4）木材供给因素的影响

根据方程（18）和表5－17，人均原木产量对木材消耗蓄积比在1%显著性水平下有着十分显著的正向影响，当人均原木产量增长1%，木材消耗蓄积比增加0.548%，验证了理论假设(9)。

人均森林蓄积对木材消耗蓄积比的影响不显著,验证了理论假设(8)。

(5)技术进步因素的影响

在方程(18)和方程(19)中,所设定的技术进步因素代表变量木材产业技术进步指数、废纸浆利用率都没有留存下来,说明技术进步因素对木材消耗蓄积比的影响并不显著,再观察表5－16模型II₁初次回归结果,可以发现,木材产业技术进步指数的影响为正,废纸浆利用率的影响为负,尽管都不显著,但可以推断理论假设(10)不成立、理论假设(11)成立。其中原因类同第5.4.1.4节对技术进步因素影响的分析,不再重复。

5.5.1.5　关于木质林产品贸易影响的讨论

根据表5－17,以木材消耗蓄积比作为反映木材消耗对森林资源的压力的代表指标的实证模型显示,从各影响因素的影响系数来看,森林资源的人口承载程度、木材供给、经济发展水平对木材消耗蓄积比的影响显著,木质林产品进口贸易、出口贸易对木材消耗蓄积比的影响被淹没在经济发展水平的影响之中,因此木质林产品贸易不是影响木材消耗蓄积比的主要因素,所以,把世界森林资源破坏归咎于木质林产品贸易是错误的。相反,木质林产品出口贸易有利于降低木材消耗蓄积比,即使木质林产品进口贸易提高了木材消耗蓄积比,但其影响系数相比木材供给因素要小得多(见表5－18),即使用进口木材相对比使用本国木材更有利于降低木材消耗蓄积比。这样,以木材消耗蓄积比作为反映木材消耗对森林资源的压力的代表指标的实证模型显示,木质林产品贸易对森林资源的影响从属于经济发展水平的影响,木质林产品贸易不是世界森林资源减少的根本原因,而且这种从属的影响还是正面的,木质林产品贸易的发展还有利于世界森林资源的保护。

5.5.2　基于中国时间序列数据的实证分析

本小节以木材消耗蓄积比作为反映木材消耗对森林资源的压力的代表指标,利用模型II,基于1993—2015年中国的相关时间序列数据进行实证分析,以发现中国木质林产品贸易对森林资源影响的特点。

5.5.2.1　数据来源

1993—2015年中国的相关时间序列数据的数据来源见第5.4.2.1节,各变量计算的基础数据表见表2－63、表5－11。

5.5.2.2　模型回归结果

采用1993—2015年中国的相关时间序列数据,根据模型II,用Eviews7.2进行回归分析。为区分和表述方便,这里将基于中国时间序列数据的模型Ⅱ称作模型Ⅱ$_C$。模型Ⅱ$_C$中 $i=1993,1994,\cdots,2015$,i 表示年份。

初次回归发现,$\ln EC_{GDP}$ 与 $\ln EC_{RGDP}$、$\ln PS$ 与 $\ln FC$ 存在完全的多重共线性,不能同时出现在模型中,为此剔除了 $\ln EC_{GDP}$ 和 $\ln FC$,模型Ⅱ$_C$初次回归结果见表5 – 19。

表5 – 19 模型Ⅱ$_C$初次回归结果

Tab. 5 – 19 The initial regression result of model Ⅱ$_C$

变量	系数	T统计值	P值
C	16.968	0.269	0.792
$\ln PS$	− 1.913	− 0.348	0.733
$\ln EC_{RGDP}$	0.499	1.000	0.335
$\ln TI_{IM}$	3.240	1.163	0.266
$\ln TI_{EX}$	0.680	0.648	0.528
$\ln TI_{TR}$	− 4.319	− 1.129	0.279
$\ln SU_{AFV}$	− 0.731	− 0.456	0.656
$\ln SU_{ALP}$	0.067	0.286	0.779
$\ln TP_{PBL}$	0.225	3.277	0.006
$\ln TP_{RRP}$	− 0.664	− 1.301	0.216

注:$R^2=0.958$,$\bar{R}^2=0.929$,F 统计值 $=32.883$,$DW=1.980$。

对于初次回归的结果,$R^2=0.958$,$\bar{R}^2=0.929$,$F=32.883$ 明显显著,绝大部分变量在10%显著水平下的 T 统计量不显著,模型可能存在严重的多重共线。只有半数变量方向与预期相同,为此,用剔除变量法进行修正。逐步回归后,得到最终的回归结果见表5 – 20。

表5 – 20 模型Ⅱ$_C$最终回归结果

Tab. 5 – 20 The final regression result of model Ⅱ$_C$

变量	系数	T统计值	P值
C	− 3.924	− 6.808	0.000
$\ln EC_{RGDP}$	0.068	1.825	0.084
$\ln SU_{ALP}$	0.724	4.542	0.000
$\ln TP_{RRP}$	− 1.913	− 2.142	0.045

注:$R^2=0.676$,$\bar{R}^2=0.625$,F 统计值 $=13.1944$,$DW=0.7471$。

模型 II_C 最终回归结果保留了 $\ln EC_{RGDP}$、$\ln SU_{ALP}$、$\ln TP_{RRP}$，所有保留变量在 10% 显著水平下的 T 统计量显著，保留变量方向与预期相同，但模型可决系数偏小，对模型的解释力一般，也不能观察到 $\ln TI_{IM}$、TI_{EX} 的影响，DW 统计量也不高。考虑到对于中国来说，原木产量严重失真（参见第 3.4.1.2 节、第 5.4.2.4 节的分析），在回归过程中，去除 $\ln SU_{ALP}$，逐步增加其他变量，例如我们想观察的 $\ln TI_{IM}$、TI_{EX}，同时为了提高拟合优度，经多次尝试，得到调整的回归结果见表 5 – 21。

表 5 – 21 模型 II_C 调整的回归结果

Tab. 5 – 21　The adjusted regression result of model II_C

变量	系数	T 统计值	P 值
C	– 10. 975	– 20. 993	0. 000
$\ln EC_{RGDP}$	0. 623	12. 871	0. 000
$\ln TI_{EX}$	– 0. 376	– 11. 025	0. 000
$\ln TP_{RRP}$	– 0. 662	– 1. 798	0. 088

注：$R^2 = 0.909$，$\bar{R}^2 = 0.894$，F 统计值 $= 62.932$，$DW = 1.265$。

模型 II_C 调整的回归结果保留了 $\ln EC_{RGDP}$、$\ln TI_{EX}$、$\ln TP_{RRP}$，所有保留变量在 10% 显著水平下的 T 统计量显著，保留变量方向与预期相同。从模型 II_C 调整的回归结果可以观察到 $\ln TI_{EX}$ 的影响，而且模型拟合优度大幅度提高，但却观察不到 $\ln TI_{IM}$ 的影响。考虑到 $\ln EC_{RGDP}$ 和 $\ln TI_{IM}$ 可能存在相关性，在回归过程中试着去除 $\ln EC_{RGDP}$，得到的回归结果见表 5 – 22。

表 5 – 22 模型 II_C 调整的回归结果（去除人均 GDP 因素）

Tab. 5 – 22　The adjusted regression result of model II_C without GDP per capita

变量	系数	T 统计值	P 值
C	– 4. 530242	– 13. 69573	0. 0000
$\ln TI_{IM}$	0. 387419	1. 919434	0. 0701
$\ln TI_{EX}$	– 0. 370014	– 1. 748190	0. 0966
$\ln TP_{RRP}$	2. 188216	2. 110621	0. 0483

注：$R^2 = 0.256$，$\bar{R}^2 = 0.138$，F 统计值 $= 2.175$，$DW = 0.285$。

去除 $\ln EC_{RGDP}$ 的回归结果保留了 $\ln TI_{IM}$、$\ln TI_{EX}$、$\ln TP_{RRP}$，所有保留变量在 10% 显著水平下的 T 统计量显著，保留变量方向与预期相同，能够观察到 $\ln TI_{IM}$ 的影响，但模型拟合优度大幅度降低，牺牲了模型解释力，更重要的是 DW 统计量严重降低,因此不是一个好的结果,说明 $\ln EC_{RGDP}$ 和 $\ln TI_{IM}$ 相关性不足。

5.5.2.3 模型检验

根据表 5 - 21、表 5 - 22,模型 $\mathbb{II}_C$ 调整的回归结果中保留变量符号与预期相符,模型通过经济意义检验。模型的拟合度超过 90%,说明模型对观测值的拟合程度较好;所有保留变量均通过 T 检验,意味着解释变量分别对被解释变量有显著影响,模型通过统计推断检验。运用 White 检验法对模型结果进行异方差检验,证明模型不存在异方差;运用 LM 检验法对模型进行自相关检验,证明不存在自相关,通过计量经济学检验。

5.5.2.4 模型结果分析

根据表 5 - 21,模型 $\mathbb{II}_C$ 的结果为:

$$\ln \hat{Y}_{\mathbb{II}C} = -10.975 + 0.623\ln EC_{RGDP} - 0.376\ln TI_{EX} - 0.662\ln TP_{RRP} \quad (20)$$
$$(-20.993) \quad (12.871) \quad (-11.025) \quad (-1.798)$$

$R_{\mathbb{II}C}^2 = 0.909 \quad F_{\mathbb{II}C} = 62.932 \quad n_{\mathbb{II}C} = 23$

(1)人口因素的影响

根据方程(20)和表 5 - 21,在中国,不管是人口数量还是森林资源的人口承载程度,对木材消耗蓄积比影响不显著。这与基于国际截面数据的实证分析结果不同,反映了中国的特殊性。观察表 5 - 11,1993—2015 年,中国人口数量的年均增长 0.68%,与中国木材消耗蓄积比的年均增长 0.78% 极为相近。这是因为中国大力控制人口数量缓慢增长的同时,大力开展植树造林、保护森林资源,同时大量进口木材满足国内需求,森林资源并没有因为人口数量增长和国内木材消耗而下降,保持了增长,这样,人口数量对木材消耗蓄积比的影响就不显著了,反映了中国林业政策、贸易政策对国内森林资源保护的重大影响。由于中国森林蓄积增长速度 2.43% 超过人口增长速度 0.68%,中国森林资源的人口承载程度在 1993—2015 年反而是下降的,中国森林资源的人口承载程度并没有对中国森林资源形成压力,因此,中国森林资源的人口承载程度对木材消耗蓄积比影响不显著,也是正常的。所以基于中国时间序列数据的实证分析中人口数量、森林资源的人口承载程度对木材消耗蓄积比影响不显著,并不否定基于国际截面数据的实证分析中森林资源的人口承载程度对木材消耗蓄积比有着十分显著的正向影响的结论,以及人口数量对木材消耗蓄积比应该具有正向影响的推论。

(2)经济发展因素的影响

根据方程(20)和表 5 - 21,在中国,GDP 对木材消耗蓄积的影响不显著,人均GDP 对木材消耗蓄积比在 1% 显著性水平下有着十分显著的正向影响,当人均

GDP 增长 1% ,木材消耗蓄积比增加 0.623% 。

这与基于国际截面数据的实证分析的结果一样,经济发展因素对木材消耗蓄积比的影响,主要是经济发展水平对木材消耗蓄积比产生影响。值得注意的是,从影响系数值对比来看,中国经济发展水平对木材消耗蓄积比产生的影响,要比世界平均水平要高得多,换言之,中国森林资源受到经济发展水平提高带来的破坏的压力要大,中国森林资源保护的任务更加严峻。

(3)木质林产品贸易因素的影响

根据方程(20)和表 5 - 21,在中国,木质林产品出口贸易依存度指数对木材消耗蓄积比在 1% 显著性水平下有着十分显著的负向影响,当木质林产品出口贸易依存度指数增长 1% ,木材消耗蓄积比减少 0.376% ,这个结果与基于国际截面数据的实证分析结果中木质林产品出口贸易依存度指数的影响被人均 GDP 的影响掩盖不同,一方面反映了中国木质林产品出口贸易引起的价格效应、学习效应、技术溢出效应和竞争效应更加明显,另一方面反映了中国木质林产品出口贸易对人均 GDP 的贡献不够。

与基于国际截面数据的实证分析最终结果类似,在中国,木质林产品进口贸易依存度指数对木材消耗蓄积比的影响不显著。但不同于基于国际截面数据的实证分析中木质林产品进口贸易依存度指数的影响被人均 GDP 的影响掩盖,中国木质林产品进口贸易依存度指数并没有被人均 GDP 的影响掩盖,而是确实影响不显著(表 5 - 22 的结果显示去除人均 GDP 因素后虽然与木材消耗蓄积比之间存在正相关关系,但模型的拟合度太低,反映这种正相关关系十分微弱),一方面反映了中国木质林产品进口贸易的影响相对于世界一般水平更加微弱,另一方面反映了中国木质林产品进口贸易对人均 GDP 的贡献不够。

与基于国际截面数据的实证分析最终结果类似,在中国,木质林产品进出口贸易依存度指数对木材消耗蓄积比的影响不显著,显然与进口贸易、出口贸易对木材消耗的影响作用方向相反进而相互抵消有关。

(4)木材供给因素的影响

在提高拟合优度的调整的回归结果中没有人均原木产量,并不是人均原木产量不重要、不显著,而是为了观察木质林产品进口贸易依存度指数、木质林产品出口贸易依存度指数的影响,牺牲逐步回归过程中最显著的人均原木产量,选择次显著变量再回归,有目的的保留希望得到的变量,以说明其他因素对于模型的贡献。

根据表 5 - 20,在中国,人均原木产量对木材消耗蓄积比在 1% 显著性水平下有着十分显著的正向影响,当人均原木产量增长 1% ,木材消耗蓄积比增加

0.724%。人均森林蓄积对木材消耗蓄积比的影响不显著。这与基于国际截面数据的实证分析的结果一样。

虽然根据表5-20,模型的可决系数偏小,对模型的解释力一般,中国的原木产量也存在严重失真现象,但模型仍然告诉我们,原木产量仍然是造成森林资源破坏压力的直接影响因素,从影响系数值对比来看,在中国,这种对森林资源的压力要比世界平均水平还要高。换言之,中国在过去30年实施的严格的森林采伐限额管理制度,确实起到了保护森林资源的作用。一旦取消森林采伐限额管理制度,中国森林资源可能将面临前所未有的采伐压力。

(5)技术进步因素的影响

根据方程(20)和表5-21,在中国,木材产业技术进步指数影响不显著,但废纸浆利用率对木材消耗蓄积比在10%显著性水平下有着显著的正向影响,当废纸浆利用率增长1%,木材消耗蓄积比减少0.662%。

中国木材产业技术进步指数表现不显著与基于国际截面数据的实证分析结果类似,不再赘述。但中国废纸浆利用率表现显著,与基于国际截面数据的实证分析结果不同,再一次反映了中国的特殊情况。其中原因如同第5.4.2.4节分析的一样,中国极高的废纸浆利用率,同样大大降低了中国木材消耗,减少了中国森林资源和世界森林资源采伐的需求,同样印证了第4.4.4节提出的"中国大量进口废纸以资源循环代用方式对保护世界森林资源发挥着重要作用"的论点,极大减少了世界森林资源面临的压力。也同样说明了基于中国时间序列数据进行实证分析有着重要的意义,说明了技术进步因素对降低木材消耗蓄积比、减轻森林资源压力具有影响,在特定的国家会表现十分显著。

5.5.2.5 关于中国木质林产品贸易影响的讨论

根据表5-21,与基于国际截面数据的实证分析结果类似,中国木质林产品进口贸易对木材消耗蓄积比的影响不显著,而与基于国际截面数据的实证分析结果中木质林产品出口贸易的影响被经济发展水平的影响掩盖不同,中国木质林产品出口贸易对木材消耗蓄积比有着十分显著的有利影响,当然从影响系数值来看这种影响相对比较小。这样,以木材消耗蓄积比作为反映木材消耗对森林资源的压力的代表指标的实证模型显示,中国木质林产品贸易不仅不是森林资源减少的根本原因,木质林产品贸易的发展还有利于森林资源的保护,而且这种有利影响还要显著和更大一些。

但值得反思的是,第5.5.2.4节中对中国木质林产品贸易影响的原因分析表明,与世界上木质林产品贸易与经济发展水平密切相关不同,中国木质林产品贸易,不论是进口贸易,还是出口贸易,均脱离中国经济发展水平,对经济发展水平的提高增益不大。归咎原因,是中国木质林产品贸易是一种"大进大出,两头在外"的木质林产品加工贸易模式,中国作为世界"加工厂"或者说"生产车间",处于全球木质林产品产业链"微笑曲线"的低端,赚取的利益极其微薄,因此对中国经济发展水平的提高贡献很小,相反,这种加工贸易模式呈现的"大量进口"的一面使中国背负了破坏世界森林资源的指责。

5.6 实证研究结论与相关建议

5.6.1 基于木材消耗视角的实证研究结论

5.6.1.1 关于森林资源的压力指标

人均木材消耗、木材消耗蓄积比都可以作为木材消耗对森林资源的压力指标,两个模型结果具有高度的相似性,但又有所差异。相对而言,木材消耗蓄积比指标比人均木材消耗指标的代表性更强,更能直接反映森林所面临的压力,尤其是对一国森林资源的影响,但人均木材消耗指标更具有一般性,更侧重宏观角度对整体森林资源的影响。两个指标的分析结果既可以相互印证,又可以相互补充,均具有代表性意义。

这两个指标,避免了采用森林资源砍伐率、采伐量、面积或蓄积变化等指标时可能产生的其他因素如自然环境因素、气候事件因素、文化因素、制度因素等的干扰,专注于经济需求——木材消耗这条影响森林资源的关键环节和主线,可以从中发现木质林产品贸易对森林资源的实际影响。

5.6.1.2 关于世界的一般规律

(1)就世界而言,人口数量对森林资源压力影响显著,人口数量越大,森林资源面临的压力越大,尤其森林资源的人口承载程度高于森林资源人口承载力时,森林资源直接面临减少的威胁,而世界森林资源的人口承载程度已经高于森林资源人口承载力,世界森林资源面临着世界人口增长的巨大压力。

(2)经济发展水平对森林资源压力影响显著,经济发展水平越高,森林资源面临的压力越大。经济发展规模的影响通过经济发展水平和人口数量两个途径实现。即使世界人口在控制下保持缓慢增长,各国经济发展水平的提高却是不可避免的,世界森林资源面临着世界经济发展水平的不断提高带来的巨大压力。

(3)木质林产品出口贸易对森林资源压力影响显著,出口贸易规模越大,越有利于减少森林资源压力,但这种影响远远小于经济发展水平对森林资源压力影响。木质林产品进口贸易对森林资源压力影响往往被包含于经济发展水平对森林资源压力影响之中,即经济发展水平越高,才越有能力进口木质林产品满足经济发展需求。这证实了木质林产品贸易不是世界森林资源减少的根本原因,其对世界森林资源变化发生作用,是由经济发展对世界森林资源变化的作用衍生而来。木质林产品进口贸易确实会增加森林资源消耗,但一方面,使用进口木材相对比使用本国木材更节约森林资源,另一方面木质林产品出口贸易有利于减少森林资源消耗,因此木质林产品贸易总体上是有利于减少森林资源消耗的。这样,木质林产品贸易不仅不是世界森林资源减少的根本原因,而且木质林产品贸易的发展还有利于世界森林资源的保护。

(4)木材供给对森林资源压力影响十分显著,木材供给量越大,森林资源面临的压力越大。高的木材产量直接意味着大量的森林资源采伐,木材供给因素是影响森林资源的最为重要的因素。因此,控制木材供给使之处于偏紧状态,有利于减少森林资源压力,有利于保护森林资源。

(5)技术进步因素对森林资源压力影响不显著。技术进步因素是一把双刃剑,一方面有利于提高木材利用率,降低了木材消耗,减少森林资源面临的压力;另一方面技术进步降低了木质林产品的成本,扩大了木质林产品使用范围和使用数量,提高了木材消耗,增加了森林资源面临的压力。两两相抵,技术进步对森林资源的影响就不明确了。

5.6.1.3 关于中国的特殊性

中国是世界第二经济大国,但经济发展水平刚刚迈入中等收入国家行列,仍是一个发展中国家;中国是世界第一人口大国,但人口增长率在发展中国家中又是比较低的;中国是世界木质林产品进口贸易第一大国,但又是一个木质林产品出口贸易大国;中国森林资源总量位居世界前列,但又是一个森林资源十分匮乏的国家⋯⋯这些决定了中国有其特殊性。

(1)在中国,人口数量增长对森林资源压力影响并不显著,但巨大的人口规模本身形成了对森林资源的巨大压力。在中国,森林资源的人口承载程度远高于森林资源人口承载力,但森林资源的人口承载程度对中国森林资源并未造成实质影响。之所以有这种特殊性,源于中国林业政策、贸易政策对国内森林资源保护的重大影响。但不能不承认,庞大的人口引致的木材需求、过高的森林资源的人口承载程度,始终是中国森林资源保护的威胁,由于木质林产品国际贸易的存在,甚至成为世界森林资源保护的威胁。

(2)中国与世界一样,经济发展水平是造成森林资源压力的重要因素,经济发展规模的影响主要通过经济发展水平的路径实现。中国目前正处于随着经济发展水平快速提高的阶段,而且人均木材消耗增长速度快于世界平均水平,相对于世界,中国森林资源受到经济发展水平提高带来的压力更大,中国森林资源保护的任务更加严峻。

(3)中国与世界一样,木质林产品出口贸易对森林资源消耗影响显著,出口贸易规模越大,越有利于减少森林资源消耗,但中国木质林产品出口贸易的这种影响要远高于世界木质林产品出口贸易的影响,说明中国木质林产品出口贸易对世界森林资源保护做出了更大的贡献。中国与世界一样,木质林产品进口贸易对森林资源压力影响被包含于经济发展水平对森林资源压力影响之中,不同的是,中国木质林产品进口贸易对森林资源的影响相比世界一般水平要低得多。换言之,中国木质林产品进口贸易确实对世界森林资源形成了压力,但如果不是中国进口而是他国进口,世界森林资源的面临的压力更大。与使用本国木材相比,使用进口木材更节约森林资源,这在中国尤为突出,进一步说明中国木质林产品贸易不仅不是世界森林资源减少的原因,而且中国木质林产品贸易的发展还更有利于世界森林资源的保护。

(4)中国与世界一样,木材产量仍然是造成森林资源破坏压力的直接影响因素和最为重要的因素。但在中国,木材产量对森林资源的压力要比世界平均水平还要高。只是中国在过去30年实施的严格的森林采伐限额管理制度限制了国内木材供给,减少了国内森林资源面临的直接压力,但严重的国内木材供给缺口,始终是悬在中国森林资源保护上面的一把达摩克利斯之剑。

(5)与世界技术进步因素对森林资源压力影响不显著不同,中国造纸工业对回收废纸的大规模和高使用率的利用,大大降低了中国木材消耗,减少了中国森林资源和世界森林资源采伐的需求,大大降低了中国森林资源和世界森林资源面临的压力,反映了中国造纸工业对世界森林资源保护的重大贡献。说明了虽然技术进步因素是一把双刃剑,但在特定情况下确实会对森林资源产生有利作用。

中国的特殊性,说明了基于中国时间序列数据进行实证分析有着重要的意义,说明了基于不同国情,世界的一般规律在特定的国家会有不同的表现。

5.6.1.4　关于木质林产品贸易影响

本章分别以人均木材消耗、木材消耗蓄积比作为木材消耗对森林资源的压力指标,构建了两个实证模型,并分别基于2010年世界各国的相关截面数据和中国1993—2015年的相关时间序列数据,运用多元线性回归模型进行实证分析,最终目的是定量确定木质林产品贸易对森林资源的影响。

(1)实证结果证明:木质林产品贸易对森林资源的影响很小,这种影响一般从属于经济发展水平的影响,因此世界木质林产品贸易不是世界森林资源减少的根本原因。

(2)木质林产品贸易通过各种效应直接或者间接产生对森林资源的影响,既有有利的影响,又有不利的影响,实证结果证明:木质林产品贸易对森林资源的影响综合起来看是正面的,木质林产品贸易的发展有利于世界森林资源的保护。

(3)中国木质林产品贸易对森林资源的影响一方面符合世界一般规律,即木质林产品贸易不仅不是世界森林资源减少的根本原因,而且木质林产品贸易的发展还有利于世界森林资源的保护,另一方面中国木质林产品贸易发展的这种有利影响还要更大一些。

综上所述,基于木材消耗视角木质林产品贸易对森林资源影响的实证分析,证实了本研究在中国木质林产品贸易对世界森林资源的影响研究中提出的观点,证实了木质林产品贸易不仅不是世界森林资源减少的根本原因,而且木质林产品贸易的发展还有利于世界森林资源的保护。

5.6.2　基于实证研究结论的相关建议

5.6.2.1　关于世界森林资源保护与木质林产品贸易

(1)就世界而言,人口数量对森林资源压力影响显著,而世界森林资源的人口承载程度已经高于森林资源人口承载力,世界森林资源面临着世界人口增长的巨大压力。因此控制人口增长,尤其是控制发展中国家人口快速增长,是减少森林资源破坏压力的重要途径。中国控制人口增长的成效树立了一个榜样。

(2)经济发展水平对森林资源压力影响显著,世界森林资源面临着世界经济发展水平的不断提高带来的巨大压力。而各国经济发展水平的提高是不可避免的,那么只有更多从保护、发展和高效利用森林资源着手。一方面,应利用森林是一种可再生资源的特点,大力开展植树造林、推进森林可持续经营、减少毁林、抑制森林退化,为此需要各国的共同努力和国际间的通力合作。另一方面,通过促进技术创新,节约使用、循环使用木材资源,推进更节约木材的木材替代品的生产和使用等各种途径来达到降低木材总消耗、减轻森林资源压力的目的,为此应加大发达国家向发展中国家技术输出、援助的力度,提高木材节约使用、循环使用的意识,加强促进技术推广、技术创新和促进木材节约使用、循环使用的制度建设。

(3)木质林产品贸易不仅不是世界森林资源减少的根本原因,而且木质林产品贸易的发展还有利于世界森林资源的保护。因此国际社会应旗帜鲜明、大张旗鼓地推进木质林产品贸易自由化,鼓励木质林产品贸易,坚决反对木质林产品贸易领域的贸易保护主义,遏制各国层出不穷的限制林产品贸易的关税和非关税壁垒等贸易保护措施,减少木质林产品贸易壁垒,充分发挥木质林产品贸易在提高世界森林资源配置效率、减少森林资源浪费、提高森林资源利用率的保护性作用。在木质林产品贸易自由化问题上,不能局部地、静止地以个别国家的森林资源受到其木材出口贸易的不利影响而忽视世界木质林产品贸易的整体、动态的正向作用。

(4)木材供给对森林资源压力影响十分显著,控制木材供给使之处于偏紧状态,有利于减少森林资源压力。越是森林资源丰富、木材产量高的国家,森林的综合利用率、木材的综合利用率越低,越是趋于粗放和过度使用木材,木材消耗量偏大。在这些国家,通过限制木材产量、控制木材供给,有利于促进节约使用、循环使用木材,有利于推进功能节约代用型的高级木质林产品的生产和使用,在减少木材消耗、降低世界森林资源压力方面更富成效。

5.6.2.2 关于中国森林资源保护、木质林产品贸易和产业发展

(1)就目前来看,中国人口数量增长对森林资源压力影响并不显著,这是因为中国近年来依靠大量进口木材满足国内需求。实际上,巨大的人口规模本身就形成了对森林资源的巨大压力,既是对中国森林资源的威胁,也是对世界森林资源的威胁,因此控制人口数量增长仍是中国长期面临的重要任务。

(2)随着经济发展水平提高,中国木材消耗正处于加速上升阶段,中国木材消耗总量将长期处于高位水平,这对中国原本就十分匮乏的森林资源构成严重的压力。实际上长期以来乱砍滥伐、超限额采伐屡禁不止就是这种压力的表现。为减轻对森林资源的压力,同时又要满足经济发展需求,首先是中国需要加强立法和提高执法力度,减少非经济需要的毁林和森林退化,尤其减少天然林采伐和破坏,维护国家生态安全底线;其次是要加大投入改善森林立地条件、提高林地生产力、加强森林可持续经营,致力于提高森林的生态功能和经济功能;第三,要改变目前中国林业以生态建设为主的政策导向,重视林业满足经济发展需要的经济功能的建设,将保护和利用结合起来,加大国内林业投资力度,鼓励民间资本、国外资本投入林业产业建设,加大政府扶持力度,创造林业发展良好的经营环境,尤其要在南方地区加快速生丰产用材林、工业原料林的建设,提高木材供给能力,满足经济发展对木材的巨大需求,借鉴巴西、智利、新西兰等国的经验,用少量、速生、丰产、优质的人工林承担大部分的木材产出任务,使中国木质林产品的生产建立在国内人工林资源基础上,既达到保护森林资源的目的,又能够满足经济发展的需求。

(3)中国木质林产品贸易不仅不是世界森林资源减少的原因,而且中国木质林产品贸易的发展还更有利于世界森林资源的保护。中国"大进大出,两头在外"

木质林产品贸易模式既减轻了中国森林资源的压力,同时总体上也减轻了世界森林资源的压力,因此,中国应有力反击国际社会关于"毁林"的罪魁祸首和"世界森林资源的黑洞"的指责,继续发展和维护木质林产品贸易,采取有效措施应对、抵制世界范围兴起的木质林产品贸易保护,减少各种木质林产品贸易壁垒,致力于推进木质林产品贸易便利化、自由化,充分利用 WTO 规则,坚决维护国际木质林产品正常贸易秩序。当然,为减轻国际社会压力,首先,大力提高国内木材资源供给能力,树立以提高国内木材资源供给能力为主、合理开发和利用国外木材资源为辅的基本原则,减少对进口木材的依赖;其次,努力分散进口木材来源国供应渠道,大力改善进口木材资源供应国别结构,树立以满足国内经济发展需要为主、获取出口贸易利得为辅的基本原则,不能为出口而进口;第三,逐步调整"大进大出,两头在外"的木质林产品加工贸易模式,这种加工贸易模式脱离于中国经济发展对于木质林产品进口的实际需要,由补缺型贸易转化为逐利型贸易,为了出口而进口,进口为了出口,一方面使中国背负了破坏世界森林资源的指责,另一方面作为世界"加工厂"或者说"生产车间",处于全球木质林产品产业链"微笑曲线"的低端,赚取的利润极其微薄,对中国经济发展水平的提高增益不大,因此要调整目前的产业发展模式,重视提高产品质量、档次,创建具有较高声誉和影响力的自有品牌,增加产品附加值和市场控制力,以质量竞争、品牌竞争取代数量竞争、价格竞争,走"内涵式发展"的健康发展道路。

(4)木材供给对森林资源压力影响十分显著,控制木材供给使之处于偏紧状态,有利于减少森林资源压力。在过去的30年,中国通过森林采伐限额管理制度限制了国内木材供给,但超限额采伐问题长期存在,为此要加大执法力度。另一方面,森林采伐限额管理制度也使林业经营者的合法权益受到限制,降低了营林效益,打击了造林投资的积极性,为此要完善森林采伐限额管理制度,严格公益林、天然林采伐限额管理,放开商品林、人工林,尤其是工业人工林的采伐限额管理,发挥市场在资源配置中的决定性作用,重建营林产业的自我造血功能,做到"越采越多,越采越好",在动态发展中保护森林资源,而不是静止、"一刀切"式保护森林资源。控制木材供给使之处于偏紧状态,不仅仅是控制国内木材供给,还要控制进口木材供给。廉价的进口木材一方面会打击国内营林积极性,不利于提高国内木材资源供给能力的目标,另一方面不利于减少粗放、过度利用木材,不利于木材综合利用和循环利用,不利于先进技术的开发和推广,更重要的是大量进口木材容易直接引发迫害世界森林资源的指责。

(5)中国胶合板旋切技术的发展极大扩展了胶合板材的选择范围,使利用中小径材成为可能,助力了中国胶合板产业发展和出口贸易;中国刨花板、纤维板生产中大量使用小径材、劣质材,采伐、造材、加工剩余物,回收废材,甚至是树根,大幅度提高了木材综合利用水平,减少了对森林资源的依赖;中国造纸工业对回收废纸的大规模和高使用率的利用,大大减少了对造纸材的需求,降低了森林资源面临的压力。因此,中国要一如既往促进相关技术开发和应用,致力于提高森林资源综合利用率、木质林产品加工利用率和高级化产品替代率,采取有效措施提高废旧木质林产品的回收水平和利用效率,通过综合利用、高效利用、循环利用技术实现绿色发展,在不阻碍、限制经济发展的前提下,利用技术进步降低木材消耗,利用技术进步减轻森林资源压力。

5.7　本章小结

为了寻求木质林产品贸易对森林资源实际影响,本章首先分析了影响森林资源变化的因素,认为经济需求是影响森林资源的关键环节和主线,而木材消耗是经济发展需求的现实表现。围绕经济性的木材消耗,本章构建了木材消耗对森林资源的压力指标:人均木材消耗和木材消耗蓄积比,确定了它们的计算方法。

接着本章分析了影响木材消耗及其森林资源压力代表指标的因素,并做出了理论假设,在此基础上,分别以人均木材消耗、木材消耗蓄积比作为木材消耗对森林资源的压力指标,构建了两个实证模型,并分别基于 2010 年世界各国的相关截面数据和中国 1993—2015 年的相关时间序列数据,运用多元线性回归模型进行实证分析,以发现木质林产品贸易对森林资源影响的一般性规律和中国木质林产品贸易对森林资源影响的特性。

研究结果表明,人均木材消耗、木材消耗蓄积比都可以作为木材消耗对森林资源的压力的代表性指标;人口数量、经济发展水平对森林资源压力影响显著,木材供给因素是影响森林资源的最为重要的因素,世界森林资源的人口承载程度已经超过森林资源人口承载力,世界森林资源面临着人口数量不断增长、世界经济发展水平的不断提高带来的巨大压力;木质林产品贸易对森林资源的影响很小,木质林产品贸易不仅不是世界森林资源减少的根本原因,而且木质林产品贸易的发展还有利于世界森林资源的保护。

研究结果表明,相对于世界,中国森林资源受到经济发展水平提高带来的压力更大,庞大的人口、过高的森林资源的人口承载程度,始终是中国森林资源保护的威胁,甚至成为世界森林资源保护的威胁,中国森林资源保护的任务更加严峻。中国木质林产品出口贸易减少的森林资源压力效果高于世界一般水平,中国木质林产品进口贸易增加的森林资源压力低于世界一般水平,与使用本国木材相比,使用进口木材更节约森林资源,这在中国尤为突出,中国木质林产品贸易不仅不是世界森林资源减少的原因,而且中国木质林产品贸易的发展还更有利于世界森林资源的保护。但中国"大进大出,两头在外"的木质林产品加工贸易模式,使中国木质林产品贸易由补缺型贸易转化为逐利型贸易,甚至脱离于中国经济发展畸形增长,对提高经济发展水平助益不大,相反使中国背负了破坏世界森林资源的指责,是值得警惕的。

因此,控制人口增长,减少木材刚性需求;大力发展森林资源,满足经济发展需要;控制木材供给,提高森林资源利用效率,是减轻森林资源压力、实现森林资源保护的重要途径。木质林产品贸易不仅不是世界森林资源减少的根本原因,而且木质林产品贸易的发展还有利于世界森林资源的保护,国际社会应推进木质林产品贸易自由化,鼓励木质林产品贸易,坚决反对木质林产品贸易领域的贸易保护主义,减少木质林产品贸易壁垒,充分发挥木质林产品贸易提高世界森林资源配置效率的保护性作用。

中国要特别注意树立以提高国内木材资源供给能力为主、合理开发和利用国外木材资源为辅的基本原则,减少对进口木材的依赖;树立以满足国内经济发展需要为主、获取出口贸易利得为辅的基本原则,不能为出口而进口;逐步调整"大进大出,两头在外"的木质林产品加工贸易模式,以质量竞争、品牌竞争取代数量竞争、价格竞争,走"内涵式发展"的健康发展道路;完善森林采伐限额管理制度,改变目前中国林业以生态建设为主的政策导向,将保护和利用结合起来,借鉴巴西、智利、新西兰等国的经验,用少量、速生、丰产、优质的人工林承担大部分的木材产出任务,使中国木质林产品的生产、贸易建立在国内人工林资源基础上,既达到保护森林资源的目的,又能够满足经济发展的需求。

第6章

研究结论与建议、创新点与不足之处

6.1　研究结论与建议

（1）本研究分析了现有中国木质林产品外贸依存度研究中的各种定义、算法、研究角度、使用目的、统计口径、数据来源，研究其存在的问题，总结不同算法反映的信息、适用范围、数据要求，提出了考虑林业产业总产值中产业构成的传统价值量算法的修订算法，明确了原木折算法在木材资源供给进口依存度和木材消费净进口依存度测算中的应用，并改进了原木折算法，确定了原木折算法使用的原木当量系数、在纵向比较和横向比较中应用的木质林产品统计口径范围、数据来源，提出产品数量法适用于计算某些木质林产品的生产出口依存度和消费进口依存度，确定了它们的具体算法和适用范围，认为不同算法反映不同的信息，有不同的适用范围，有不同的数据要求，在使用时要针对实际研究问题和具体用途谨慎选择。

（2）本研究使用中国林业统计数据和使用联合国粮食及农业组织（FAO）数据对中国木质林产品的外贸依存度的历史变化和国际比较的测算评估表明，中国木质林产品的外贸依存度处在一个相对安全、合理的变化范围内，尚且没有对林业产业安全形成实际威胁，中国林业经济发展和国内消费对出口市场的依赖程度和进口木材、木质林产品的依赖程度也并不算高。具体来看，尽管中国木材资源供给进口依存度在国际比较中并不高，但进口木材的绝对数量却远远大于世界上大多数其他主要林产品进口国，显示出中国林业产业发展对国际木材市场的依赖具有相当大的风险；中国木材消费净进口依存度与世界主要木质林产品进口国相比较处于中等水平，中国被一些国际组织指责为"毁林"的罪魁祸首和"世界森林资源的黑洞"，是有失偏颇的；对中国人造板、纸和纸板生产的出口依存度和消费的进口依存度的测算表明，这几种木质林产品生产的出口依存度并不高，但胶合板尤其是纸和纸板的出口贸易安全还是有必要加以持续关注。这几种木质林产品消费的进口依存度很低,但中国纤维板和刨花板受原料限制存在产量瓶颈,刨花板更需要提高质量应对国外进口产品的挑战。

(3)本研究针对中国成为国际社会关于非法采伐及相关贸易问题热议的焦点,甚至被认为是世界森林资源毁坏的罪魁祸首问题,从构成中国木质林产品贸易的进口与出口两个角度,分别探讨了它们与国际非法采伐之间和世界森林保护的相关性问题,得出结论:中国进口木材与多数非法采伐高风险国家的非法采伐没有必然联系,中国进口木材的合法性与木材生产国森林治理水平、贸易监管水平有较大关系,只是中国木质林产品"大进大出,两头在外"的加工贸易模式容易形成与国际非法采伐有直接联系的假象,中国木质林产品主要出口至发达国家容易引发以非法采伐为名的绿色贸易壁垒。木质林产品贸易不是世界森林资源破坏的原因。中国木质林产品贸易对世界森林资源的不利影响并不大,相反,中国木质林产品贸易提高了世界森林资源配置效率,中国木质林产品贸易背后隐含着大量森林资源的节约,以资源节约代用方式、以功能节约代用方式,间接减少了对森林资源的破坏,实质上保护了世界森林资源,发挥着积极和重大的作用。非法采伐问题和世界森林资源破坏问题可以说是欧美发达国家借以打压中国林业产业发展的绿色贸易壁垒,甚至成为在经济、环境等各方面打压中国的借口,需要积极应对。

(4)本研究以木材消耗作为切入点,构造了人均木材消耗和木材消耗蓄积比作为木材消耗对森林资源压力的代表性指标,分析了影响木材消耗及其森林资源压力代表指标的因素,分别以人均木材消耗、木材消耗蓄积比作为木材消耗对森林资源的压力指标,构建了两个实证模型,并分别基于2010年世界各国的相关截面数据和1993—2015年中国的相关时间序列数据,运用多元线性回归模型进行实证分析,由此得到木质林产品贸易对森林资源的影响很小,木质林产品贸易不仅不是世界森林资源减少的根本原因,而且木质林产品贸易的发展还有利于世界森林资源的保护的结论,进而提出国际社会应推进木质林产品贸易自由化,坚决反对木质林产品贸易领域的贸易保护主义,减少木质林产品贸易壁垒,鼓励木质林产品贸易,充分发挥木质林产品贸易提高世界森林资源配置效率的保护性作用。中国要特别注意树立以提高国内木材资源供给能力为主、合理开发和利用国外木材资源为辅的基本原则,减少对进口木材的依赖;树立以满足国内经济发展需要为主、获取出口贸易利得为辅的基本原则,不能为出口而进口;逐步调整"大进大出,两头在外"的木质林产品加工贸易模式,完善森林采伐限额管理制度,改变目前中国林业以生态建设为主的政策导向,将保护和利用结合起来,用少量、速生、丰产、优质的人工林承担大部分的木材产出任务,使中国木质林产品的生产、贸易建立在国内人工林资源基础上,既达到保护森林资源的目的,又能够满足经济发展的需求。

6.2　创新点与不足之处

6.2.1　创新点

(1)提出了考虑林业产业总产值中产业构成的传统价值量算法的修订算法,明确了原木折算法在木材资源供给进口依存度和木材消费净进口依存度测算中的应用,并改进了原木折算法,确定了原木折算法使用的原木当量系数、在纵向比较和横向比较中应用的林产品统计口径范围、数据来源,提出产品数量法适用于计算某些木质林产品的生产出口依存度和消费进口依存度,确定了它们的具体算法和适用范围。

(2)使用中国林业统计数据和使用联合国粮食及农业组织(FAO)数据对中国木质林产品的外贸依存度的历史变化和国际比较进行了测算评估,有利于科学地测算中国木质林产品外贸依存度,正确认识和判断中国木质林产品外贸依存的实际水平。测算表明,不能简单使用木材资源供给进口依存度来替代木材消费净进口依存度。

(3)从构成中国木质林产品贸易的进口与出口两个角度,分别探讨了它们与国际非法采伐之间和世界森林保护的相关性问题,得出结论:中国木质林产品贸易与部分国家非法采伐之间没有必然联系,相反,中国木质林产品贸易提高了世界森林资源配置效率,中国木质林产品贸易背后隐含着大量森林资源的节约,以资源节约代用方式、以功能节约代用方式,间接减少了对森林资源的破坏,实质上保护了世界森林资源,发挥着积极和重大的作用,而非法采伐问题可以说是欧美发达国家借以打压中国林产工业发展的绿色贸易壁垒,是欧美发达国家在经济、环境等各方面打压中国的借口。

(4)以木材消耗作为切入点,构造了人均木材消耗和木材消耗蓄积比作为木材消耗对森林资源压力的代表性指标,分析了影响木材消耗及其森林资源压力代表指标的因素,分别以人均木材消耗、木材消耗蓄积比作为木材消耗对森林资源的压力指标,构建了两个实证模型,并分别基于2010年世界各国的相关截面数据和中国1993—2015年的相关时间序列数据,运用多元线性回归模型进行实证分析,对木质林产品贸易对森林资源的影响给出了数量上的精确分析,由此得到木质林产品贸易不仅不是世界森林资源减少的根本原因,而且木质林产品贸易的发展还有利于世界森林资源的保护的结论,进而提出国际社会应推进木质林产品贸易自由化,减少木质林产品贸易壁垒,鼓励木质林产品贸易。

(5)提出了中国以提高国内木材资源供给能力为主、合理开发和利用国外木材资源为辅的森林资源利用基本原则,提出了以满足国内经济发展需要为主、获取出口贸易利得为辅的木质林产品贸易基本原则,提出了逐步调整"大进大出,两头在外"的木质林产品加工贸易模式,走"内涵式发展"的产业发展路径,提出了完善森林采伐限额管理制度,改变目前中国林业以生态建设为主的政策导向,大力发展工业人工林的政策建议,具有参考价值。

6.2.2 不足之处

(1)为保持章节的独立性,使之在逻辑上成为一个整体,在章与章之间、节与节之间可能存在部分内容上的重复。

(2)更多是站在中国立场上研究中国木质林产品贸易与国际非法采伐之间和世界森林保护的相关性问题,更多强调了中国木质林产品贸易对世界森林资源保护的保护作用,对中国木质林产品贸易对世界森林资源保护的负面影响研究还不够。

(3)以人均木材消耗和木材消耗蓄积比作为森林资源的压力指标进行实证研究,还是一种研究探索,有待于寻找更好的指标和更科学完善的量化分析方法。

(4)木质林产品贸易对森林资源的影响的实证研究,限于问题的复杂性,不论利用截面数据还是时间序列数据,都是基于国别的,利用的是一国森林资源与国外森林资源的替代关系,未能直接回答中国木质林产品贸易对世界森林资源的直接影响问题。

6.3 结束语

希望读者掌握中国木质林产品贸易对外依存度的不同算法反映的信息、适用范围、数据要求,在使用时要针对实际研究问题和具体用途谨慎选择,从而科学地测算中国木质林产品外贸依存度,正确认识和判断中国木质林产品外贸依存的实际水平。

希望读者不要被一些国际组织和一些发达国家关于中国木质林产品贸易引

发国际非法采伐及相关贸易、破坏世界森林资源的舆论所影响和左右,正确认识中国木质林产品贸易与国际非法采伐及相关贸易的关系,正确认识中国木质林产品贸易对世界森林资源的影响。

希望读者在经济全球化、贸易自由化已经成为历史发展趋势和时代浪潮的今天,不要被一些发达国家以绿色贸易壁垒为代表的假借环境保护之名的新贸易保护主义迷惑。贸易自由化不是环境恶化的根本原因,同样木质林产品贸易也不是森林资源破坏的原因。坚持公平的自由贸易,旗帜鲜明地反对各种形式的贸易保护。

在此引用WTO《建立世界贸易组织的马拉喀什协议》(Marrakech Agreement Establishing the World Trade Organization,WTO Agreement)的序言作为结尾:"承认其贸易和经济关系的发展,应旨在提高生活水平,保证充分就业和大幅度稳步提高实际收入和有效需求,扩大货物与服务的生产和贸易,为持续发展之目的扩大对世界资源的充分利用,保护和维护环境,并以符合不同经济发展水平下各自需要的方式,加强采取各种相应的措施。"希望各国针对贸易和经济发展中出现的各种与环境保护不协调问题,采取有效措施,在贸易和经济的成长中实现环境保护和可持续发展。

参考文献

[1]蔡昕妤,田明华,蔡飞,等.中国木浆进口影响因素实证分析[J].林业经济,2013(6):58-69.

[2]陈景和,王家福,赵廷翠,王风臻,刘芳芳.我国与世界森林资源评估分析[J].山东林业科技,2015(3):94-96.

[3]陈幸良.中国森林供给问题研究[M].北京:科学出版社,2014.

[4]陈勇.基于木材安全的中国林产品对外依存度研究[D].北京:中国林业科学研究院,2008.

[5]程宝栋,宋维明,田明华.2005年我国主要木材产品进口分析[J].北京林业大学学报(社会科学版),2007,6(1):68-72.

[6]程宝栋,宋维明.我国木材安全问题分析[J].林业经济评论,2012(2):1-8.

[7]程宝栋,宋维明.中国应对国际木材非法采伐问题的思考[J].国际贸易,2008(3):50-53.

[8]程宝栋.全球金融危机下我国木材贸易发展及政策取向[J].林业经济,2009(8):19-21,25.

[9]程宝栋.我国木材安全分析与评价[J].西北农林科技大学学报(社会科学版),2011,11(5):43-47.

[10]崔大沪.中国外贸依存度的分析与思考[J].世界经济研究,2004(4):30-36.

[11]邓荣荣,詹晶.南北贸易对发展中国家森林退化影响的实证分析[J].南华大学学报(社会科学版),2012,13(6):39-43.

[12]冯菁,程堂仁,夏自谦.森林资源与经济发展相关性研究[J].林业经济问题,2007,27(5):434-438.

[13]付建全.国际木材非法采伐及相关贸易对策研究[D].北京:中国林业科学研究院,2010.

[14]高爱芳.中国林产品出口影响因素研究[D].江苏南京:南京林业大

学,2010.

[15]谷振宾.中国森林资源变动与经济增长关系研究[D].北京:北京林业大学,2007.

[16]郭羽诞.外贸依存度指标存在内在缺陷[N].解放日报,2004-11-06.

[17]国家林业局.2001中国林业发展报告[M].北京:中国林业出版社,2001.

[18]国家林业局.2006中国林业发展报告[M].北京:中国林业出版社,2006.

[19]国家林业局.2011中国林业发展报告[M].北京:中国林业出版社,2011.

[20]国家林业局.2013中国林业发展报告[M].北京:中国林业出版社,2013.

[21]国家林业局.2015中国林业发展报告[M].北京:中国林业出版社,2015.

[22]国家林业局.2016中国林业发展报告[M].北京:中国林业出版社,2016.

[23]国家林业局森林资源管理司.第七次全国森林资源清查及森林资源状况[J].林业资源管理,2010(1):1-8.

[24]国家林业局森林资源管理司.中国森林资源第七次清查结果及其分析[J].林业经济,2010(2):66-72.

[25]国家林业局.第八次全国森林资源清查结果[J].林业资源管理,2014(1):1-2.

[26]国家林业局.中国林业统计年鉴2011[M].北京:中国林业出版社,2012.

[27]国家林业局.中国林业统计年鉴2015[M].北京:中国林业出版社,2016.

[28]国家林业局.中国林业统计指标解释[M].中国林业出版社,2000.

[29]国家林业局森林资源管理司.第七次全国森林资源清查及森林资源状况[J].林业资源管理,2010(1):1-8.

[30]韩沐洵,田明华,蔡昕妤,于豪谅等.关于中国木质林产品贸易与国际非法采伐相关性的探讨[J].林业经济,2013(9):75-82,101.

[31]韩沐洵,田明华,严青珊.论中国在国际非法采伐及相关贸易中的角色[A].自:陈建成,田明华,尹少华主编.绿色发展与管理创新——第七届中国林业技术经济理论与实践论坛[C],中国林业出版社,2014:219-226.

[32]韩晓燕,陈玲,陈珂.日本林产品供需现状与林业政策走向[J].世界林业研究,2013,26(004):69-74.

[33]侯庆喜,刘苇,洪义梅,等.我国废纸回收利用现状及发展趋势[A].中国造纸学会.节能减排与造纸工业技术创新——第十届中国科学技术协会年会第11分会场论文集[C].郑州:中国造纸学会,2008:541-547.

[34]胡延杰.全球木质林产品贸易现状及发展趋势分析(二)[J].国际木业,2017(1):1-5.

[35]胡延杰.全球木质林产品贸易现状及发展趋势分析(三)[J].国际木业,2017(2):1-5.

[36]姜凤萍.中欧国际合作框架下的非法采伐相应对策研究[D].北京:中国林业科学研究院,2013.

[37]金普春.关于非法采伐和贸易问题的思考[J].绿色中国,2008(8):21-23.

[38]经济合作与发展组织.贸易的环境影响[M].北京:中国环境科学出版社,1996.

[39]李剑泉,陆文明,李智勇,段新芳.打击木材非法采伐的森林执法管理与贸易国际进程[J].世界林业研究,2007(6):67-71.

[40]李剑泉,周馥华,陈绍志,李智勇.FLEGT进程对多功能林业发展的影响及启示[J].林业经济,2011(9):91-96.

[41]李砾.新一轮退耕还林启动实施[N].人民日报,2015-1-6(第014版).

[42]李梦丁.中国纸浆进口贸易研究[D].浙江杭州:浙江大学,2010.

[43]李小勇,侯方森,温亚利,陈晓倩.发达国家林产品绿色政府采购政策兴起及发展趋势[J].林业经济,2008(8):78-80.

[44]李智勇,施昆山,林凤鸣等.中国热带林产品市场流通现状与趋势[R].ITTOPD171/02Rev(M).项目技术报告,2007.

[45]联合国粮食及农业组织.2007年世界森林状况[M].罗马:联合国粮食及农业组织,2007.

[46]联合国粮食及农业组织.2011年世界森林状况[M].罗马:联合国粮食及农业组织,2011.

[47]联合国粮食及农业组织.2012年世界森林状况[M].罗马:联合国粮食及农业组织,2012.

[48]联合国粮食及农业组织.2015年全球森林资源评估:世界森林变化情况(第二版)[M].罗马:联合国粮食及农业组织,2016.

[49]联合国统计署.联合国商品贸易统计数据库[EB/OL].http://comtrade.un.org/db/dqBasicQuery.aspx,2015.

[50]刘东生.经济社会发展转型与林业[J].绿色中国,2010(5):60-63.

[51]刘金龙,董加云,李凌超.国际森林问题的分歧及其诠释[J].生态经济,2013(9):67-71.

[52]刘珉.多角度解读第八次全国森林资源清查结果[J].林业经济,2014(5):3-9,15.

[53]刘能文,谢满华.2014年我国木材进口与木制品出口及2015年展望

[J].木材工业,2015,29(2):22-25.

[54]刘园园.世界木材市场的国际竞争与中国木材贸易[D].浙江杭州:浙江大学,2005.

[55]缪东玲,张民照,党凤兰.林产品贸易与环境实证研究综述[J].世界林业研究,2004,17(4):37-41.

[56]农夫."国际森林日"植树纪念活动在京举行[J].绿色中国,2017(4):66-67.

[57]彭建平.几种不同测算方式下的中国外贸依存度比较研究[J].广西财经学院学报,2010,23(2):101-104,117.

[58]彭越,田明华,王晓雪.欧盟尽职调查法案对我国木质家具贸易的影响及对策分析[J].林产工业,2012(5):12-16.

[59]钱小瑜.中国林业资源及非木纤维供给分析[J].中华纸业,2014,35(9):23-27.

[60]钱一武,程宝栋,田园.中国促进木材贸易可持续发展的政策建设与实践[J].世界林业研究,2010(1):62-66.

[61]清华大学国际工程项目管理研究院,建筑环境与设备研究所.中国木结构建筑与其他结构建筑能耗和环境影响对比[R].清华大学,2006.

[62]日本农林水产省.森林的现状[R/OL].http://www.rinya.maff.go.jp,2012-10-06.

[63]沈利生.中国外贸依存度的测算[J].数量经济技术经济研究,2003(4):5-12.

[64]沈玲,曾勋,谢冬明.世界森林认证的发展现状及对中国森林认证的启示[J].江西林业科技,2010(1):32-35.

[65]沈文星,李锋,牛利民.我国木质林产品贸易与森林生态安全耦合度研究[J].世界林业研究,2013,26(1):69-73.

[66]石春娜,王立群.森林资源消长与经济增长关系计量分析[J].林业经济,2006(11):46-49.

[67]石小亮,张颖.世界林产品贸易发展格局与预测[J].经济问题探索,2015(1):104-150.

[68]史莹赫,田明华,于豪谅.中国木材对外贸易依存度问题研究[J].林业经济,2018(4):25-32.

[69]世界银行.世界银行公开数据:人均GDP(现价美元)[EB/OL].http://data.worldbank.org.cn/indicator/NY.GDP.PCAP.CD,2014-02-08/2014-03-21.

[70]宋维明.中国木材贸易问题研究[R]. http://www. doc88. com/p - 1324624435802. html,2014,[2016 - 5 - 5].

[71]孙顶强,尹润生.全球林产品贸易格局变化及相关问题讨论[J].林业经济,2006(5):74 - 80.

[72]孙久灵,陆文明.国际木材非法采伐与相关贸易问题研究[J].林业经济,2009(6):76 - 79.

[73]孙久灵,陆文明.国际木材非法采伐与相关贸易问题研究[J].中国林业经济, 2009(3):40 - 42,53.

[74]孙久灵,陆文明,田明华.国际非法采伐与相关贸易问题的探讨[J].北京林业大学学报(社会科学版),2010(2):111 - 114.

[75]孙久灵,陆文明.中国判断木材非法采伐的法律依据研究[D].北京:中国林业科学研究院,2011.

[76]唐帅,宋维明等.非法进口俄罗斯木材比重测算及影响因素分析[J].林业经济,2011(6):46 - 50.

[77]田明华,陈建成,高秋杰,贺佳佳.浅谈低碳经济发展对林业的影响[J].林业经济,2010(2):76 - 78.

[78]田明华,程宝栋,王文峰,王东亮,田昊炜.试论低碳经济时代的林产工业发展[J].林产工业,2011(1):3 - 8.

[79]田明华,程宝栋,王文锋等.试论低碳经济时代的林产工业发展[D].林产工业,2011(1):3 - 8.

[80]田明华,史莹赫,黄雨,于豪谅等.中国经济发展、林产品贸易对木材消耗影响的实证分析[J].林业科学,2016,52(9):113 - 123.

[81]田明华,宋维明,陈建成,程宝栋,田昊炜.试论低碳经济时代的森林经营[J].北京林业大学学报(社会科学版),2010(4):73 - 78.

[82]田明华,万莉,吴红梅.林产品贸易自由化:基于减少木材消耗保护森林的视角[J].林业经济,2015(5):42 - 51.

[83]田明华,万莉.经济发展、林产品贸易对木材消耗的影响研究[J].资源科学,2015,37(3):0522 - 0533.

[84]田园.中国木材产品产业内贸易研究[D].北京:北京林业大学,2011.

[85]王建国,匡王番.中国部门外贸依存度的测算——基于非竞争型投入产出模型的分析[J].国际经贸探索,2010,26(6):31 - 37.

[86]王兰会,刘俊昌,Steven Northway, Gary Bull.俄罗斯出口关税调整对中国木材市场的影响[J].中国人口·资源与环境,2011,21(1):160 - 164.

[87]王邱文,陈积敏,钱静.木材非法采伐及相关贸易的监管框架构建[J].林业经济,2015(11):44-47.

[88]王赛.我国主要木材产品供需与国民经济增长关系研究[D].北京:北京林业大学,2005.

[89]王亚明,于玲,韩菲.关于中国开展森林认证的几点建议[J].林业经济,2011(4):36-39.

[90]文飞宇.我国林产品对外贸易结构研究[D].江苏南京:南京林业大学,2006.

[91]吴延熊,周彬,陈宏伟,王达明.热带人工用材林研究综述[J].世界林业研究,2004(2):14-18.

[92]徐济德.我国第八次森林资源清查结果及分析[J].林业经济,2014(3):6-8.

[93]徐康宁,王剑.自然资源丰裕程度与经济发展水平关系的研究.经济研究[J].2006(1):78-89.

[94]杨帆.自然资源消耗对中国经济增长的贡献——以森林资源为例[J].中国林业经济,2007(6):5-8.

[95]杨红强.中国木材资源安全问题研究[D].江苏南京:南京林业大学,2011.

[96]杨丽华,尹少华.新形势下中国林产品贸易的困境与对策探讨[J].林业经济问题,2011(4):294-297.

[97]佚名(Lstcool).一生三件事[J].环境,2003(2):48-49

[98]英国环境调查署.毁灭的欲望-中国的非法木材贸易[EB/OL].http://www.wood168.com/woodnews/28659.html,2012-11.

[99]于豪谅,田明华,史莹赫.中国木质林产品外贸依存度算法研究及其测评[J].林业科学,2018,54(5):157-167.

[100]翟中齐.中国林业地理概论—布局与区划理论[M].北京:中国林业出版社,2003:250-252.

[101]张开明.中国进口俄罗斯木质林产品依存度研究[D].黑龙江哈尔滨:东北林业大学,2014.

[102]张齐生.中国的木材工业与国民经济的可持续发展[J].林产工业,2003,30(3):3-6.

[103]张祥平.论森林毁损与经济增长的同步性——欧美发展模式面临资源与环境容度的警戒线[J].林业资源管理,1995(5):57-62.

［104］张友国.中国对外贸易的环境成本:基于能耗视角的分析［M］.北京:中国社会科学出版社,2011.

［105］张忠田.森林、贸易与环境［J］.世界林业研究,1995(6):70-71.

［106］章轲.木材跨国非法采伐贸易链调查［N］.第一财经日报,2006-3-30(A04).

［107］赵晓妮,田明华,杨秀英.中国木材进口贸易环境影响评价及政策选择［J］.林业经济,2007(8):36-38.

［108］中国木材网.中国木材需求量大,进口木材致非法采伐［EB/OL］.http://www.chinatimber.org/news/34348.html,2010-04-20.

［109］中国造纸协会.中国造纸协会关于中国造纸工业2001年度报告［J］.造纸信息,2002(3):1-3.

［110］中国造纸协会.中国造纸工业2011年度报告［J］.造纸信息,2012(6):9-19.

［111］中华人民共和国海关总署.海关统计年鉴［M］.《中国海关》杂志社,2010.

［112］仲平.建筑生命周期能源消耗及其环境影响研究［D］.四川成都:四川大学,2005:24,37-39.

［113］周琦,高宽.影响中国废纸进口贸易因素的计量分析［J］.林业经济,2011(4):79-84.

［114］周雪莲,唐剑.中国对外贸易的环境效应［M］.北京:经济科学出版社,2015.

［115］邹大林,张谱,陈绍志,何友均,王艳洁.埃塞俄比亚林业发展现状［J］.世界林业研究,2014,27(2):83-88.

［116］A. H. Elnagheeb, D. W. Bromley. Extensification of agriculture and deforestation: Empirical evidence from Sudan［J］. *Agricultural Economics*,1994,10(2):193-200.

［117］B. Johnson. Responding to tropical deforestation: an eruption of crises, an array of solutions［R］. Washington, DC: World Wildlife Fund,1991.

［118］Bruce Michie, PhilipWardle. United States trade data as basis for analysis and projection of forests products trade flows［R］. Finland: European Forest Institute, EFI Working Paper 17,1998:34-61

［119］D. J. Brooks, J. A. Ferrante, Haverkamp J. , *et al*. Economic and environmental effects of accelerated tariff liberalization in the forest products sector［R］. U. S. Department of Agriculture, General Technical Report PNW-GTR-517, 2001:

1 – 48.

[120] David I. Stern. Progress on the environmental Kuznets curve? [J]. *Environment and Development Economics*, 1998,3(2):173 – 196.

[121] E. Barbier. The environmental effects of trade in the forestry sector. In: OECD, *The Environmental Effects of Trade* [M], Paris, 1994: 55 – 111.

[122] F. Nectoux, Y. Kuroda. Timber from the south season analysis of Japan's tropical timber trade and its environmental impact [R]. Gland, Switzerland: WWF International, 1989:1 – 189.

[123] Food and Agriculture Organization (FAO). FAO Yearbook of Forest Products (1980) [M]. Rome: Food and Agriculture Organization, 1982.

[124] Food and Agriculture Organization (FAO). FAO Yearbook of Forest Products (1992) [M]. Rome: Food and Agriculture Organization, 1994.

[125] Food and Agriculture Organization (FAO). FAO Yearbook of Forest Products (1996) [M]. Rome: Food and Agriculture Organization, 1998.

[126] Food and Agriculture Organization (FAO). FAO Yearbook of Forest Products (2000) [M]. Rome: Food and Agriculture Organization, 2002.

[127] Food and Agriculture Organization (FAO). FAO Yearbook of Forest Products (2005) [M]. Rome: Food and Agriculture Organization, 2007.

[128] Food and Agriculture Organization (FAO). FAO Yearbook of Forest Products (2010) [M]. Rome: Food and Agriculture Organization, 2012.

[129] Food and Agriculture Organization (FAO). FAO Yearbook of Forest Products (2011) [M]. Rome: Food and Agriculture Organization, 2013.

[130] Food and Agriculture Organization (FAO). FAO Yearbook of Forest Products (2012) [M]. Rome: Food and Agriculture Organization, 2014.

[131] Food and Agriculture Organization (FAO). FAO Yearbook of Forest Products (2014) [M]. Rome: Food and Agriculture Organization, 2016.

[132] Food and Agriculture Organization (FAO). FAOStatistics of Forest Products (2015) [M]. Rome: Food and Agriculture Organization, 2017.

[133] Food and Agriculture Organization (FAO). Global Forest Resources Assessment 2010 Main Report [M]. Food and Agriculture Organization, 2010.

[134] Food and Agriculture Organization (FAO). The global fibre supply model [M]. Rome, Italy, 1999.

[135] Food and Agriculture Organization of the United Nations. Classification and

definitions of forest products[R]. Rome, 1982:27 - 36.

[136]IFF. Report of the intergovernmental forum on forests on its fourth session [R].(E/CN. 17/2000/14). New York, USA: United Nations. http://www. un. org/ esa/forests/documents - iff. html, 2000.

[137]J. Mir, A. Fraser. Illegal logging in the Asia - Pacific region: an ADB perspective[J]. *International Forestry Review*,2003, 5(3): 278 - 281.

[138]J. Perezgarcia. The effect of a tariff elimination policy on the forest sector: a global perspective [R]. Seattle: University of Washington, College of Forest Resources, Center for International Trade in Forest Products (CINTRAFOR), Working paper, 2002:31.

[139]J. R. Vincent, Y. Hadi. Deforestation and agricultural expansion in peninsular Malaysia. Development Discussion Paper 396. Cambridge, Mass. : Harvard Institute for International Development. 1991.

[140]J. R. Vincent. Testing for environmental Kuznets curves within a developing country[J]. *Environment and Development Economics*,1997,2(4):417 - 431.

[141]J. R. Vincent. The tropical timber trade and sustainable development[J]. *Science*(Washington), 1992, 256(5064): 1651 - 1655.

[142]Judith M. Dean. Trade and the environment: a survey of the literature [R]. New York: World Bank, Policy Research Working Paper, 1992,68(10):103 - 116.

[143]M. Williams. Deforesting the earth: from prehistory to global crisis[M]. Chicago, USA: University of Chicago Press,2002.

[144]Madhusudan Bhattaral. Institutions and the environmental Kuznets curve for deforestation: a cross - country analysis for Latin America, Africa and Asia [J]. *World Development*, 2001, 29(6): 995 - 1010.

[145]Nigel Dudley, Jean Paul Jeanrenaud, Francis Sullivan. 于文吉译. 木材贸易与全球森林消失[J]. AMBIO - 人类环境杂志,1998,27(3):247 - 248.

[146]R. Naidoo. Economic growth and liquidation of natural capital: The cased forest clearance[J]. *Land Economics*,2004,80(2):194 - 208.

[147]R. Thiele, M. Wiebelt. Policies to reduce tropical deforestation and degradation: a computable general equilibrium analysis for Cameroon[J]. *Quarterly Journal of International Agriculture*, 1994,33(2): 162 - 178.

[148]R. Thiele, M. Wiebelt. Policies to reduce tropical deforestation and degra-

dation: a computable general equilibrium analysis for Cameroon[J]. *Quarterly Journal of International Agriculture*, 1994,33(2): 162 – 178.

[149] Robin Naidoo. Economic growth and liquidation of natural capital: the cased forest clearance [J]. *Land Economics*,2004(5): 194 – 209 .

[150] S. Zhu, J. Buongiorno, D. Brooks. Global effects of accelerated tariff liberalization in the forest products sector to 2010 [R]. USDA Forest Service, Pacific Northwest Research Station, Research Papers PNW – RP – 534, 2001.

[151] Torsten Amelung. Tropical Deforestation as an International Economic Problem. In: Giersch H. (eds)*Economic Progress and Environmental Concerns*[G]. A Publications of the Egon – Sohmen – Foundation. Springer, Berlin, Heidelberg,1993.

[152] United Nations. United Nations Demographic Yearbook 2012 [M]. New York: United Nations, 2014.

[153] V. Menotti. Globalization and the acceleration of forest destruction since Rio[J]. *The Ecologist*, 1998,28(6):354 – 362.